超越の道シリーズ❷

ブッダの悟り

The Discipline of Transcendence

OSHO

❖講話録❖

市民出版社

Originally English title: The Discipline of Transcendence vol.2

この本の内容は、OSHOの講話シリーズ からのものです。
本として出版されたOSHOの講話はすべて、音源としても存在しています。
音源と完全なテキスト・アーカイヴは、www.osho.comの
オンラインOSHO Libraryで見ることができます。

Japanese language translation rights arranged with OSHO International Foundation,
Zurich,Switzerland through Tuttle-Mori Agency, Inc.,Tokyo

はじめに

部屋の中で、私の周りにあるプネーの夜の静けさと共に横たわる。私には何が起こっているのかがわからない、とようやく知ることの安らぎを感じる。生とは何かわからない。何が起こるのかわからない。このOSHOという男が誰なのかわからない。それでも彼を完全に愛している。彼は私の頭を……私はどうあるべきなのか、生はどうあるべきなのか、何がなされるべきか、それらを取り決める頭を……取り去った。そして、その場所でこの瞬間の流れが私に与えられる。

椅子に座っているOSHOについて想像する。

ダルシャンで、OSHOの足元に座って彼に会うチャンスがある。

英国とアメリカでサニヤシンとして過ごした三年後、私はインドのプネーに、アシュラムに来た。そこで私は、おそらく二十人か三十人くらいのグループに囲まれて座っていた。彼らは主に西洋人たちと何人かのインド人たちで、ほとんどが既にサニヤシン……OSHOの弟子たち、入門を許された者たちであり、そのジャンプをすることに関わる人たちだった。私の順番を見越して、彼はそれぞれの人が順番に彼の前に行くように他の人たちと話す。彼が講話で話すような同じやり方だが、それが個人的であるため、何となく違う。話す彼に耳を傾けることで、関わっている彼を見ることで、私のハートは喜びで飛び上がる。

それから私は、自分の名前が呼ばれたのを聞く。やっぱり彼と一緒にいるこの時間は、まだ彼と出会っていなかった。私は彼に向かって歩いている。気づいているように試みる。更に試みる。だが、彼は私の頭の方式に従わない。私に準備ができる前に彼は私に話す……私がまだ歩いている時にだ。

この出会いは何かという私のすべての考えは消える。

彼は、いつ到着したのか、どれだけ長く滞在するつもりなのか、何かのセラピー・グループを受けるつもりなのか、と尋ねる。私に言うべき何があるだろう。彼は不意打ちを喰らわしているのではない。単なる普通の会話だ。だが彼は、既に私を知っていたかのように、私についてすべてを知っているかのように話す。私には自制心がない。ほとんど操り人形のように、彼はその糸を引いている。彼と共に流れる。美しい。

そして私には、言うべきことは何もない。彼は私が何を言わなければならないかを知っている。言葉にするのは不可能だ。私の身体全体がその言葉の感覚を表現している。ついに彼と共に在ることの喜びがある。彼は理解している。彼は私に、できるだけ多く彼を感じるようにと言う。そして障壁と抵抗を落とすことを……。

そして毎朝講話がある。ある月は英語、ある月はヒンディー語。数百人の人々が彼の話に耳を傾ける。より多くの人々がずっと来ている。私たちの時代に必要な技法を使う。言葉で私たちのマインドを占める……私たちみんなが言葉を愛しているためだ……ほんの一度だけ、私たちが言葉を超越してそれらを超えた沈黙の中に落ちるかもしれない、という可能性に対してだ。

私たちがそこに座って耳を傾ける時、そこにはブッダと、そしてイエスと、私たちの歴史のすべてのマスターたちと、私たちに知られていない多くのマスターたちと座ったあらゆる人々の姿がある。

そして彼は言う、私たちはみんな以前に何度もマスターたちと共に、偉大な教師たちと共にいた、と。そして何度も取り逃し、再びみんながここにいる。そう、再びだ。私たちにはもう一つのチャンスが与えられた。私たちは幸運な少数派だ。ブッダに耳を傾けるもう一つのチャンスがある。そのため、ＯＳＨＯがブッダについて語る時、彼はブッダだ。

ここにはその香りがある。これらの講話を、あなたが平和の音楽に耳を傾けるように、読んで楽しむことだ。

ＯＳＨＯにワークをさせよう。ブッダを復活させよう。

彼はこれらの講話のここにいる。来て見てごらん。それは喜びだ。

スワミ・プレム・サマルパン

ブッダの悟り

◉目次

CONTENTS

はじめに　1

第１章　ブッダの挑戦　9

第２章　理由もなく幸せ　67

第３章　道と調和する　117

第４章　祝福された人　157

第５章　自灯明〜あなた自身への光　203

第６章　あなたへの私の祝福　245

第７章　虚空の反映　289

第８章　遠い星　333

第９章　規律を超えた規律　381

第10章　中空の竹　425

第11章　光　明　469

付　録　514

第一章

ブッダの挑戦

The Challenge of the Buddha

ブッダは言った。

この世界には、達成あるいは成し遂げることが困難なものが二十ある。

一、貧しき者が慈愛を実践するのは難しい。

二、強い者や裕福な者が道を順守するのは難しい。

三、生を無視して確実な死の方へ行くのは難しい。

四、仏教経典に精通するのは恵まれた少数の者だけだ。

五、ある人がブッダの時代に生まれるのは稀な縁による。

六、熱情を克服すること、我欲を抑圧することは難しい。

七、心地良いものを渇望しないことは難しい。

八、軽んじられた時に腹を立てないことは難しい。

九、権限を乱用しないことは難しい。

十、他人とのすべての交流において、平静かつ純真でいることは難しい。

十一、完全に学ぶことと、徹底的に調べることは難しい。

十二、利己的なプライドを抑制することは難しい。

十三、無学なものへの軽蔑を感じないことは難しい。

十四、知識と実践において一つであることは難しい。
十五、他人についての見解を述べないことは難しい。
十六、人が真の霊的《スピリチュアル》な師と近しくなるのは稀な縁による。
十七、存在の本性についての洞察を得ることと、その道を実践することは難しい。
十八、救う者の足どりに従うことは難しい。
十九、常に自分自身の主人であることは難しい。
二十、ブッダの道を完全に理解することは難しい。

生は良いことばかりではない。それは困難で複雑だ。言葉の真の意味で生きるということは非常に稀だ。生まれることは一つの事であり、生きることは全く別の事だ。生まれることは単に生物学的にここに在ることだ。生きることは全面的に異なる次元――霊性の次元だ。

人間は霊的でない限りまだ生きていない。しかし、生物学的な領域から霊的な領域への移動は非常に難しく、骨が折れる。それはこの世に存在する最大の挑戦だ。それは最大の量子的跳躍だ――身体から魂へ、物質から非物質的なものへ、目に見えるものから見えないものへ、時間から無時間性へ、外から内へ――。それは骨が折れる。

ブッダはこの経文で二十の困難なものがあると言う。これらの二十の困難なものは挑戦の二十のステップになり得る。これらの二十の困難なものは、あなたを用心させるためのものではない。ブッダはこれら二十の困難なものを、あなたがそれらを避けないようにさせるために語っている。それは招待だ。それは挑戦だ。

これらの二十のヒマラヤの頂上は、まさにあなたにとっての挑戦……大いなる招待だ。谷の中に留まってはいけない。谷は非常に安全で、便利で心地良い。あなたは心地良く生き、心地良く死ぬ。だがあなたは成長しないだろう。あなたはただ年老いるだけで、成長はしない。

成長はあなたが挑戦を受け入れている時にだけ起こる。成長はあなたが危険に生き始める時にだけ起こる。これらの二十のものは、人がどう生きるべきかを示している。

生きる道は一つだけある。それは危険に、勇気を持って生きることだ。あなたはこのブッダの挑戦を受け入れた時にだけ本来の人間になる。

私たちはこれらの二十のものを検討する。それらは表面的には小さく見えるが、ブッダが小さなものについて話すことはない。あなたはこれらの小さなものの深みに入って行かなければならない。その時あなたはわかるだろう——それらは本当に困難だ。

私たちがこの経文に入る前に、一つの事を私はあなたに言いたい——真理の探求は不可能の探求だということを。宗教それ自体が不可能への情熱以外の何ものでもない。しかしその美しさは——不可能なものが起こるということ、不可能も可能になるということだ。だがあなたは、その代価を払わねばならない。それも途方もなく支払う必要がある。自分自身を完全に捧げなければならないし、全人生を賭けなければならない。

もしあなた自身の生を賭けるなら、ブッダが生と呼ぶもの、イエスが再誕生と呼ぶもの、ヒンドゥー教徒たちが二度生まれる、ドウィジャと呼ぶものに達するだろう。その時、存在の全面的に新しい次元と全面的に新しい質があなたに生じる……時空によって汚されないもの、どんなものによっても汚染されないもの、絶対的で永遠の処女性が。

不可能なものに憧れなさい。不可能なものを望みなさい。


ブッダは言った。

この世界には、達成あるいは成し遂げることが困難なものが二十ある。
一、貧しき者が慈愛を実践するのは難しい。

なぜならあなたがそれを持たない限り、どうやって分かち合えるだろう？　他の誰かと何かを分かち合うためには、まずそれを持たなければならない。まず第一にあなたが持たなければならない。あなたは持っているものしか分かち合えない。私たちはこれを忘れ続けている。

とても多くの人々が愛を分かち合おうとするが、彼らには少しの愛もないのが私にはわかる。もちろん、彼らの分かち合いは彼らと他の人たちに惨めさをもたらす。それはあなたが自分の持っているものしか分かち合えないからだ。あなたは愛を分かち合っていると思うかもしれないが、実際はあなたの惨めさだけを分かち合っている。それがあなたの持っているものだからだ。あなたは希望を持って進み、夢を持って進む、だがその実際の結果はどうだろう？　幻想の中では愛は申し分ない。現実においてはそれは惨めさに、地獄になる。

あなたは自分の存在の中に愛を持っていない。そのエネルギーは存在しない。まずあなたは愛で輝くようにならなければならない。ただその時だけ、愛を分かち合うことができる。恋人になる前に、愛にならなければならない。人々は、恋人になることでのみ自分たちは愛になる、と考える。彼らの論理は馬鹿げている。彼らの考え方は非論理的だ。あなたに愛がない限り、あなたは恋人になれない——そしてあなたは愛を持っていない。

誰もが、人には愛する能力がある、人は受け入れてくれる誰かを見つけなければならないだけだ、と信じ続ける。人は愛のエネルギーで満ちている、人にはただ受け取る側が必要なだけだ、と。そのようにして人々は動き続け、探し求め続ける。何度も素晴らしい人々を見つけるが、その総合的な結果は惨めさになる。

彼らは愛を分かち合っていると思っている——彼らは寂しさだけを分かち合っている。彼らは神聖な何かを分かち合っていると思っている——彼らは醜さだけを分かち合っている。彼らは最も内側の実存を分かち合っていると思っている——しかし彼らは汚い表面だけを分かち合っている。彼ら自身が自分の最も内側の核に気づいていない。それが貧しき者の意味だ。

ブッダが貧しき者について語る時は、金銭のない人のことではない。ブッダが貧しき者について語る時、彼は内側に豊かさのない人……愛のない人を意味している。どうやって彼は分かち合えるだろう？　どうやって彼は途方もない分かち合いができるだろう？　いや、慈愛は不可能だ。慈愛はあなたが溢れ出ている時にだけ可能だ。溢れ出るものが慈愛だ。

貧しき者が慈愛を実践するのは難しい。

そして逆方向でもそれを覚えておきなさい。あなたが分かち合えない時はいつでも、慈愛を実践できない時はいつでも、書き留めなさい――あなたは貧しいに違いない。あなたは他の人たちの目から見れば多くを持っているかもしれないが、もし分かち合えないのなら、実はあなたは貧しいに違いない。

あなたは自分が与えられるものだけを所有する。与えることによってのみ、所有者になる。もし与えられないのなら、あなたは所有してはいない。あなたは主人ではない。その時あなたが所有していると思っているものはあなたを所有している。その時あなたは、自分が所有するものによって所有される。

慈愛とは持つ人の、自分の実存を所有している人の美しい開花だ。それは貧しくない人の、豊かな人の美しい開花だ。

この人は路上の乞食であるかもしれない。それはあなたの銀行預金残高とは何の関係もない。その豊かな人は乞食かもしれないが、もし彼が自分の実存を、本物の実存を持っているなら、彼が愛せるなら、歌えるなら、踊れるなら、彼が世界の中に詩を見ることができるなら、彼は豊かだ。彼は全く何も持っていないかもしれない。物質的な物に関する限り、何も持っていないかもしれない。しかし霊的《スピリチュアル》な何かを持っている……彼から取り去ることのできない何かを。

この事実を観察してごらん。あなたが本当に所有するものは、あなたから取り去ることはできない、ということを。あなたは——もし望むなら——それを与えることしかできない。しかし誰もそれを取り上げることはできない。あなたが所有していないものやあなたを所有しているものは、決して与えることはできない——それはただ盗まれたり、取り上げられたり、奪われたりするだけだ。

あなたの愛が奪われることはあり得ない。それを奪う方法はない。あなたは自発的に愛を与えることができる。自由に与えることができる。しかし誰も愛を奪うことはできない。あなたを殺すことはできるが、あなたの愛を殺すことはできない。愛を殺す方法は存在しない。

愛はあなたのいわゆる生よりも、ずっと永遠であるように見える。あなたの生は非常に簡単に破壊され得る……ちょっと頭を打つだけで、ちょっと弾丸が心臓を貫くだけで。非常に簡単だ……しかし愛を壊すことはできない。愛は唯一の永遠なもののように、時間の世界に属していない何かのように見える。あなたは愛を与えることができるが、誰もそれを奪うことはできない。

あなたのお金や社会的地位、あなたの権力や名声——それらはすべてあなたから取り去ることができる。あなたから取り去ることができるものは、マインドの中に執着を作る。あなたはますます貧しくなる。なぜならあなたはより以上に執着しなければならず、より以上に守らなければならないからだ。そしてあなたは常に恐れて震えている。

いわゆる裕福な人々は絶えず震えている……おののいている。心の底で彼らは常に恐れている。富は奪われてしまうと知っているからだ。彼らは決して確信できない。まさにその確信のなさが寄生虫のように彼らのハートを食べ続ける。あなたはあなたから生じるものだけを所有する。それはあなたに属するもの、あなたの中に根付くものだ。

豊かな人とは生の中に詩を、ダンスを、祝祭を、沈黙を持つ人、生に中心を置く人、生に根付く人だ……彼の内的な空の中に開花する人だ。豊かな人とはとても満ちている人、雨期の雲のように……現われる誰にでも注ぐ準備ができている人だ。あるいは開いた蕾のように……吹き抜けるどんな風とも、あるいは通り過ぎるどんな旅人とも、その香りを分かち合う準備ができている人だ。分かち合うことは溢れ出ることだ。

ブッダは、これは最も困難なものの一つだ――あなたにないものを分かち合おうとすることは、と言う。それが人々がしていることだ。彼らは、愛はまだ自分のハートの中で成長していない、という事実を全く考慮せずに愛そうと続ける。実際、あなたは自分自身を愛していない――どうやって他人を愛せるだろう？　基本が欠けている、まさにその基本が欠落している。

あなたは独りでは幸せではない――他の誰かと一緒で、どうやって幸せでいられるだろう？　もしあなたが独りで不幸なら、誰かと一緒になると、あなたは自分の不幸を分かち合うために持って来るだろう。あなたの貧しさ、あなたの酷さ、惨めさや落ち込み、あなたの悲しみや恐怖、不安、苦悶……あなたの病気、それがあなたが持つもののすべてだ。

何かを所有しようとしてごらん——誰によっても、死によってさえも取り去れないものを。難しい、だが可能だ。それは不可能のように見える。愛する人を見つけずにどうやって愛する？　私たちのすべてのマインドは、間違った方法で条件付けられてきた。あなたは観客がいなくても踊ることができる。なぜあなたは誰かという存在なしに、愛することができないのだろう？　あなたは聴く人がいなくても歌うことができる。なぜあなたは恋人なしで愛することができないのだろう？　あなたのマインドは間違って条件付けられてきた。あなたは愛する誰かがいる時にだけ、愛することができると考える。

愛を実習しなさい。あなたの部屋に独りで座り、愛しなさい。愛を発散させなさい。あなたの愛のエネルギーで部屋全体を満たしなさい。新しい周波数で振動しているあなた自身を、まるで愛の海の中にいるかのように揺れているあなた自身を感じなさい。あなたの周りに愛のエネルギーの振動を作り出しなさい。すると、何かが起こっているのを直ぐに感じ始めるだろう——あなたのオーラの何かが変化しているのを、あなたの身体の周りで何かが変化しているのを。あなたの身体の周りで暖かさが生じている……深いオーガズムのような暖かさが。あなたはより生き生きしている。

眠りのような何かは消えている。覚醒のような何かが生じている。この海の中で揺れなさい。踊り、歌い、そしてあなたの部屋全体を愛で満たしなさい。

最初それは非常に異様に感じる。初めてあなたが自分の部屋を愛のエネルギーで、あなた独自のエネルギーで満たす時——そのエネルギーは落ちてあなたの上で跳ね返り続け、あなたをとても幸せにさせる——人はこう感じ始める、「催眠術にかかっているのだろうか？　私は惑わされているのだろうか？　何が起こっているのだろう？」。なぜならあなたは、常に愛は誰か他の人からやって来ると考えてきたからだ。母親はあなたを愛するために必要だ、父親、兄弟、夫、妻、子供——だが誰かが必要だ。

誰かに依存する愛は貧しい愛だ。あなたの内側で生まれる愛、あなたが自分自身の実存から生まれる愛は本物のエネルギーだ。その時あなたを取り囲んでいるその海とともに、どこにでも動いて行きなさい。するとあなたは、自分の近くに来る人は誰でも突然異なる種類のエネルギーの下にいるのを感じるだろう。

人々はより開いた目であなたを見る。あなたは彼らの側を通り過ぎる。すると彼らは何か知られざるエネルギーのさわやかな風が自分たちの側を通過したのを感じるだろう。彼らはより新鮮に感じる。誰かの手を握ると彼の身体全体は躍動し始める。ちょっと誰かに近づくと、その人は全く何の理由もなく非常な幸せを感じ始めるだろう。あなたはそれを見守ることができる。その時あなたは、分かち合えるようになっている。その時、愛する人を見つけなさい、その時あなたにとって適切な受け入れやすいものを見つけなさい。

小さな逸話を聞いたことがある。

メリーの人生の最大の驚きは、彼女の四歳の誕生日に五十セント硬貨を受け取ったことだった。彼女は家の周りでその硬貨を持ち歩き、階段に座ってそれに見とれているところを見られた。

「あなたは五十セント硬貨でどうするつもりなの?」と彼女の母親は尋ねた。

「日曜学校に持って行くのよ」とメリーは即座に言った。

「先生に見せるため?」

メリーは頭を振った。「違うわ」と彼女は言った。「私はそれを神様にあげるつもりよ。神様は私がペニー硬貨以外の何かをもらうのと同じくらい驚くでしょうね」


あなたが人々に与えているものは何であれ単なるペニー硬貨であり、それでさえない。それからある日あなたの愛が駄目になる時……実際のところ、これまで駄目になることさえなかった。それはまさに始まりから欠けていた……自分は愛する者だ、というあなたの単なる信念は、ある日崩壊する。その時あなたは神と祈りについて考え始める。

神と祈りは、あなたの愛が成功した時にだけ可能だ。あなたが偉大な愛する者になる時、ただその時にだけ祈りが生じる。愛の小さなペニー硬貨から、何かより大きなもの――祈りが生じる。その時あなたは、神に捧げる何かを持っている。

しかし自分の生に失敗した人々が寺院や教会に行くのは、常々起こることだ。もちろん、彼らは自分の空虚なハートを持って来る……完全に乾いていて、彼らのハートには涙さえない。それから彼らは祈る。その時何も起こらない。彼らは世界に神はいないと考える。神は不在だと考える。あるいは神は耳が聞こえない、あるいは神は決して存在しなかった、と。あるいは過去においてはとても多くの人々が神について語ったので、彼は存在したのだろうが、今では死んでいるに違いない、あるいは神は冷淡だと……。

そのようなことはない。実はあなたに愛のエネルギーが欠けているのだ。愛のエネルギーなしでは祈りは生じない。祈りは愛という同じエネルギーの洗練された現象だ。祈りのほのかな香りが生じるのは愛からだ。

神はあなたのペニー硬貨にも飽きている。神はあなたの貧しさにも飽きている。神はあなたの惨めさにも飽きている。神に祝祭をもたらしなさい。生きている何かをもたらしなさい。砂漠をもたらしてはいけない——神に庭園をもたらしなさい。死体をもたらしてはいけない——踊っている何かを、生きている何かをもたらしなさい。

ブッダの最初の経文は言う、あなたが分かち合えるように豊かになろうとしてみなさい。

二、強い者や裕福な者が道を順守するのは難しい。

そう、強くて裕福な者にとって道を順守することは非常に難しい。なぜなら普通は弱者たちだけが寺院に、教会に、モスクに来るからだ。強い人々は来ない。彼らはプライドが高すぎる。あまりに利己的で、明け渡す準備ができていない。

人々は、全くの失敗者になった時にだけ明け渡す。人々は、明け渡すものが何もない時にだけ明け渡す。生が彼らを完全に打ち砕いた時、彼らが破綻した時に明け渡す。しかしあなたが破綻した時、明け渡すことの意味は何だろう？

人々は他に何も助けになるように見えない時にだけ、神を思い出す。深い絶望状態の中で神を思い出す。深い絶望状態の中で神を思い出すことは不可能だ。あなたが希望に満ちて、輝いて、ワクワクしている時、あなたの生に意味がある時、あなたの生に運命の手を感じる時、あなたが波に乗っている時、あなたが世界の頂点にいると感じる時——それらが真理を思い出し、神を思い出し、道へ向かって動く瞬間だ。

しかしブッダは言う。

強い者や裕福な者が道を順守するのは難しい。

なぜ強い者にとって難しいのだろう？　強い者はこう考えるからだ。

「私は自分自身で充分だ。神の助けを求める何の必要があるだろう？」

弱い者はこう考える。

「私は自分自身で充分ではないから神が必要であり、神を求めなければならない」

だがあなたが強い時にだけ、求めるためのエネルギーがある。あなたが強い時にだけ、あなたの祈りは神に届くのに充分なエネルギーを持つ。あなたが強い時にだけ、高次の領域に触れられる可能性がある。無力さからでは、高次の領域に触れることはできない。あなたには内的な強さが必要だ。

強い者が道へ向かって進むのは難しい……

……しかしそれが唯一の可能性だ。だからあなたが力強く感じているなら、道へ向かって進みなさい。これは正しくてポジティヴな瞬間だからだ。これは機会だ。あなたが成功したと感じる時、これは思い出すべき時だ。すべてがうまく行っている時、この機会を見逃してはいけない――これは祈るための時だ。

不合理に見える。なぜなら私たちの論理はこうだからだ――幸せな時には決して神を思い出さない――。私たちは完全に忘れてしまう。

小さな男の子が言った……私は彼に尋ねた、「君は眠る時に神を思い出すのかい？」

彼は言った、「うん、毎晩ね」

そして私は彼に尋ねた、「朝は？」

彼は言った、「朝に何の意味があるの？　夜にはボクは恐れを感じる。朝は問題ないよ。どうして必要なの？　なぜわざわざそうするの？」

この子供っぽい態度は、非常にありふれた態度のようだ。あなたが具合が悪い時、突然非常に信心深くなる。死がすぐ近くに迫り、ますます年老いて生の中でつまづき始め、あなたの足がもはや自らを支えるのに充分なほど強くなくて震えている時、あなたは神を思い出し始める。人々は彼らの老年期まで神を延期し続ける。

インドで彼らは言う……もし誰か若い人が私のところに来て、私が彼をサニヤスに招くなら、遅かれ早かれ誰かがやって来てこう言う、「これは良くない。彼はサニヤシンになるには若すぎる。サニヤスは老いた人々のためのものだ」

彼らが死にそうな時、彼らが廃品置場に投げ捨てられる準備ができている時、彼らの足の一方が既に墓の中にある時、サニヤスはその時だ。

人々は最後の最後までサニヤスを延期し続ける。神は彼らのリストの最後の項目のように見える。彼らは買い物のリストを持っている――神は最後だ。彼らがあらゆるもの――首尾一貫したもの、矛盾したもの、適切なもの、不適切なものを購入した時、彼らがすべてのエネルギーを浪費した時、何も残っていない時、彼らが全く消耗した時、その時に神を思い出す。だがその時、誰が神を思い出そうとしているのだろう？

サニヤスは若者のためのものだ。サニヤスは強い者のためのものだ。ブッダはサニヤスに新しい傾向をもたらした。彼は、人は老年期にサニヤシンになるべきだ、という古いヒンドゥー教の概念を落とした。

ヒンドゥー教徒には四つの時期がある――彼らは非常に用意周到で、非常に数理的だ。マヌは生の最も偉大な数学者のように思える……非常に利口だ。彼は生を分割した――教育のための二十五年、ブラフマチャリヤ *brahmacharya*。それから世間で生きるための二十五年、家長の人生、グリハスタ *grihastha*。それから世間を去る準備をするための二十五年……、子供たちの世話をすること。彼らは今や大人になっている、結婚している、大学を卒業している。それから最後に――サニヤス、生の第四の時期だ。それは七十五年後を意味している。最後――すべてが起こった時、他に何もない時、その時……その時に神だ。

これは非常に無礼に見える。これは神に対して非常に無礼だ――あなたは自分が死んでいる時にだけ神に向かう、ということは。あなたは生とではなく、死と神を何らかの形で関連づけているように見える。神は生のまさに中心にいるべきだ。

そしてブッダは、若い時に宗教的になるのは難しい、と言う――しかしそれは挑戦だ。あなたが強い時に道を順守するのは難しい――しかしそれは挑戦だ。あなたが裕福な時に宗教的になるのは難しい――しかしそれが宗教的になる唯一の道だ。

あなたが裕福で強くて若い時、エネルギーが流れている時、何かをする準備ができている時、冒険的なことに入って行く準備ができている時、あなたに勇気がある時、危険を冒すことができる時、危険なことがあなたにとって魅力がある時、死があなたを弱めない時、あなたが熱意と生命に満ちている時、その時こそ――挑戦し、未知の中へ動いて行きなさい。

三、**生を無視して確実な死の方へ行くのは難しい。**

生を無視して確実な死の方へ行くのは難しい。生を無視するのは非常に難しい。生は非常に魅惑的で、非常に催眠的だ。それは美しく、それは奇跡、魔法の世界だ――だが夢を作る材料で成り立っている。

この美しい夢の中で目覚めることは難しい。あなたが素敵な夢を見ている時……多分あなたはマリリン・モンローと一緒に旅をしている、あるいはそのような何かの夢を見ている。あるいはあなたは合衆国の大統領になっている……。あなたが美しい夢を、心地良い夢を見ている時、常にそれを望んでいて、それが起こっている夢を見ている時に、誰かがあなたを揺り動かす、あなたは目覚める――だが夢は失われる。あなたは苛立つ。これは正しい瞬間なのか？　もう少し待ってほしかった。私はとても美しい夢を見ていたのだ。

しかし夢は夢だ、美しかろうと美しくなかろうとね。美しい夢もまた夢であり、それはとても空しく、浪費だ。

ブッダは言う、生を無視するのは難しい。

そう、生があなたを捨てた時には、それはとても簡単だ。生それ自体があなたを捨てた時、あなたが取り残されて活力が消え去ってしまったか、あなたから出て行こうとしている時、生があなたから漏れてあなたがちょうど死んで乾いた物のように取り残される時、その時は生を無視するのは非常に簡単だ。その時でさえそれは難しく見える。老年期にさえ人々は子供っぽく振る舞い続ける。

私は聞いたことがある。

年老いた男が、最近売春宿を訪れたことについて述べた。

「とにかくあんたは何歳なの？」、売春宿の女将は彼に尋ねた。

「わしは九十三歳じゃ」と彼は言った。

「あらまあ、もう終わってますよ」と彼女は彼に言った。

「わしは終わっているのか？　それなら勘定はいくらだ？」

さて彼の記憶はなくなっているが、それでも彼は売春婦を探しに来た。彼は思い出せないが、情欲は消えていない。彼はまさに死の床の上にいるはずだ。彼は他の人たちによって売春宿へ運ばれて来たのかもしれない。最後の最後まで……。

これは私の観察だが——百人中およそ九十九人は、セックスのことを考えながら死ぬ。実際、死がやって来る時、セックスの考えは非常に強くなる。なぜなら死とセックスは相対するものだからだ。それらは正反対だ。セックスは誕生であり、死は誕生が解き放した同じエネルギーの終わりだ。だから死につつある間、人は異常なほどセックスに興味を持つようになる。それがもう一つの誕生の始まりになる。

セックスについて考えずに死ぬことは、偉大な体験だ。その時、途方もなく重要な何かがあなたに起こる。もしセックスについて少しも考えずに死ぬことができるなら、あなたのマインドの中にセックスの影が、生への強い欲望の影が潜んでいないなら、あなたは、人が本来死ぬべきように死につつある。ただ一パーセントの人々だけがそのように死ぬ。

これらが、ブッダがスロタパンナと呼ぶ人々だ——彼らは流れの中に入った人々、サニヤシンになった人々、何が現実で何が非現実かを理解する方向へ一歩踏み出した人々、何が夢で何が真実かを判別できるようになった人々だ。

生を無視して確実な死の方へ行くのは難しい。

死が訪れる時でさえ、その時でも生を無視するのは難しい。死が確実になっている時でさえだ。実際、唯一確実なものが死だ。他のすべては不確かだ。他のすべては起こるかもしれないし、起こらないかもしれない。他のすべては偶発的だ。死は絶対に確実だ。あなたが生まれた日、死は確実になった。まさに誕生とともに、ただ一つの事だけが――あなたは死ぬ、ということが――絶対的に確かになる。

死は確実だ。あなたはそれを知っているかもしれないし、知らないかもしれない。あなたはそれを見るかもしれないし、見ないかもしれない――しかし死は確実だ。それでも、それほど確実であっても、人はそれに入ることを恐れる。人は不確実な生に、夢のような生にしがみつく。死は、あなたが自分の生と呼ぶものが何であろうと、それよりももっと現実であるように見える。

ブッダは言う、死を受け入れて死の中へ入ることは難しい、そしていわゆる生を無視することは難しい、と。だが理解している人は生を無視して死に注視し始める。彼が死をより尊重するのは、死がより確実だから、いわゆる生よりも現実の一部であるに違いないからだ――いわゆる生は、まさに夢のようなものだからだ。

あなたは三十年、あるいは四十年、あるいは五十年生きてきた。今振り返ってみて、回想してごらん。これらの五十年間に何が起こったのだろう？　それは現実だったのか？　それとも単なる長い夢だったのか？　何か違いがあるだろうか……？　それが現実であっても、あるいは夢であってもだ。どうやって区別するのだろう？　たぶんあなたはすべてを夢見ていた。たぶんそれは、あなたのマインドの中の単なる考えに過ぎなかった。それは現実だったというどんな証拠があるだろう？　あなたの手に何が残されているだろう？　何もない……空虚だ。あなたはそれを生と呼ぶのだろうか？　そしてただ空虚だけが、それから生じた結果なのだろうか？

ブッダは言う、それは死と呼んだほうがいい、と。今、死を覗き込んでごらん――おそらくそこには現実の生があるだろう。

それは難しい。だが死に興味を持つようになる人、死に好奇心をそそられる人、死の現象に好奇心をそそられる人は異なるタイプの人になる。彼はスロタパンナだ。

川岸にしがみついている人々は、この生がすべてだと考えている人々だ。生を深く洞察し、理解しようとする人々は、これは本物ではないと気づく。その時彼らはどこか別のところへ――死に向かって――流れている川に飛び込む。

瞑想は自発的に死ぬ努力だ。そして深い瞑想の中で人は死ぬ。深い瞑想の中で、いわゆる生は消え去り、初めてあなたは死と遭遇する。死と遭遇するその体験はあなたを不死にする。突然あなたは死を超える。突然あなたは知る――死のうとしているのはあなたではないことを。

死ぬことができるすべてはあなたではない。あなたは、あなたの身体でもマインドでも自己でもない。あなたは全く純粋な空間だ――それは決して生まれることもなく、決して死ぬこともない。

人々はめったに死について話さない。たとえそれを話すにしても、非常に渋々話す。たとえ死について話すことを余儀なくされても、彼らはとまどいを感じる――魂は決して死なないと信じている人々でさえも、人は死んだ後に不滅の神のところへ、楽園へ行くと信じている人々でさえもだ。

バートランド・ラッセルは「人類の将来 - 反俗評論集 *Unpopular Essays*」の中で、意味深い逸話を書いている。

「F・W・H・マイヤース――心霊主義によって来世を信じるようになった人物が、最近娘を失った女性に、彼女はその娘の魂がどうなったと思うのか、と質問した。母親は答えた。『ああ、そうですね。私は彼女が永遠の至福を楽しんでいると思います。でも私はあなたにそのような不快な話題について話してもらいたくありません』」

さて、もし本当に彼女が永遠の至福を楽しんでいるなら、なぜこの話題は不快なのだろう？　人はそれについて喜んで話すべきだ。それどころか、それについて話すことは不快だ。そしてただその不快さを隠すために、人は死後は永遠の天国へ行く、という多くの理論や信仰を人は創案した。誰もがどうにかして自分は死なないということを、自分自身に納得させなければならない。

ブッダの教えは、あなたが死ぬという事実を受け入れなければならない、というものだ。それだけではない――あなたが自分だと思っているものはすべて、絶対的に、そっくり死ぬことになる、ということだ。ブッダはそれについては非常に厳格だ。

あなたがマハーヴィーラに尋ねるなら、彼は、身体は死ぬ、マインドは死ぬ、だがあなたの魂は？――いや、あなたの魂は残る、と言うだろう。さてそこにはある種の保護がある。私たちはこう考えることができる、「よろしい、身体は死ぬだろう。私たちは身体が死なないことを願うが、私たちは受け入れることができる。身体は私ではない」

インドであなたは、ただこのように考える多くの僧侶、サドゥを見つけることができる。「私は身体ではない。私は身体ではない。私は永遠の魂だ」と。さて、彼らは何をしているのだろう？もし彼らが自分は永遠の魂であることを本当に知っているなら、なぜこのように絶え間なく繰り返すのだ？　彼らは誰を騙そうとしているのだろう？　なぜ「私は身体ではない」というこの絶え間ない繰り返しがある？　もしあなたが身体でないなら、身体ではない――それで終わりだ。

いや、実のところ彼らは信じていない。彼らは自己催眠をかけようとしている――「私は身体ではない」。これを長年連続的に繰り返すことで、彼らは「私は身体ではない」という自己暗示に立ち至るかもしれない。しかしそれは彼らの体験にはならない。それは単なる自己暗示のままだ。彼らは自分自身を騙してきた。彼らは妄想に陥った。

そして彼らはこう言っている、「私は永遠の魂――無限、サッチダナンダ――であり真実、常に真実で、実存的、常に実存的で、至福に満ち、常に至福に満ちている」と。彼らは死と戦っている。そして彼らは、自分が死から隠れることのできる場所を見つけようとしている。

ブッダのアプローチは完全に違う。彼は隠れるための場所はないと言う。あなたはその中へまっしぐらに入っていかなければならない。

そしてブッダは言う、あなたの身体は死ぬ、あなたのマインドは死ぬ、あなたのいわゆる魂は死ぬ——すべて、そっくり。あなたは死ぬことになる。何も残らない。

これは想像することさえ全く非常に難しい。しかしブッダは言う、あなたにこれが想像できるなら、そしてこのための準備ができているなら、ただその時にだけ時空を超えている最も内側の空間を知ることができるだろう、と。

しかし覚えておきなさい——あなたはその空間を全く知らない、だからそれはあなたとは何の関係もない。あなたの自己認識《アイデンティティ》が何であれ、それは完全に死ぬことになり、残ろうとするものはあなたとは何の関係もない。

だからブッダは、それについて尋ねないようにと言う。なぜならあなた方は非常に合理化する動物であり、非常に狡猾な人だから、もしブッダが「そうだ、そこには残存する内側の空間がある」と言うなら、あなたは「よろしい、それが私が自分の魂と呼ぶものだ」と言うからだ。再びあなたは古い落とし穴に戻っている。「だから、私は生き残ることになる。何も恐れることはない」。あなたはその内側の空間で何らかの自己認識《アイデンティティ》を見つけるだろう。

ブッダは完全に黙っている。彼はしばしばそれについて話したくなったに違いない。あなたが知る時、秘密を守ることは非常に難しい――だがブッダはそれを守ってきた。

秘密を守ることは本当にほとんど超人的だ。あなたはその事実を観察したことがあるかもしれない。誰かがあなたに「誰にもそれを言ってはいけない、それを秘密にしておきなさい」と言う時はいつでも、あなたは困難に陥る。マインド全体はそれを誰かに言いがちだ。それは自然なことのように見える。それはまるで、あなたが何かを食べるようなものだ。その時どうやって、食べ物を永遠にあなたの胃の中に保持できるだろう？ それは排出しなければならない。捨てなければならない。そうでなければ永久的に便秘になり、非常に困ったことになるだろう。

同じことがマインドに起こる。誰かがあなたに何かを言う。「それを秘密にしておきなさい」。あなたの夫は帰宅して「いいかい、それを秘密にしておいてくれ」と言う。今や妻は困難に陥る。なぜなら何かがマインドの中に入ったからだ。それは外へ出なければならない。そうでなければ精神的な便秘になるだろう。そして誰かを見つけられない限り、彼女は非常に重く感じる。彼女は使用人に話そうとする。そしてもちろん彼女は言う、「それを誰にも言ってはいけません」。そして使用人は急いで自分の家に、自分の妻のところへ駆けつける。なぜなら――どうしたらいい？ そして数分以内に町中が知るだろう。

秘密を守ることは非常に難しい。それが外側から来ないのなら、あなたは秘密を守ることができる。それを覚えておきなさい。それが外側から来るなら、それは外へ出て行かなければならない。それは保つことができない。それがあなた自身の存在の中に生じたのなら、それがあなたの内側で開花したのなら、それがあなた自身の存在の中に実存的な根を持つなら、あなたはその秘密を守ることができる――それは外側から来ていないからだ。外へ出て行く必要がない。

ブッダがこの秘密を守ることができたのは、それが彼独自の体験だったからだ。誰かがそれを彼に言ったのではなかった。彼はヴェーダの中に見つけたのではなかった。伝統的な出典から聞いたのではなかった。彼はそれについて読んだことはなかった。それは彼の存在の中に入ったのではない。それは彼自身の存在の中で開花した――それは彼自身の花だった。何かがあなたの中で開花する時、それはあなたのものだ。守ったり分かち合ったりするのはあなただ。

ブッダは絶えずそそのかされている。何千回も、ほとんど毎日、人々は彼のところにやって来て尋ねただろう。「はい、私たちは精神が死ぬのを、身体が死ぬのを、マインドが死ぬのを理解できます――だが魂は？　自己は？　アートマンは？」

そしてブッダはきっぱりと言い続ける。「すべては死ぬ。あなたが自分の自己認識《アイデンティティ》であると知っているものはすべて死ぬ。あなたは完全に死ぬだろう、そして残されるものについて、あなたは何も知らない」

あなたが消える時、その時にあなたは残るものを知るだろう。それはあなたとは何の関係もない。それはあなたが存在する前に存在していた。それはたった今、ちょうどあなたに沿って存在している。あなたは決してそれに出会わない。あなたは二本の平行線だ。あなたは決して出会わない。あなたはそれを隠している。あなたがいない時、それは明らかにされる。

ブッダは言う、できるだけ深く死の中へ入りなさい。それはあなたが自分のいわゆる生を無視し始めるなら可能だ。それを無視することは、それを——それは夢だということを——知るという意味だ。


色男と彼の彼女は、ちょうど短気で空腹そうなブルドッグに遭遇した。

「どうして、パーシィ？」。彼女は彼が戦略的に後退し始めた時に叫んだ。

「あなたは私のためなら死に立ち向かうつもりだ、と誓っていたじゃない」

「俺はそうするよ」、彼は振り向いた。「だがその忌まわしい犬はまだ死んじゃいないぞ！」


人々は「自分は死に直面できる」と言うが、死に直面することになると、突然彼らのすべての勇気は消える。人々は、自分は人生をとても簡単に放棄できる、と言う。それはそれほど簡単ではない。生きたいという欲望は非常に深い。あなたは何生にもわたってそれに水を注いできた。その根はあなたの存在の中に深く入っている。たとえあなたが二、三本の枝を切っても、何の違いにもならない。たとえあなたが木全体を切っても、それは何の違いにもならない——若芽が出てくるだろう。

仏教経典に精通するのは恵まれた少数の者だけだ。

ブッダは言う、ブッダの知恵に精通するようになるのは非常に少数であり、恵まれた少数、幸運な少数、選ばれた小数、祝福された少数の者だと。

なぜならブッダと接するためには、生は幻想であり死は確実だ、といういくつかの体験を通過しなければならないからだ。あなたの生に関する幻想が完全に粉砕されない限り、あなたはブッダに耳を傾けないだろう。彼はあなたとは無縁だ、彼はあなたのために存在するのではない。

あなたがこの生は束の間で、あっと言う間に過ぎ去ること、この生は単なる影であり、現実ではないこと……鏡の中の反射であることに注意を払うようになれば、ブッダはあなたのために存在する。生に関するあなたのすべての夢が粉砕される時、あなたはブッダに興味を持つようになる。そしてあなたが興味を持つようになる時、ただその時にだけ、仏教の知恵を、目覚めた人の知恵を理解する可能性がある。

目覚めた人とは誰だろう？　何が夢かを知るようになった人、何が夢でないかを知るようになった人だ。あなたが眠っている時、夢は現実に見える。朝、目覚める時、あなたはそれが非現実だったことを知る。ブッダとは目覚めた人――このいわゆる生から目覚めた人、そしてそれは夢であることを悟るようになった人だ。

もしあなたがこの夢の生の、この無益な生の痛み、欲求不満、惨めさもまた感じているなら、ただその時にだけあなたは光源に向かって進み始める。そうでなければ駄目だ。ブッダは、これらは少数の恵まれた人たちだ、と言う。

五、ある人がブッダの時代に生まれるのは稀な縁による。

それは稀な縁による——確かにそうだ。なぜならブッダはめったに存在しないからだ。数千年が過ぎて、それからある人物がブッダになる。その時でさえ、彼が教え始める必要はない。彼は全く教えないかもしれない。彼は未知の中へ単に消えてしまうかもしれない。彼がマスターにならねばならない必要性は少しもない。だからブッダたちは少数なのだ。そして、マスターになって道の途中にいる人々を助けるブッダたちはさらに少ない。

ある人がブッダの時代に生まれるのは稀な縁による。

だから、あなたがもし目覚めた人を見つけることができたら——自分自身とは少し違う人を見つけ、その目に眠りの雲がないような人を、その周りに目覚めの雰囲気が感じられるような人を見つけたら、その時はその機会を見逃してはいけない。あなたがそのような人に再び出会うのは、何生にもわたってないかもしれないからだ。

熱情を克服すること、我欲を抑圧することは難しい。

熱情を克服することは難しい。だからブッダは言う、勇気ある人はヒマラヤ山脈の頂上にわざわざ行ったりしない、と。そう、それは難しい――だがあなた自身の熱情を克服することに比べたら、物の数ではない。真に勇気のある人は、月に行こうとしたりしないだろう。それは難しい――だがあなた自身の熱情と生に対する渇望を克服することに比べたら、何でもない。生における最大の冒険は熱情がなくなること、渇望から自由になることだ。ただ在ること、他の何かであろうとするどんな切望もなく……。ただここと今にいること、未来へのどんな欲求もなく、過去を繰り返したいという欲求もなく……何の投影もなしに。

心地良いものを渇望しないことは難しい。

なぜ私たちは夢の中に生きるのだろう?――夢はしばしば心地良いからだ。それは夢の策略だ。そのようにして夢はあなたを信じ込ませる。それが夢の餌だ。

私は聞いたことがある。

ムラ・ナスルディンは、死に際の父親のベッドの側に静かに立っていた。

「お願いだ、息子よ」老人はささやいた。「富は幸福をもたらさないことを常に覚えていなさい」
「はい、お父さん」とナスルディンは言った。「僕はそれを理解しています。でも少なくとも富があれば、僕は最も心地良い惨めさを選ぶことができるでしょう」

それが私たちがしていることだ――心地良く思われる惨めさを見つけようとすること。それがあなたの探求のすべてだ。

心地良いものを渇望しないことは難しい。

心地良いか心地良くないかは肝心なことではない。なぜなら夢は心地良いものであり得るし、嘘も心地良いものであり得るし、時には毒は心地良いものであり得るし、時には自殺は心地良いものであり得るからだ――それは肝心なことではない。肝心なのは何が本物かだ。
本物の人は本物を知ろうと努力する。そして本物でない人は心地良いもの、快適なもの、便利なものを見つけようとするだけだ。いいかい、気をつけなさい。心地良いものを追い求めてはいけない。そうでなければ、夢はあなたをあちらこちらへ押したり引いたりし続けるだろう。そしてあなたは流木のようなままだろう。
何が本物であるかを重要視しなさい。たとえそれが心地良くなくても、本物を選びなさい。繰り返して言おう。たとえ本物があなたにとって心地良くなくても、本物を選びなさい。それを気に入りなさい。ただその時だけ、あなたは真実に至ることができる。他に方法はない。

軽んじられた時に腹を立てないことは難しい。

怒るのはとても簡単で、とても機械的だ。それを意識する必要は少しもない。それはロボットのようだ。誰かがあなたを侮辱する。あなたは腹を立てる。ブッダはこう言う、試してごらん、誰かがあなたを侮辱する時、穏やかで静かなままでいなさい、と。この機会を逃してはいけない。これはあなたが機械的な世界から抜け出す機会だ。これはより意識的になるための機会だ。その人はあなたに、成長するための素晴らしいチャンスを与えている。それを逃してはいけない。

あなたが、機械的になるのが当然な機会を見つける時はいつでも、非‐機械的であるように試みなさい、その状況をより意識するようにしなさい。するとあなたの成長の梯子になるだろう。

誰かがあなたを侮辱する。傷つくのは非常に簡単だ。それは機械的だ。あなたは不要だ。知性は全く不要だ。かっとなって怒りに火がつくのは非常に簡単だ。知性はそのために少しも必要ではない。動物でさえそれをする。だからそこに何も特別なものはない。

特別な何かをしなさい。穏やかで静かで、落ち着いたままでいなさい。くつろぎなさい、機械的なものがあなたを所有していない内側を見守りなさい。あなたの機械的な習慣から少し離れるようになると、とてつもない恩恵があるだろう。あなたはますます気づくようになり始める。

権限を乱用しないことは難しい。

非常に難しい――なぜなら、そもそも人々はただ乱用するために権限を求めているからだ。あなたは「権力は堕落させる」というアクトン卿の有名な格言を聞いたことがあるだろう。それは真実ではない。彼の観察はある意味では正しいが、真実ではない。権力は決して誰も堕落させない。しかしそれでもアクトン卿は正しい――なぜなら私たちは、人々が常に権力によって堕落しているのを見るからだ。どうしたら権力は人々を堕落させられるのだろう？

一方、実際には、堕落した人々が権力を求める。もちろん、彼らに権力がない時、彼らは自分の堕落を示すことはできない。彼らに権力がある時、彼らは自由だ。その時彼らは、権力を持って行動できる。彼らは心配しない。その時彼らは本性を表わし、自分の本当の顔を見せる。

権力は決して誰も堕落させない。しかし堕落した人々だけが権力に引き付けられる。そして彼らが権力を持つ時、もちろん彼らはそれを自分の欲望や熱情のために使う。

それは起こる。ある人物は非常に謙虚であるかもしれない。彼が政治的な役職を求めている時は非常に謙虚であるかもしれない。そしてあなたは彼を知っているかもしれない――あなたは彼がその生涯において、純朴で謙虚であったのを知っていたかもしれない――そしてあなたは彼に投票する。彼が権力を握る瞬間、大変貌がある。彼はもはや同じ人物ではない。人々は驚く――どのようにして権力は堕落させたのだろう？

実のところ、その謙虚さは嘘、偽物だった。彼が謙虚だったのは彼が弱かったからだ。彼が謙虚だったのは権力がなかったからだ。彼は他の権力者たちに押し潰されるのではないかと恐れていた。彼の謙虚さは彼の政治、方策だった。今、彼は恐れる必要がない。今、誰も彼を押し潰すことはできない。今、彼は自分の本当の存在になれる。今、彼は自分自身の現実《リアリティ》を表現できる。今、彼は堕落しているように見える。

ブッダは言う。

権限を乱用しないことは難しい。

難しい、なぜならそもそも自分の権限を乱用したい人々だけが、権限に興味を持つようになるからだ。もしあなたに何かの権限があるなら、見守りなさい。小さな権限でさえ人々を堕落させる。あなたは交差点に立っているただの巡査かもしれない。しかしもしあなたに機会があるなら、あなたはそれを乱用するだろう。あなたは自分の本性を表わすだろう。

ムラ・ナスルディンは巡査として働いていた。彼は車を運転していた女性をつかまえた。もちろん、女性と運転手は決して同行しないので、彼女は道を間違えていた。ムラは自分の手帳を取り出して書き始めた。女性は「待ってください！　私は主任大臣を知っています。だから心配しないでください」と言った。しかしムラは書き続けた。彼は全く注意を払わなかった。女性は「わかっているでしょう、私が知事さえ知っているのを！」と言った。だがムラは書き続けた。

女性は言った、「聞きなさい、あなたは何をしているの？　私はインディラ・ガンジーさえ知っているのよ！」

ムラは言った、「聞きなさい、お嬢さん。あなたはムラ・ナスルディンを知っているのか？」

女性は言った、「いいえ、彼のことなど聞いたことがないわ」

彼は言った、「私の名前はムラ・ナスルディンだ。そしてあなたがムラ・ナスルディンを知らない限り、だめだ」

権限がある時、人はそうしがちだ……それはとても簡単だ。ん？　あなたはいたるところでそれを見ることができる。あなたは駅の窓口にただ立っていて、そして切符売りは何かをし続ける――そしてあなたは、彼には何もすることがないのがわかる。彼はページをあちらこちらとめくり続ける。彼は手間取らせたい。今彼には権限があることを、あなたに示したい。彼は「待ちなさい」と言う。彼はあなたにノーと言うこのチャンスを失うことはできない。

見守ってごらん——あなた自身の中をも。あなたの息子はやって来て言う。「パパ、遊びに行ってもいい？」あなたは「だめだ！」と言う。そしてあなたも息子もよく知っている、あなたは彼を許すだろうと。それから息子は金切り声を上げ、飛び跳ね、叫び始め、そして言う、「僕は行きたい！」その時あなたは言う、「わかった、行きなさい」。そしてあなたはそれを知っている。それは前にも同じように起こった。そして外に行って遊ぶことに何の問題もなかった。なぜあなたはだめだと言ったのだろう？

あなたに権限があるなら、あなたはそれを示したい。だが息子にも何らかの権限がある。彼は飛び始め、癇癪を起こす。そして彼は知っている、自分が面倒な事を引き起こすと近所の人たちはそれを聞き、人々はあなたが間違っていると思うので、あなたが「わかった、行きなさい」と言うことを。

人とのあらゆる出会いで、あなたはそれが起こっているのがわかるだろう——人々は自分の権力をいたるところで振りかざしている。人々を虐めているか、それとも他人によって虐められているか、だ。そしてもし誰かがあなたを虐めるなら、あなたは復讐するために、直ぐにどこかで誰かより弱い人を見つけるだろう。

もし、職場であなたの上司があなたを虐めるなら、あなたは家に帰って自分の妻を虐める。そしてもし彼女が女性解放運動家でないなら、彼女は子供が学校から帰って来るのを待って、子供を虐めるだろう。そしてもし子供が古風で、アメリカ人でないなら、子供は自分の部屋に行って自分の玩具を潰すだろう。それが彼が虐めることのできる唯一のものだからだ。彼は自分の力を玩具に示すことができる。しかしこれは延々と続く。これはゲーム全体のように見える。これこそが本当の政治だ。

政治的なマインドから抜け出ることがこの経文の意味だ。

権限を乱用しないことは難しい。

だからあなたが何かの権限を持つ時はいつでも……。そして誰にでも何らかの権限がある。あなたは何の権限もない人を見つけることはできない。権限のなさそうな人を見つけることはできない。そんな彼にさえ何らかの権限がある、彼にさえ蹴ることができる犬がいる。誰もがどこかに何らかの権限がある。だから、誰もが政治の中で生きている。あなたはどんな政党の党員でもないかもしれない。それはあなたが政治的ではないという意味ではない。あなたが自分の権限を乱用するなら、あなたは政治的だ。あなたが自分の権限を乱用しないなら、あなたは非-政治的だ。

あなたの権限を乱用しないように、もっと気づくようになりなさい。それはあなたにとても新しい光を——あなたが機能する方法を与える。それはあなたをとても穏やかにし、中心が定まるようにさせる。それはあなたに静穏さと落ち着きを与える。

他人とのすべての交流において、平静かつ純真でいることは難しい。

それは非常に難しい。なぜなら人々は狡猾だからだ。もしあなたが純真なら騙されるだろう。ブッダは言う、騙されなさい、と。騙すよりも騙される方が良い。もしそこに騙されるか騙すかの二つの選択肢しかないなら、ブッダは一番目を、騙されることを選びなさいと言う。少なくともあなたの内的な実存は堕落していないままだ。

それが、イエスがこう言う時に意味するものだ。「誰かがあなたの頬を打つなら、もう一方の頬も差し出しなさい。誰かがあなたに彼の積荷を一マイル運ぶように強いるなら、二マイル運びなさい。そして誰かがあなたの上着を取ろうとするなら、あなたの下着も与えなさい」

全体の意味は――騙される方が良い、なぜなら誰かがあなたを騙している時、彼はあなたから取るに足らないもの、無意味なものを騙し取ることができるだけだから――ということだ。あなたが誰かを騙す時、あなたは自分の内的な実存の何かを失っている……途方もなく価値のある何かを。

他人とのすべての交流において、平静かつ純真でいることは非常に難しい。

あなたが独りの時に純真でいるのは非常に簡単だ。だから多くの人々はヒマラヤや修道院に行く。そこで彼らは世界からドロップアウトする。あなたが独りの時に騙さないことは非常に簡単だ。あなたが独りの時に純真でいるのは非常に簡単だ——だが何の意味があるだろう？

あなたが独りなら、不正直ではないのは当然だ。独りの時はもちろん、嘘をつかない。独りなら、利己的でないのは当たり前だ。競争的ではないし、欺くことはない。傷つけることはない。だがそれは、あなたが変わったとか変容したという意味ではない。本当の試験は世間にある。

だから、決して世間から去ってはいけない——あなた自身を変えなさい。境遇を変えることは非常に簡単だが、それは本物ではない——あなたの意識を変えなさい。


完全に学ぶことと、徹底的に調べることは難しい。


マインドは怠惰になりがちだ——すべての怠惰はマインドの中にある。マインドはどんな努力も避けたがる。だからマインドは新しい次元に進みたくないのだ。それは古いものに、馴染みのものにしがみついたままだ。マインドはそこでは非常に能率的なのを知っているからだ。それには確かな熟練度と能力がある。今、いったんあなたが落ち着いたなら、あなたはそれを変えたくない。

多くの人々は一人の女と、あるいは一人の男と一緒に生き続ける。彼らがその男またはその女を愛しているからではなく、単に馴染んでいるためだ。今や別の女と一緒に行動してＡＢＣから始めることは、再び面倒な事になる。彼らは単なる怠け者だ。

人々は自分たちが生きている方法で生き続ける——たとえそれが惨めであっても、たとえ苦悶以外に何も存在しなくても、彼らは続ける。少なくともそれは馴染みがあり、知っているからだ。彼らはそれについて熟練するようになった。そして眠り続けられる。
マインドは怠惰だ。その怠惰は障壁の一つになる。

ブッダは言う。

完全に学ぶことと、徹底的に調べることは難しい。

あなたは自分の生について完全に気づいてさえいなかった。それはここでは最も重要なことだ。あなたはそれを、それが何であるかを調べさえしなかった。あなたはそれを当たり前に、表面的に受け取ってきた。あなたの生に関するすべての知識は借り物だ。あなたが知っているものは何であれ、あなたが知っているものではない——それは他の誰かからのものだ。

私は聞いたことがある。

看護実習生は、試験の答案で次の問題に直面した。
「なぜ赤ん坊にとって母親の乳は牛乳よりも良いのか、五つの理由を挙げなさい」
彼女は答えた。一つ目、それはより新鮮だから。二つ目、それはより清潔だから。三つ目、猫がそこに来れないから。四つ目、旅行で赤ん坊に与えるのがより簡単だから。

どんなにがんばっても、彼女は五つ目の理由を思いつくことができなかった。やってごらん……これらの四つさえも理由ではない。苦しまぎれに、彼女は横に座っている男子学生の答案用紙をちらっと見て、それから書いた。五つ目、それはとてもかわいくて小さな容器に入っているから。

あちらこちらを見ること、このようにしてあなたは知識を借りる。これがあなたが知っているもののすべてだ。あなたは直接見なかった。そしてあなたが直接見ない限り、あなたは愚かなまま、平凡なままだろう。

利己的なプライドを抑制することは難しい。

生の中で最も困難なことの一つは、自分自身を並外れたものとして思わないことだ。もちろん、そう思うことは世界で最もありふれたことだ。なぜなら誰もが、自分は並外れていると思っているからだ。誰もが自分は並外れたものだと思っている。だから並外れているという感覚は最もありふれたものだ。周りを見渡してごらん——それでもあなたは、自分は並外れていると思い続ける。

ブッダは、それは非常に難しいと言うが、もしあなたが本当にその道を辿りたいなら、感じ始めなさい……ただ普通でいなさい。どんな非凡さも主張してはいけない。

そしてこれが全体の美しさだ——あなたが普通になる瞬間、並外れたものになる。あなたが自分は特別だと主張しない瞬間、あなたは特別だ……なぜならその主張がとてもありふれているからだ。誰もが自分は独特だ、特別だと主張している。人々は言うかもしれないし、言わないかもしれないが、心の底では彼らは自分が誰なのかを知っている。

油断しないでいなさい。どうしたらあなたは並外れていられるだろう？　誰もが並外れているなら、あなたも並外れている——だが何の意味がある？　もし並外れていることがあらゆる人の単なる一般的な性質なら、それを主張することに何の意味があるだろう？　誰もが並外れているのは、誰もが同じ存在の源から来ているから、あるいは、誰もが普通なのは、誰もが同じ存在の源から来ているから、のどちらかになる。

あなたが自分について考えることは何であれ、他人についても考えなさい。そしてあなたが他人について考えることは何であれ、自分自身についても考えなさい。その時プライドは消えるだろう。プライドは常に空しい。プライドは常に間違った理由のためにある。プライドは発熱のようなもので、あなたはそれと一緒では決して健康ではいられない。それは熱だ。

無学なものへの軽蔑を感じないことは難しい。

ブッダははっきりとそれに言及する。あなたが自分よりも無知な誰かを見る時、あなたは突然、軽蔑を感じる。その軽蔑を感じないことは非常に難しい。なぜならあなたが自分よりも学んでいる誰かを見る時、あなたは嫉妬を感じるからだ。この両方のものは相伴う——あなたの後ろにいる人への軽蔑と、あなたより前にいる人への嫉妬は。軽蔑と嫉妬は、あなたが絶えず自分を他人と比較していることを単に示している。

決して比較してはいけない。すべての比較は馬鹿げているからだ。誰もがまさにその人自身らしくある。比較することに何の意味がある？　比較するあなたとは何様だろう。その基準を、誰が学んでいて誰が学んでいないかを決める基準を定めるあなたは何様だろうか。誰が美しくて誰が美しくないかの基準を作るあなたとは何様だろう。あなたは何様なのだろうか。なぜあなたが判断しなければならないのだ？　イエスは言う、「汝、裁くことなかれ」

知識と実践において一つであることは難しい。

知識があなた自身のものでない限り、あなたが知っているものとあなたがすることの間には、常にギャップがあるだろう。あなたのすることが何であろうと、他人から集めた知識では変容され得ないからだ。それは借り物の知識で変わることはできない。それはあなたの洞察力が開花する時にだけ変わる。あなたが知っているものとあなたがすることの間で統合的な、調和した生を持つことは難しい。

それを見守りなさい。あなたの行為が何であれ、実際には、それだけがあなたの知っているものだ、ということだ。あなたが知っていても、そうしないことは何であれ、それはあなたが全く知らないということだ。それを落としなさい、それを投げ捨てなさい！　それはゴミだ！　あなたの行為を見守りなさい、それがあなたの本物の知識だからだ。

あなたは怒りは悪いと言う。そしてあなたは怒りたくない、しかしその時誰かが侮辱すると、あなたは怒り、そして言う。「どうしよう？　思わず私は怒ってしまった。私は怒りが悪く、有毒で、破壊的なのをとても良く知っている。私はそれを知っている、が、どうしたらいい？――私は怒ってしまった」

もしあなたが私のところに来るなら、私は言うだろう。

「あなたは怒りが有毒であることを知らない。あなたはそれについて聞いたことがある。内心ではあなたは怒りが必要なのを知っている。内心ではあなたは、怒らなければ自分が立場を失うことを、誰もがあなたを虐めることを知っている。怒らなければ、あなたはどんな根性も持たないだろう。あなたのプライドは踏みにじられる。怒らなければ、絶え間ない生存競争のこの世界で、あなたはどうやって存在できるだろう？」。これがあなたが知っていることだ。

しかしあなたは言う、「私は怒りが有毒なのを知っている」と。

ブッダは怒りが有毒なのを知っている。あなたはブッダの話を聞いてきた。あなたはブッダに耳を傾けてきた。あなたは彼から何かを学んできた――しかしそれは彼の知識だ。

あなたのすることが何であろうと、覚えておきなさい――それがあなたの知っていることだ。あなたが何を知っているかを正確に見つけ出すために、あなたの行為の中へ深く入って行きなさい。そしてもしあなたが、自分のすることを変えたいなら、借り物の知識は役に立たない。もしあなたが怒りとは何かを本当に知りたいなら、その中に入って行きなさい。それに瞑想しなさい。それをさまざまに味わいなさい。それをあなたの内側で起こらせなさい。それに取り囲まれなさい。それによって曇らされなさい。それの苦しみと痛みと傷のすべてを、その毒を感じなさい。そしてどのようにしてそれがあなたを低いところに連れて行くか、どのようにしてそれがあなたの実存に対して暗い谷を作るか、どのようにしてあなたはそれを通して地獄に落ちるのか、どのようにしてそれは下向きに流れるのか、それを感じなさい。それを知りなさい。するとその理解は、あなたの中で変容し始めるだろう。

真実を知ることは変容することだ。真実は解放する――だがそれは、あなたのものでなければならない。

他人についての見解を表さないことは難しい。

非常に難しい。私たちは無意識のうちに、他人についての自分の見解を表し続ける。あなたは他人を知っているのだろうか？　あなたは自分自身さえ知らない。他人についての見解を表すことは何と愚かなことだろう。あなたは誰かを数日間は知っているのかもしれない。あなたは彼の名前を知っている、あなたは彼がどう歩くのかを知っている。あなたは数少ない状況で、彼を知っている——どう彼は行動するのかを——しかしあなたは彼を知っているのだろうか？　彼は広大な大陸だ。あなたはその断片だけを知っている。

それはまるで、聖書から引きちぎられたページがあなたの手の中にやって来たようなものだ……風がそれを、引き裂かれたものをあなたにもたらした……そしてあなたは二、三の文章を読む。それらも完全ではない——どこかで一つの言葉が欠けている、どこかでインクが雨水によって洗われた。どこかで泥が付着した……それからあなたはイエスについて判断する、またはキリスト教について判断する。それは愚かだ。

それはまるで、上映中の映画にあなたが連れて来られるようなものだ。あなたは扉から入って、映画を観て、そして扉から出て行く。ほんの数秒間あなたは内側にいる——そしてあなたは物語全体を判断する。それは愚かだ。それは全くあなたの側の愚かさだ。実のところ、あなたは判断していない。あなたはこう言う。「私は映画全体を見なかった。私はその前に起こったことやその後に起こっていたことを知らない。そして私はただ数秒間、映画館にいただけだ。ほんの二、三の映像があった。それらはほとんど私には無関係だ——私はその前後関係を知らない」

そのようにして私たちは人を知る。生は途方もなく豊かな現象だ。人は決してそれを知らない。なぜならそれの一部だけが、その行動の中に生じるからだ。それは氷山の一角に過ぎず、本当のものは内側に残っている。あなたの行為はあなたであるものの非常に小さくてちっぽけな部分だ。あなたがすることはあなたが考えるもの、感じるもの、あなたが夢見るもの、空想するもの、あなたの実存の内側で続いているものの非常に小さな部分……単なる断片だ。

ブッダは言う、他人についての見解を表さないことは難しい——だが挑戦しなさい。その誘惑に抵抗しなさい。他人についてのあなたの見解を表してはいけない。するとあなたは理解することで成長するだろう。なぜならあなたの見解は、理解のための障壁になるからだ。それは偏見になる。

人が真の霊的《スピリチュアル》な師と近しくなるのは稀な縁による。

実際に、真の霊的《スピリチュアル》な師と近しくなるのは非常に独特な現象だ。

まず、誰も真理を探していない。たとえマスターがあなたの側を通り過ぎても、あなたは彼の存在に全く気づかないままだろう。それがブッダが通り過ぎた時に起こったありさまだ。数多くの人々は気づかないままだった。イエスが通り過ぎた時、人々は彼の名前を聞きさえしなかった。彼は未知の人物だった。マハーヴィーラがここにいた時、非常に稀な魂たちが彼と接触した。

なぜならあなたがマスターと接触できるのは、あなたが本当に強烈に、熱心に真理を求めている時、あなたがムムクシャ、知ることへの火のような願望を持つ時、そしてそのためにあらゆるものを賭ける準備があなたにできている時だけだからだ。

知る準備があなたにできている時、弟子になる準備があなたにできている時、ただその時にだけあなたはマスターと接触できる、ただその時にだけ、あなたはマスターの世界と近しくなることができる。あなたに弟子になるための準備ができていることがあなたの入門になる。

弟子になることは非常に難しい。生徒になることは簡単だ。なぜなら生徒にはどんな個人的な関係もないからだ。彼は物事を知るために来る。あなたは大学に行く、あなたは学生だ。もしあなたが学生として私のところに来るなら、私を取り逃がすだろう。なぜならその時あなたは私が言っていることだけを聞き、それを情報として集めるからだ。あなたはもっともの知りになるだろう。だが本当に私のところに来たいなら、あなたは弟子として私のところに来なければならない。

弟子とはこう言う人だ、「私は何も知らない。私は全面的に、すっかり明け渡す。私はただ受け入れたいと思うだけだ。私は信頼する。私は自分自身を壊滅させる準備ができている。あなたが『火の中に飛び込みなさい』と言うなら、私は飛び込むだろう」

弟子とは誰かを信頼する準備ができている人を意味する……非常に難しい……彼は自分自身を落とす準備ができている、未知の、未踏の世界へ誰かとともに入ってゆく準備ができている。非常に勇気のある魂だけが弟子になる。学ぶためには、人は謙虚でいる必要がある。学ぶためには、人は完全に空っぽで、受容的で感じやすく、瞑想的でいる必要がある。

生徒には集中が必要だ、弟子には瞑想が必要だ。集中とは、言われていることを正確に聞かなければならない、という意味だ。瞑想とは、正しく存在しなければならない、という意味だ。正しく聞くだけではない——それは弟子であることのほんの小さな部分だ。

あなたは私とともにここで正しく、調子を合わせ、調和の中で、深い関係の中で、親密な関係になって存在しなければならない。それで私のハートはあなたのハートを打つことができ、あなたは私の呼吸で呼吸することができ、あなたは私の振動数で振動することができる。

マスターと弟子の両方が、同じリズムで振動し始める瞬間が彼らの間にやって来る。その時何かが彼らの間で移される、その時何かが彼らの間で起こる。言い得ないものがそれらの瞬間に移され得る。表現し得ないものがそれらの瞬間に引き渡され得る。経典を越えた伝達……それが禅仏教徒たちがそれを表現する方法だ……経典を越えた伝達、即時の、直接の伝達。

存在の本性についての洞察を得ることと、その道を実践することは難しい。

存在の本性についての洞察を得ることは難しい——なぜなら人は内側へ行かなければならないからだ。外側へは私たちは簡単に行く。外側に行くことは下降すること。それは簡単だ。内側に行くことは上昇すること。それは骨の折れる仕事だ。それは難しい。

他人のところへ行くことは簡単だ——それが世の習いだ。自分自身のところへ行くことは難しい——それは世の習いではない、大衆の方法ではない。ごく少数の人々だけ、稀な魂だけが、内側へ進もうとする。

存在の本性についての洞察を得ることと、その道を実践することは難しい。

まず、あなた自身の実存についての洞察を持つことは難しい、それからそれを実践することはさらに難しい。なぜならその時あなたは、無を実践しているだろうからだ。その時あなたは虚空として歩いているだろう。その時あなたはいない。

なぜなら、あなたが自分の実存の最も深い核に入るなら、あなたは人間が玉葱のようであるのがわかるからだ——あなたはそれを剥き続ける、層のまた層を……それを剥き続ける……そしてついにただ虚空だけが手の中に残される。その時あなたは玉葱のまさに核に来ている——そこから玉葱が発達した。無からそれは何かになった。非物質的なものから、物質は発生した。非-存在から、存在は集まってきた。

それを知ることは難しい。まずなぜなら、誰が自分はいないことを知りたがるだろう？　誰が消えることを望むだろう？　誰が全体の究極的な死に憧れるだろう？　初めにそれを知ることは難しく、それを実践することはさらにもっと難しい——あなたが誰でもない時、実践するべきものは何も残されていないからだ。

ブッダのように歩くことは本当に不可能だ。それは起こる、それは驚くべきことだ、それは信じられない。ブッダはどのように歩くのだろう？　あなたはそれについて熟考したことがあるだろうか？　彼にはどこかへ行きたいという欲望がなく、それでも彼は歩く。彼には何かをしたいという欲望がなく、それでも彼は生きる。彼には何かを成し遂げたいという欲望がなく、それでも毎朝彼は起きて人々を助け始める。彼には今成し遂げるべきものは何もなく、行くべきところはどこもない――それならなぜ彼は呼吸し続けるのだろう？　彼は無を実践している。それは最も驚くべき現象のひとつだ――あなたはいないが、それでも存在する、ということを知るようになるのは――。

　多くの人々は消える。これらの消える人々、ブッダは彼らをアルハットと呼ぶ。彼らが自分の内的な虚空を知るようになる時、彼らはただ単にその中に溶ける。その時さらに呼吸することに、何の意味があるだろう？　なぜ呼吸するのだ？　なぜ食べる？　なぜ飲む？　なぜ在る？　彼らはただ単に消える。

　これらの人たちは、自分がいないことを良く知りながら一生懸命試みる……それでも他の人たちを助けようと一生懸命試みる……他の人たちは全く夢の中にいることを良く知りながら、他の人たちもまた現実には存在していないことを良く知りながら……。幻に対して慈悲を持つこと、影に対して慈悲を持つこと、そしてそれでも彼らを助ける努力をすること、は最も不可能なことだ。だがそれは起こる。

　あなたが存在するのは熱情《パッション》の、欲望のためだ。ブッダは慈悲《コンパッション》のために存在しなければならない。彼には欲望はない。そこには何もない――彼にとって未来はない。起こらなければならないものはすべて起こった。それでも彼はその道を実践する。彼はあなたにそう動くように望むのと同じくらい、油断しないで動く。彼はあなたに振る舞ってほしいやり方で振る舞う。

イエスは最後の夜に、弟子たちのもとを去ろうとしていた。そして彼は彼らの足を洗い、彼らの足に触れた。彼らは非常に当惑して、そして言った。「何をなさっておられるのですか、師よ?」

するとイエスは言った。「私にとってあなた方の足に触れる必要はないが、私はあなた方が思い出すように触れているのだ――あまり利己的になってはいけない。あなたの師があなたの足に触れたことを覚えていなさい、そこで人々があなたのところに弟子として来る時に、あなたは知っているが彼らは知らないことを、彼らは無知であることを、あまり利己的になってはいけないことを覚えていなさい。彼らの足に触れなさい」。

イエスは、彼らが思い出すのをただ助けるために彼らの足に触れている、と言う。

ブッダは言う。「私はあなたが振る舞うように振る舞う。私にとってはもはやどんな規律も存在しないが、私はあなたに振る舞ってほしいように振る舞い続ける。あなたのために、まだそこには為すべき多くのことがある」

ブッダは絶対的に自由だ。彼はどのようにでも在ることができる。そこに問題はない。しかしそれでも彼は従い続ける。毎朝彼は座って瞑想する。何という慈悲だろう。

誰か――彼の偉大な弟子であるサーリプッタがブッダに尋ねた。「なぜあなたは座って瞑想するのですか？　というのも、あなたは二十四時間瞑想の中にいるからです」

ブッダは言った、「その通りだ。だがもし私が座らなければ、他の人たちはそれを都合の良いように受け取るからだ。彼らは思うだろう、『もしブッダが瞑想していないのなら、なぜ我々がわざわざしなければならないのだ？』」

今や彼には瞑想すべきものは何もないが、彼は他の人たちが木の下で座ることができるように、毎朝木の下に座る。

存在の本性についての洞察を得ることと、その道を実践することは難しい。
救う者の足どりに従うことは難しい。

なぜなら救う者の足どりに従うことは、自殺することだからだ。あなたはやがて自分自身を溶かして消させなければならない。救う者の近くに来れば来るほど、あなたは消えていく、ますますあなたは消えていく。あなたが最も近づく時、あなたはいない。溶けて消える準備ができている人は、弟子になる準備ができている。

常に自分自身の主人であることは難しい。

小さなことがあなたを証明する――あなたは奴隷だということを。誰かが侮辱する――すると怒る。あなたは彼が主人であることを単に証明している。彼はいつでもあなたを侮辱することができ、あなたの中に怒りを引き起こすことができる――あなたは自分の怒りの主人ではない。誰かが来てあなたにお世辞を言うとあなたは笑う。彼はあなたの中に笑いをもたらした。彼は主人だ。あなたは主人ではない。

ブッダはそれは非常に難しいと言う、だがやってごらん。

私はあなた方をスワミと呼ぶ。「スワミ」という言葉は主人を意味する。あらゆる意味で主人のままでいようとしてごらん。誰にもあなたを操らせてはいけない。誰にもあなたを単なる機械的なものに引き下げさせてはいけない。あらゆる状況において主人のままでいなさい。そしてあなたが努力するなら、遅かれ早かれあなたは自分の中に新しい力を、エネルギーの新しい高まりを感じ始めるだろう。

そして最後、二十番目だ。

ブッダの道を完全に理解することは難しい。

それが難しいのは、あなたがまだブッダではないからだ。ただ同じような者だけが理解できる。

同等の者だけが理解できる。イエスはイエスによってのみ理解され得る。ブッダはブッダによってのみ理解され得る。

どうしたらあなたは理解できるだろう？　あなたが谷に住んでいて、あなたが谷の言語を持っていて、誰かがあなたが行ったことのない丘の頂上から来て、彼が日光や雲について語り、また美しい色の雲や丘の頂上に咲く花々について語るなら、どうやってあなたは理解するだろう？

あなたは谷だけを、暗闇だけを、そして自分の這い回る生だけを知っている。あなたは誤解する。彼が言うことは、何でもあなたの谷の言語に翻訳するだろう。

だからブッダは言う、「来なさい、一緒に来なさい。私たちが存在している現実へ来なさい。頂上へ来なさい。ただそこでだけ、あなたは理解できるだろう」

それは論理的な談話についての問題ではない。それはあなたの実存の段階を変えることと、変容させることの問題だ。

私があなたに言うことは何でも、あなたは聞くことができる。ある知的な方法でそれを理解することもできるが、あなたは常に困惑を感じるだろう。あなたは常に、この男の話は矛盾だらけだ、と感じるだろう。ある時彼はこう言い、ある時彼はそう言う。あなたは常に混乱したままだろう。

つい先日の夜にあるサニヤシンが私のところに来て、そして彼女は言った、「私はあなたの話を聞いていて非常に混乱しました」

私は言った。「そうだろう。あなたは自分は知っていると思っていた。今あなたは自分は知らないことを知っている。あなたはすべてはオーケイだと思っていた。今あなたは知っている――何もオーケイではない、と。あなたはこの谷が存在するすべてだと思っていた。今やあなたは未知の頂上があるのを知っている。今や挑戦があなたのハートを貫いた。今や欲求が生じて、多くのものがその欲求によって奮起させられた。あなたはこれらの頂上が何なのかを知らないが、あなたはこれらの頂上に憧れ始めたのだ」

混乱は起こらざるを得ない、なぜなら谷の言語と頂上の言語は二つの異なる言語だからだ。二つの間に出会いがあると、混沌が生じる。

「だがそれを気にしてはいけない」と私は彼女に言った。「私が指し示している方向へ進み始めなさい。そしてあなたがより高く上がるにつれて、あなたの混乱は融合に変わり始める。混乱は谷に取り残されるだろう。あなたが頂上に着く頃には、すべては明白になるだろう」

ブッダの道を完全に理解することは難しい。

あなたがほんの少し理解できれば充分だ。精一杯やってみなさい。あらゆる手段を尽くさなければならない。理解するように精一杯やってみなさい。それを良く知ることはほとんど不可能だ――が、精一杯やってみなさい。あなたのまさにその努力によって、あなたは統合される。中心があなたの中に生まれるだろう。そしてその中心は変換点になる。

いつかあなた方はみんなブッダになるよう運命づけられている。すべての物事はその日にだけ理解されるだろうが、その前にではない。あなたはその闇の中で模索しなければならない。だが怠けてはいけない——模索しなさい。

扉はある。確実だ。模索し続けるなら、あなたは必ずそれを見つける。丘は存在する。あなたが勇気を出して谷を越えて進み始めるなら、あなたは必ず到達する。

そう、その道は骨が折れる。その道は危険を伴う。だがそれが人が成熟し、成長するための、そして豊かな生に達するための唯一の方法だ。

第二章

理由もなく幸せ

Happy for No Reason

質問一

なぜ私はいつも未来について空想に耽っているのでしょうか？

質問はガヤトリからだ。絶え間なく空想に耽っているのは、ガヤトリ、あなただけではない。誰もがそうだ。人間のマインドそれ自体が空想する能力だ。マインドを超えない限り、あなたは空想に耽り続けるだろう。マインドは現在に存在できないからだ。それは過去か未来のどちらかに存在できる。マインドが現在に存在する方法はない。現在に在ることは、マインドなしで在ることだ。

それをやってみてごらん。もしどんな思考もあなたの実存を、あなたの意識をかすめない瞬間が、意識のスクリーンが全く澄んでいる静かな瞬間があるなら、その時突然、あなたは現在にいる。それがその瞬間、本物《リアル》の瞬間――現実《リアリティ》の瞬間、真実の瞬間だ。だがその時そこには過去も未来もない。

普通、時間はこれらの三つの時制――過去、現在、未来に分割される。その分割は基本的に間違っていて非科学的だ。なぜなら現在は時間の一部ではないからだ。過去と未来だけが時間の一部だ。現在は時間を超えている。現在は永遠だ。

過去と未来は時間の一部だ。過去はもはやないもので、未来はまだないものだ。両方とも非‐実存的だ。現在は在るものだ。実存的なものは非‐実存的なものの一部であることはできない。それらは決して出会わない。それらは決してお互いの道を横切らない。そして時間とはマインドだ。蓄積された過去こそがあなたのマインドだ。

あなたのマインドとは何だろう？　それを分析してごらん、それを調べてごらん、それは何だろう？——まさに積み上げられ、蓄積された過去の体験だ。あなたのマインドとは単なる漠然とした総称、包括的な用語だ。それはただ単にあなたのすべての過去を保ち、維持する。それ以外の何ものでもない。やがてあなたが自分の過去をバッグから取り出すなら、そのバッグは消えるだろう。過去がマインドにとって唯一の現実なら、マインドにできることとは何だろう？一つの可能性はそれが過去を咀嚼し続けられること、何度も再び咀嚼し続けられることだ。それがあなたが記憶、思い出、追憶《ノスタルジー》と呼ぶものだ。あなたは何度も後ろ向きに行く。何度も過去の瞬間に、美しい瞬間に、幸せな瞬間に戻る。それはごく少ないが、あなたはそれにしがみつく。あなたは醜い瞬間を、惨めな瞬間を避ける。

しかしこれは空しいので、あなたはこれを連続的にできない。その活動は無意味に見える。マインドは「意味のある」活動を作り出す——それが未来について空想に耽ることだ。

マインドは言う、「そうだ、過去は良い、しかし過去は終わった。それについて何もすることはできない。未来について何かができるのは、それがまだ来ていないからだ」

そこであなたは、自分が再び繰り返したいと思う過去の体験を選び、非常に惨めで苦しい体験を落とす。それはあなたが未来に繰り返したくないものだ。

だからあなたの夢見る未来は、修正された過去以外の何ものでもない。それはより良く整えられ、より飾られ、より快く、苦しみはより少なく、より楽しい。これをあなたのマインドはやり続ける。このようにしてあなたは現実を取り逃がし続ける。

瞑想とは単に、あなたがマインドの中にいないわずかな瞬間を、あなたがマインドから抜け出るわずかな瞬間を意味する。あなたは現実《リアリティ》に、そうあるものに滑り込む。これらの実存的な瞬間は途方もなく恍惚的なので、ひとたびそれらを味わうとあなたは空想を止めてしまう。

空想することは、あなたが瞑想を味わい始めない限り続くだろう。あなたが瞑想によって養われない限り、あなたは飢え続け、未来に何らかの食べ物を渇望し続けるだろう。だがあなたは未来がそれをもたらしはしないのを知っている。なぜなら、今日はまさに一日前には未来だったからだ。昨日、それは未来だった。そしてあなたはそれを空想していた。今、それはある。どうなっている？　あなたは幸せだろうか？　昨日は未来の或る日でもあった。過去は未来の或る日のすべての部分であり、それは過ぎ去った――そして未来もまた過ぎ去るだろう。あなたは空想に耽る中で、自分自身を騙しているのだ。

もう少し気づくようになりなさい。そしてあなたの意識を、ますます存在の事実性にもたらそうとしなさい。「この」花を見なさい、「その」花について考えてはいけない。私が話す「この」言葉に耳を傾けなさい、私が話そうとしている「その」言葉ではなく。今まさに私を見なさい。ほんの一瞬でも延期するなら、あなたは私を取り逃がす。そしてそれは習慣に、非常に根深い習慣になる。明日も、そして明後日もまた、あなたは私を取り逃がすだろう。なぜならあなたは同じままだからだ。それだけではない――あなたの空想する習慣はより強くなる。

私は数日前の夜に、素晴らしい日本の物語を読んでいた。それに類似した物語は世界のすべての民話にある。それは美しい物語だ。それに耳を傾けてごらん。

昔、岩から石を切り出す男がいた。それは非常に重労働で、彼は一生懸命働いたが賃金はわずかで、満足していなかった。

誰が満足するだろう？　皇帝でさえ満足しないなら、石工については何を言うべきだろう？　彼の仕事は確かに厳しくて、報酬はただ同然だった。

彼は労働が厳しかったためにため息をつき、そして叫んだ。

「ああ、俺は絹で包まれた座椅子で休めるほど金持ちならいいのだが」

すると天国から天使が来て言った。「あなたが言ったもの、それがあなたです」

そしてこれは本当に起こる――寓話や物語においてだけでなくだ。それは現実の生で起こる。あなたが自分自身について考えることは何であれ、起こり始める。あなたは自分の思考で自分の世界を作る、あなたは自分の欲望で自分の世界を作る。あなたが主張するものは何であれ、起こり始める。現実はあなたに協力し続ける。現実はあなたがそれに協力する瞬間を、その日を待つ。その時まで、それはあなたに協力し続ける。

そして天使は言った。「あなたが言ったもの、それがあなたです」

すると彼は金持ちになった。そして座椅子で休み、そのカバーは絹だった。それからその国の王が馬車の前に騎手を乗せて通り過ぎた。その馬車には後ろにも騎手がいて、さらに黄金の日傘が王の頭の上に差しかけられていた。

その金持ちの男がこれを見た時、彼は黄金の日傘が自分自身の頭上になかったことに苛立ち、満足しなかった。彼はため息をついて叫んだ。「俺は王になりたい」

すると天使が再びやって来て言った。「あなたが言ったもの、それがあなたです」

すると彼は王になり、多くの騎手たちが彼の馬車の前に乗った。そして彼の馬車の後ろにも騎手たちがいて、黄金の日傘は彼の頭上に差しかけられていた。すると太陽が熱い光線を照射して地上を焦がしたので、草の新芽は枯れた。その王は太陽が彼の顔を焼いたこと、それが力において彼に勝っていたことに不平を言い、満足しなかった。彼はため息をついて叫んだ。「俺は太陽になりたい」

すると天使が再びやって来て言った。「あなたが言ったもの、それがあなたです」

それで彼は太陽になり、彼は自分の光線を上や下へ、右や左へ――あらゆるところへ向けた。そして彼は地上の草の新芽と、地上にいた王の顔を焼いた。

するとと雲が彼と地上の間に割り込んできたので、太陽の光線は雲からはね返り、彼は自分の力が抵抗されたことで激怒するようになった。彼は雲が力において彼に勝っていたことに不平を言い、満足しなかった。彼はとても力強い雲になりたかった。

するとと天使が再びやって来て言った。「あなたが言ったもの、それがあなたです」

それで彼は雲になり、自分自身を太陽と地上の間に置き、草が緑になるように光線を捕まえた。雲は、川が溢れて家を流し去る洪水の原因になる大きな滴の雨を地上に降らした。そして彼は多くの水で田畑を破壊した。彼は岩の上に落ちたがそれは屈しなかった。そして彼は大きな流れで岩を飛び散らせたが、岩は屈しなかった。岩が彼の力に屈しなかったため、彼は激怒するようになった。そして彼の流れの力は水の泡になり、彼は満足しなかった。

彼は叫んだ。「その岩には俺に勝る力が与えられている。俺は岩になりたい」

そして天使がやって来ると彼は岩になった。彼は岩になったが、太陽が輝いた時も雨が降った時も動かなかった。

その時、ツルハシとノミと重いハンマーを持つ男がいた。そして彼は岩から石を切り出したのでその岩は言った。「この男が俺より勝る力があり、俺の膝から石を切り出すなんて、どうしてなんだ?」。そして彼は満足しなかった。

彼は叫んだ。「俺は彼よりも弱い。俺はその男になりたい」

すると天使が天国から来て言った。「あなたが言ったもの、それがあなたです」

そして彼は再び石工になった。そして彼は重労働をして岩から石を切り出した。彼は少ない賃金のためにとても一生懸命働いた――だが彼は満足だった。

私はその結末には同意しない。それがその物語で唯一の同意しないところだ。そうでなければその物語は美しい。私はその結末には同意しない。なぜなら私は人々を知っているからだ――彼らはそう簡単には満足できない。輪は完結している。その物語はある意味で自然に終わった。しかし生における現実の物語は、何も自然には終わらない。車輪は再び動き始める。

だからインドで私たちは生を「車輪」と呼ぶのだ。それは動き続け、それ自体を繰り返し続ける。私が見る限り、その石工がブッダにならない限り、その物語は再び繰り返されたに違いない。再び彼は不満になるだろう。再び彼は美しい座椅子と絹のカバーを切望する。そして再び同じことが始まる。だがその石工が本当に満足したなら、彼は生と死の車輪から飛び出し、ブッダになっている。

これがそれぞれのマインドに起こり続けていることだ――あなたは何かを切望する、それは起こるだろう、しかしそれが起こる頃には、あなたは自分がそれでも不満なのがわかる。他の何かが今、苦悩を作っている。

これは理解すべき何かだ――もしあなたの欲求が満たされないなら、あなたは欲求不満になる。もしそれが満たされても、その時もあなたは満たされない。それが欲望の惨めさだ。満たされても、あなたは満たされない。突然多くの新しい物事が生じる。

あなたは決して考えなかった、あなたが王で、騎手があなたの前方と後方にいて、黄金の日傘があなたの頭に差しかけられる時、太陽はあなたの顔を焼くことができるほど熱くなれる、ということを。あなたはそれについて決して考えなかった。それからあなたは太陽になる夢を見た。するとあなたは太陽になる、そしてあなたは雲について考えたことがなかった。今、雲があり――そしてあなたが無力であることを証明している。

そしてこれが続いて行く、海の波のように……終わりはない――あなたが理解してその車輪から単に飛び出さない限り。

生はここにあり、生は今にある。神はここに存在し、今存在する。あなたが彼を自分の空想の中に探しているなら、あなたの探求は無駄だ。なぜなら神は深い満足以外の何ものでもないからだ。

マインドはあなたに言い続ける。「これをしなさい。あれで在りなさい。これを所有しなさい。あれを所有しなさい……そうしなければ、あなたがこれを持たなければ、どうやって幸せでいられるだろう？　あなたは宮殿を持たなければならない。するとあなたは幸せでいられる……」

あなたの幸せがそれの条件付きなら、あなたはただあるがままのあなた――石工――で幸せでいられないなら……。私は知っている、その労働が厳しいこと、賃金が不充分なこと、生は闘いであることを私は知っている――だがあなたがそのすべてにも関わらず、あるがままのあなたで幸せでいられないなら、あなたが幸せでいられないなら、あなたは全く幸せになることはない。

人が全く理由もなく幸せで、ただ単に幸せでいない限り、人がどんな理由もなく幸せでいるほど狂っていない限り、人は決して幸せになることはない。あなたは常に自分の幸福を壊している何かを見つけるだろう。あなたは常に欠けている何かを、存在しない何かを見つける。その欠けているものは再びあなたの空想になるだろう。

そしてあなたはすべてがそこにある状態を、すべてが手に入る状態を成し遂げることはできない。たとえそれが可能でも、その時もあなたは幸せではないだろう。ちょっとマインドの仕組みを見てごらん。もしあらゆるものが、あなたがそれを望むように手に入れられるなら、突然あなたは退屈に感じるだろう。さてどうする?

私はこれを聞いたことがある——それは信頼できる——天国に到達した人々は退屈している、ということを——それは非常に信頼できる情報源からのもので、間違いない。

彼らは自分たちの『願望を満たす木《カルパタル》』の下に座っていて退屈している。なぜなら彼らが何かを言う瞬間、天使が現れて、すぐに彼らの欲望を満たすからだ。彼らの欲望とその実現との間に時間差《ギャップ》はない。彼らは美しい女性、クレオパトラのような人を望む、すると彼女がいる。さてそのようなクレオパトラのような人をどうする? それは意味がない——それで彼らは退屈するようになる。

インドのプラーナ文献には、天国でとても退屈するようになったので、地上に憧れ始めた神々についての多くの物語がある。彼らはそこですべてを持っている。彼らが地上にいた時は天国を渇望していた。彼らは偉大な苦行者だったかもしれない。彼らは天国に達するために世界を、女性を、すべてを放棄したかもしれない。現在彼らは天国に達している。今や彼らは世界を渇望している。私は聞いたことがある。

新しいジェット機のパイロットはキャッツキル（ニューヨーク州の中部にあるゆるやかな山地）の上を飛んでいて、副司令官に気持ちのよい谷間を指し示した。

「あの場所を見てくれますか？」と彼は求めた。

「私が裸足の子供だった頃、私はあそこで平らな底のボートに座って釣りをしたものでした。飛行機が飛び去るたびに、私は見上げて自分がそれを操縦しているのを夢見ていました。今、私は下を見て、自分が釣りをすることを夢見ています」

現在彼はパイロットになった。最初彼は貧しい少年で、釣りをしていて、ジェット機は上空で轟音を鳴り響かせ、彼は見上げて、「ある日、うまくいけば、ボクはパイロットになるだろう」と夢見ていた。開放的な空、その風、その広大さのわくわくする感じ……。彼は夢見ていたに違いない。そして彼は非常に惨めさを感じていたに違いない――普通のボートで釣りをする、ただの貧しい少年であることに。

そして今、彼は副司令官に言う。「今私はパイロットです。今、私は下を見て、自分が釣りをしているのを夢見ています」

今、小さな、美しい湖、深い谷間で、美しい木々とともに、そして歌う鳥たちとともに、釣りをすることの瞑想的なくつろぎ……。今彼は引退する方法を、この操縦から逃れる方法を夢見ているに違いない。そのようにそれは続いて行く。あなたが有名でない時、あなたは有名でありたい。あなたは人々が自分を知らないことに非常に痛みを感じる。あなたは街を通り過ぎる——誰もあなたを見ない、誰もあなたに気づかない。あなたは取るに足らない人物のように感じる。

あなたは有名になるために懸命に働く。ある日あなたは有名になる。今やあなたは街中を動くことはできない。今、群衆があなたをじろじろ見る。あなたには少しの自由もない。今あなたは自分の部屋に閉じこもったままでいなければならない。外に出ることはできない。あなたは閉じ込められている。今あなたは、自分が街をよく歩いていて、とても自由だったことを、まるで独りだったかのような、これらの素晴らしい日々について考え始める。今あなたはこれらの日々を渇望する。有名な人々に尋ねてごらん……。

ヴォルテールは回顧録に書いている——かつて彼は有名でなかった——誰もがかつては有名でなかったように——そして彼は大いに望んで一生懸命働き、フランスで最も有名な人たちの一人になったことを書いている。彼の名声は非常に広まったので、彼が自分の家から出ることはほとんど危険だった。なぜならその迷信深い時代には、非常に偉大な人の服の一部を得たらそれは保護になる、それは途方もない価値、保護的な価値を持つと人々が考えていたからだ。それはあなたを幽霊や悪い事故などから守る。

だから彼が列車に乗るために駅に行くとすると、警官の護衛が付いた。そうしなければ人々は彼の服を引き裂いただろう。それだけではない――彼の皮膚が引き裂かれた。そして彼は血を流して家に帰った。彼はこの名声に、とても飽き飽きするようになった――彼は自分の家から出ることさえできなかった。人々は彼に飛びかかる狼のように常にそこにいた――そこで彼は神に祈り始めた。「終わりだ！　私はこれを知った。私はそれを望まない。私はほとんど死んだ人になってしまった」。そしてそれは起こった。天使がやって来て――彼は来たに違いない――そして彼は「わかった」と言った。やがて彼の名声は消えた。

人々の見解は非常に簡単に変わる。彼らには少しの誠実さもない。まさにファッションのように物事は変わる。あなたはある日有名になれる、次の日、あなたは最も悪名高い人間になれる。ある日、あなたは名声の頂点にいる。次の日、人々はあなたのことを完全に忘れる。ある日、あなたは大統領だ。次の日、あなたはただの市民リチャード・ニクソンだ。誰も気にかけない。

それは起こった。人々の心は変わった。見解、風潮は変わった。そして人々は完全に彼のことを忘れた。彼は駅に来て、少なくとも誰かは、せめて一人は彼を迎えるためにそこで待っていることを切望した。しかし誰も彼を迎えに来ていなかった――ただ彼の犬だけがいた。

彼が死んだ時、ただ四人だけが彼に最後の別れに来ていた。三人は男性で、四番目は彼の犬だった。彼は惨めに、再び名声を渇望して死んでいったに違いない。どうするかね？　そのように物事は続いて行く。

マインドは決してあなたを幸せにしない。状況がどうであれ、マインドは常に不幸になるための何かを見つける。それをこのように言わせてほしい。マインドは不幸を作り出す機構だ。そのすべての機能は不幸を作り出すためにある。もしマインドを落とすなら、突然あなたは幸せになる……全く理由もなく。その時幸福は全く自然なもの、あなたが呼吸するようなものだ。呼吸のために、あなたは意識する必要さえない。あなたは単に呼吸し続ける。意識的であれ無意識であれ、目覚めていようが眠っていようが、あなたは呼吸し続ける。幸福はまさにそのようなものだ。

だから東洋で私たちは、幸福はあなたの最も内側の性質だ、と言うのだ。それは外側の条件を必要としない。それはただ単に存在する。それがあなただ。至福はあなたの自然な状態だ。それは成果ではない。単にマインドの機構から出るなら、あなたは至福を感じ始める。

だからあなたは、狂った人々がいわゆる正気の人々よりも幸せなのを見るのだ。狂った人々に何が起こっているのだろう？　彼らもマインドから出ている――もちろん間違った方法でだが、彼らはマインドから出ている。狂人とはマインド以下に落ちた人だ。彼はマインドの外にいる。だからあなたは、狂った人々がとても幸せなのを見るのだ。あなたは嫉妬を感じる。空想することさえできる。「いつこの祝福が私たちに起こるのだろう?」。彼は非難されるが、彼自身は幸せだ。

狂人に何が起こったのだろう? 彼は過去についてもう考えていないし、未来についてもう考えていない。彼は時間から抜け落ち、永遠の中で生き始めた。

それは神秘家にも同じように起こる。なぜならマインドを超えるからだ。私はあなたに狂人になれと言っているのではなく、狂人と神秘家との間には類似性があると言っているのだ。だからすべての偉大な神秘家たちは少し狂ったように見えるし、すべての偉大な狂人たちは少し神秘家のように見えるのだ。

狂人の目を見守ってごらん。すると彼の目が非常に神秘的なのがわかるだろう……その目には輝きが、何かこの世のものではない輝きがある。まるで彼が生のまさに核に達することができる、ある内側の扉を持っているかのように……。彼はくつろいでいる。彼は何も持っていないかもしれないが、ただ単に幸せだ。彼には欲望はなく野心はない。彼はどこにも行こうとしていない。彼は単に存在する……楽しんでいる、喜んでいる。

そう、狂人たちと神秘家たちには類似した何かがある。類似性があるのは、両者ともマインドの外にいるからだ。狂人はそれ以下に落ちた、神秘家はそれを超えた。神秘家は技法でも狂っている。彼の狂気の中に技法がある。狂人は単に落下した。

私は狂人になりなさいと言っているのではない。神秘家になりなさいと言っているのだ。神秘家は狂人と同じくらい幸せで、そして正気な人と同じくらい正気だ。神秘家も同じように道理をわきまえている。いわゆる合理的な人々よりもさらに道理をわきまえている。それにも関わらずとても幸せだ。まさに狂った人々のようにね。神秘家には最も美しい統合がある。彼は調和の中にいる。彼は道理をわきまえた人間が持つすべてを持っている。彼は両方とも持つ。彼は完全だ。彼は全体だ。

ガヤトリ、あなたは尋ねている。「なぜ私はいつも未来について空想に耽っているのでしょうか？」未来について空想に耽るのは、あなたが現在を味わっていないからだ。現在を味わい始めなさい。あなたが単純に喜んでいるわずかな瞬間を見つけ出しなさい。

木を見るなら、ただ見る者でありなさい。鳥に耳を傾けるなら、ただ聞いている耳でありなさい。それらをあなたの最も深い核に届かせなさい。彼らの歌を、あなたの実存のいたるところに広がらせなさい。海辺に座って、波の野性の轟きにただ耳を傾けなさい。それと一つになりなさい……なぜなら、その波の野性の轟きには過去も未来もないからだ。あなたが自分をそれに同調させられるなら、あなたも野性の轟きになる。木を抱いてくつろぎなさい。その緑の形があなたの実存に飛び込むのを感じなさい。砂の上に横になって、世界を忘れて、砂と、その冷たさと心を通わせなさい。あなたを満たしているその冷たさを感じなさい。川へ行って泳ぎなさい。そして川をあなたの内側で泳がせなさい。周辺に水を飛び散らせなさい。そしてその飛び散るものになりなさい。

あなたが楽しいと感じるものは何でもしなさい。そしてそれを完全に楽しみなさい。それらのわずかな瞬間に、過去と未来は消え、あなたはここと今にいる。それらの瞬間は最初の良い知らせを、神の最初の福音をもたらすだろう。福音は聖書の中にはない。福音は川の中に、海の野生の轟きの中に、星の沈黙の中にある。良い知らせは辺り一面に書かれている。宇宙全体がメッセージだ。それを解読しなさい。その言語を学びなさい。その言語は、〝ここと今〟についてのものだ。

あなたの言語は、過去と未来の言語だ。だからマインドの言語で話し続けても、決して存在と同調したり調和することはない。その調和を味わっていないなら、どうやってあなたは空想を止められるだろう？——それこそが、あなたの生そのものだからだ。

それはまるで、貧しい人が普通の石袋を運んでいて、その石が高貴なダイヤモンド、ルビー、エメラルドであると思っているようなものだ。そしてあなたが彼に「これらを落としなさい。あなたは愚かだ。これらは単なる普通の石だ」と告げても、彼はあなたを信じることができない。彼はあなたが騙していると思うだろう。彼はそれにしがみつく。それが彼が持つすべてだからだ。

私はその人に、自分の袋を放棄しろと言うつもりはない。私は彼に本物のルビー、エメラルド、ダイヤモンドを見せようとする。ちょっとそれらを一目見るだけで、彼は袋を投げ捨てるだろう。彼はそれを放棄することさえない——なぜなら放棄すべきものが何もないからだ。それは単なる普通の石だ。あなたは普通の石を放棄しない。

彼は自分が幻想の下に生きていたことに、単純に気づくようになる。今、そこには本物のダイヤモンドがある。突然彼自身の石は印象が薄れて、消えてしまう。そして彼はすぐに、あなたが彼に言わなくても、自分の袋を空にする。なぜなら今彼は、袋に入れるべき他の何かを持っているからだ。彼には袋が、空間が必要になる。だから私はあなたに、未来に入って行くことを落としなさい、過去に入って行くことを落としなさいとは言わない。むしろ、私はあなたにこう言いたい、現在とより多く繋がりなさい、と。現在がその壮大さ、その美しさをもって生じる時、すべては色褪せる。放棄は影のように気づきの後について来る。

質問二
あなたは詐欺師以外の何者でもないように見えます。
私は自分のために、あなたの策略《トリック》に協力しなければならないようにも思えます。
これは可能ですか？　これはすべて少し狂気じみていませんか？

あなたはそれを「少し狂気じみている」と言うのかね！　それは絶対に狂気じみている！　そして私はあなたに対して詐欺師でいなければならない。理解しようとしてごらん。
もし誰かが幻想の中にいるなら、真実について話すことで彼を連れ出すことはできない。幻想は別の幻想によって破壊できる。毒は他の毒によって破壊されるものだ。足に棘があるなら、別の棘がそれを取り除くために必要とされる。

すべてのブッダたちは詐欺師だ。あなたに現実《リアリティ》は必要ない。現実は既にそこにある。あなたには単にショックが必要なだけで、そうすればあなたは目を開けることができ、あなたの目はパッと開いて見ることができる。あなたにはただ策略《トリック》が必要なだけだ。

誰かがぐっすり眠っている。どうしたらいい？ あなたは彼を揺さぶり、目覚まし時計を置く。ベルが鳴り始める時、あなたは何をしているのだろう？ あなたは単に騒ぎを起こしているだけだ。それこそがすべての方策であるものだ。あなたはぐっすり眠っている。現実が存在していないのではない――現実はあなたを取り囲んでいる――でもあなたはぐっすり眠っている。

私はあなたに真実を与えるためにここにいるのではない。誰もあなたに真実を与えることはできない。真実はあなたに既にあるが、どうにかしてあなたは嘘で自分自身を誤魔化してきた。今やあなたには、その嘘を粉砕するためにより大きくてより強力な嘘が必要になる。すべての哲学は、あなたが自分の嘘から出てくるのを助けるための嘘であり方策だ。

ある男が私のところに連れて来られた。彼は非常に幽霊を恐れていた。幽霊はただ彼の想像の中にいただけだった――彼らは常にあなたの想像の中にいる――だが単に彼に「これはあなたの想像だ」と言っても助けにはならなかった。誰もが彼に言っていた。

「あなたはただ想像しているだけだ。幽霊はどこにいるのだ？ 我々は彼らを見ていないぞ」

それでも彼は絶えず幽霊を見ていた。彼らは彼を取り囲んでいた。ある者は右側に立っていた、ある者は左側に立っていた、ある者は後ろに立っていた——彼らはどこでも彼の後を追っていた。彼にとって眠ることは不可能であり、一人でいることは不可能だった。幽霊が彼を苦しめていたからだ。さてどうする？

誰もがこれは想像だと彼に言っていた。医師はこれは想像だと彼に言った。精神分析医はどうしようもない、彼はただ想像しているだけで、彼に本当の問題はないと言った。だが彼に本当の問題があろうとなかろうと、あなたは彼の問題を否定できない。彼は問題を抱えていた——本物か非現実か、はどうでもいいことだ。彼にとってそれは本物だった。彼は苦しんでいた。彼の苦しみは本物だった。

彼が私のところに来た時、私は彼の右側を見て、そして言った。

「あなたの言うとおりだ。その男はそこにいる！　彼は私に微笑んだ」

私は彼を理解した最初の人だった。そして私は言った。

「あなたの左側にも人々が見える。そして彼らはあなたの後をついて来ている。あなたはそんなに多くの幽霊と一緒で、どうやって生き残るのだろう？」

彼は「誰も私の話を聞かないのだ」と言った——だが彼はくつろいだ。彼は私の足に触れ、そして言った、「あなたは唯一の人だ。でなければ私は証明し続けるが、誰も耳を傾けない。彼らはこう言う。『それはすべて想像だ。あなたはある種の妄想の中にいる。想像を落としなさい。幽霊のようなものは何もない』と」

だが私は言った。「私には見える。これらの人々は誰だ？」彼の父親が一緒にいて、彼の妻も一緒にいた。そして私が「そうだ、彼らは存在する」と言った時、彼らは恐くなった。それで彼は父親に言った。「今、ＯＳＨＯが言うことを聞いてくれ。そしてあなたは私を馬鹿だと思っていた」。今、彼は自信を持った。

私が言ったことは嘘だった。そこに幽霊はいなかった――しかしそれは問題ではない。その男は自信がないことに苦しんでいた。その男は恐怖に苦しんでいた。今、彼の嘘をただ受け入れることによって……。私も嘘つきだ。私は「そうだ。彼らはそこにいる」と言っている。私は彼が自信を取り戻すのを助けた。彼はより元気になったように見えた、彼はより強く見えた。たぶん幽霊は存在するかもしれない。だが彼は間違っていない。たぶん幽霊はまだそこにいるかもしれない。だが彼は馬鹿ではない、白痴ではない。そして私は彼に言った。

「心配することは何もない。方法がある。彼らと折り合いを付けよう」

彼は言った。「それが私が人々に頼んでいることだ。私を助けてくれ！　彼らと折り合いを付けるための何かを私に与えてくれ」

「心配しなくていい。そして私が見る限り、彼らはあなたよりも強くはない」

すぐに彼の背丈は以前よりも高くなった。彼は深く息を吸いこんだ。彼は背筋を伸ばした。そして私は彼に単なる普通の、中に何も入っていない、空のロケットを与えて彼に言った。

「ただそれを自分の手元に持っていなさい。そしてあなたが彼らがそこにいると感じる時はいつでも、自分の手にそれを持ちなさい。すると彼らは恐れ始めるだろう。彼らは怯えて、急いで逃げ始めるだろう。心配しなくていい。ただ自分の手にそれを持てばいい」

彼はやってみて、そして笑った。彼は言った。

「彼らはそうしている。彼らは私から逃げている。今、私は怖くない」

たった二週間で彼は正常な男になった。彼が正常になって幽霊が消え、正常さを取り戻した時、私は彼に言った。「今、そのロケットを私に返しなさい。何も入っていないからだ」

彼は言った。「どういう意味だ？」

私は言った。「幽霊はいなかった。薬は病気と同じくらい偽りだったのだ」

だがその時、彼は理解できた。彼は笑って言った。

「だがあなたは、私を騙してそこから出したのだ。あなたが十五日前に私に同じことを言っていたなら、私は決してあなたに耳を傾けなかっただろう。だが、今私は知っている。そしてあなたがそう言うなら、私は信じるよ」

私はロケットを開けた。それは空だった。私は言った。

「あなたは見ることができる。それは全く空だ。あなたには力があるというただその考えが、役に立ったのだ。今私は、あなたにこのロケットを永遠に持っていてほしくない。なぜなら今やこれが病気になるからだ。もしいつかそれが失われたなら、あなたは震え始めるだろう。そしてロケットが失われたために、去っていったこれらの幽霊が戻ってくるだろう」

あなたの幻想はすべて単なる幻想だ。それらは幻想だ。あなたは本当に病気なのではない。あなたが病気を想像していたのだ。あなたは本当に神に見捨てられてはいない。あなたはただそれを夢見ているだけだ。あなたはエデンの園から追放されたことはない。あなたがそのように思ってきただけだ。あなたは今でもエデンの園の中にいる。あなたは今でも、神のまさにハートの中に存在する。それから抜け出す方法はない。それは単なるあなたの夢だ。

どうやって夢を破壊したらいいだろう？　人は極めて巧妙でなければならない。あなたは単に人々に「これはあなたの夢だ」と言うことはできない。彼らは聞こうとしない。彼らの目は夢でとても一杯なので見ることができない。あなたは彼らの現実を受け入れなければならない。その時だけ、あなたは助けることができる。

私は聞いたことがある。

昔々、若い女性がこんな夢を見ていた――ハンサムな王子が彼女のところに馬で乗りつけて、その腕で彼女をすくい上げ、彼女にキスをし、そして彼女と一緒に夜更けに走り去った。

「まあ！」、彼女は怯えた声で叫んだ。「どこへ私を連れて行くの？」

「君が僕に言ってくれ」。王子はとげとげしい口調で答えた。「それは君の夢だろ」

あなたが道に迷ってしまったというのは、あなたの幻想だ。今私は、あなたを家に連れて行かなければならない。あなたが神を忘れてしまったというのは、あなたの夢だ。私はあなたに思い出させなければならない。あなたが惨めだと思うのはあなたの夢だ。そして私は、そうではないことを、あなたに思い出させせなければならない。

だがこれはすべてマーヤだ、幻想だと単に言うことでは、あなたは助からないだろう。私はそれについて非常に巧妙でなければならない。あなたを説得しなければならない。私は本当にセールスマンでなければならない。追々あなたを説得しなければならない。急ぐことは助けにはならない。性急さは助けにはならない。私があまりに多くのことを言うと、あなたはそれを吸収できない。

一人の男が一度、私に尋ねた。

「OSHO、あなたは毎日、朝と夕方に話し続けます。どうしたらそれは可能なのですか?」

私は言った。「すべて嘘だ! ではその難しさとは何だろう? もし私が真実だけを話しているなら、毎朝、毎晩話すほど多くの真実などない。それほど多くの真実は存在しない!」

あなたは自分の生の中に何らかの嘘を持っている。私は別の嘘、解毒剤を作る。両方の嘘が接触すると、それらはお互いに交差して、お互いに打ち消し合う。あなたは真実と共に残される。

私は真実を語っているのではない。あなたが私に耳を傾けるなら、私の嘘はあなたの嘘を殺すだろう、そして真実が残される。

真実はそこにある。私はあなたにそれを与えることはできない。誰もそれを与えることはできない。あなたが真実だ。だから私にできることのすべては、あなたのために解毒剤の嘘を作ることだ――それこそがすべての宗教が持つ意義だ。あなたが理解する日、あなたは笑うだろう。

ボーディダルマが光明に達した時、彼は笑い始めたと言われている。その笑いは狂っていた。彼は抑えられなかった。彼は地面を転がり回っていた。他の菩薩たちが集まり、他の探求者たちが集まり、そして言った。「あなたに何が起こっているのですか？」

彼は言った。「それは絶対に馬鹿げている。私は、その真実が決して失われなかったことが、私たちが失ったと想像していただけだったということが、信じられない。それからこのブッダが、この詐欺師が来て、彼はこう言う。『ここに来なさい！　見なさい！　これが真実だ！』。そして彼はあなたに別の嘘を手渡す。しかしそれは途方もなく役に立った。両方の嘘が相殺されたのだ」そしてもちろん、あなたがブッダによって作られた嘘に行き当たる時、あなたは勝てない。あなたの嘘は非常に素人っぽい。ブッダが嘘をつく時、それは完璧で職人芸だ。彼は全く故意に、そして意図的に嘘をつく。

手品師が遠洋定期船のサロンで見事な手品を演じた。この船にはオウムがいて、その手品師を嫌っていた。手品師がトリックをするたびに、オウムはこう叫んだ。

「ペテン師だ！　ペテン師だ！　彼を連れ出せ！」
航海の間に船は沈没した。オウムと手品師は船板に打ち上げられた。一日が過ぎ、彼らは何も言わなかった――彼らは敵だった。二日が過ぎて、まだ彼らは何も言わなかった。ついにオウムは、もはや自分の疑惑を抑えられなかった。彼は手品師を睨みつけ、そしてキーキー声で叫んだ。
「いいだろう、小賢しいやつめ。お前とお前のトリックは糞ったれだ！　お前は船に対していったい何をしたのだ？」
ある日それが、あなたと私の間で起ころうとしている……船全体が、あなたがサンサーラ、世界と呼ぶ船全体が――。私がしていることは単なる妨害行為だ。

あなたは詐欺師以外の何者でもないように私には見えます。

全くその通り。

私は自分自身のために、あなたの策略《トリック》に協力しなければならないようにも思えます。

全くその通り。逃げる道はない。

これは可能ですか？

それは既に起こっている。

これはすべて少し狂気じみていませんか？

それは全く狂気だ。しかしあなたが狂っているので、ただ狂ったマスターだけがあなたを助けることができる。ある日あなたは、真実に目覚めたすべての人々の途方もない慈悲を実感するだろう。彼らが実際には技法は必要ないことをよく知りながら、あなたのために技法を考案し続けるのは彼らの慈悲だ。だがあなたを見ていると、あなたが技法なしで夢や幻想から出てこれるのは、ほとんど不可能に見える。あなたは度を越している。

そしてあなたが放っておかれたら、あなたはますます遠くへ行くだろう。それは一つのものがもう一つのものに繋がるからだ。それは鎖のようなものだ。あなたが理解するなら、どんな方策も必要ない。あなたが理解するなら、まさにその瞬間にあなたは既に到着している。なぜならあなたは決して出発しなかったからだ。

ヒギンズはニューヨークのスタテンアイランドに住んでいて、マンハッタンで働いていた。彼は毎晩帰りにフェリーボートに乗らなければならなかった。ある晩、彼はフェリーから降りて、次の船まで待ち時間があるのがわかったので、近くのバーに立ち寄ることに決めた。まもなく、ヒギンズは酔い潰れた。彼がフェリー乗り場に戻った時、フェリーボートは波止場からわずか八フィートのところにあった。ヒギンズは、このボートを乗り逃すことと夕食に遅れることを恐れて、走り跳びをしてボートの甲板にぴったり着地した。

「このジャンプはどうだい、相棒?」とヒギンズは甲板員に言った。

「それは凄かったです」と船員は言った。「でもなぜあなたは待たなかったのですか? 私たちはちょうど船着場に入っていくところだったのですよ」

それが、ある日あなたが実現しようとしているものだ。実際にはジャンプする必要はなかった。だが現時点ではそれが困難なので、だから私はあなたに言い続けているのだ、「ジャンプしなさい！量子的跳躍をしなさい！」と。ボートがまさに入って来ているのを良く知りながらだ。だがあなたは酔っていて、ほとんど無意識だ。あなたは何が去っているのか、何が来ているのかがわからない。あなたは何が入ってきて、何が出ているのかわからない。すべてが混合され、すべてが混沌の中にあり、そしてあなたの中には混乱がある。そのため宗教が必要になる。

もしいつか人が健康になり、静かになり、気づくようになるなら、宗教は世界から消えるだろう。それは必要ではない。宗教は世界が良い状態にあることを示すものではない。それは世界が非常に悪い状態になっていることを、単に示している。あなたの家で毎日医者が必要なら、物事が良くなっていることにはならない。何年も医者が必要なければ、物事は良くなっている。

一人のヒンドゥー教の僧侶が一度私に会いに来て、この国のことを言った――ヒンドゥー教徒が常に主張し、宣言し続けるように――この国は世界で最も宗教的な国であると。

私は彼に尋ねた。「どうしてだね？　その証拠はあるのか？」

彼は言った。「証拠？　あなたは私に尋ねるのですか？　それはとても明快です。ジャイナ教の二十四人のティルタンカーラたちは、みんなここで生まれました。二十四人のブッダたちはここで生まれました。ヒンドゥー教のすべてのアヴァターラたちはここで生まれました。神はこの地上に何度も来ています。それはこの国が宗教的であるという証明ではありませんか」

私は言った。「それはこの国が非常に反‐神であるに違いないという単純な証拠だ。そうでなければ神がここに何度も来る必要性とは何だろう？　クリシュナ自身がギーターで言っている」と私は彼に言った。

「そこが闇である時はいつでも、そして世界に悪が存在する時はいつでも、自分は来るだろう、と。それは何を示しているのか？――それは、神が来る時はいつでも、物事は間違っているということだ。そして神は何度もインドに来ている。それは単純に、インドは非常に無宗教の状態であるに違いないことを、非常に病んでいるに違いないことを示している。医者は何度も来なければならないからだ」

健全な世界においては宗教は消える。同じように健全な世界においては、精神分析は消える。人々が本当に幸せなら、彼らを幸せにするためのすべての技法は意味がなくなる。その時、聖職者たちや寺院や教会は必要ない。やがて人々はイエス、ブッダ、キリスト、クリシュナを忘れ始めるだろう。その必要はない。

それが老子が語ることだ。

「太古《いにしえ》の時代に人々が本当に宗教的だった頃は、誰も宗教について聞いたことがなかった」

真実だ。老子は言う、「太古の時代において人々が純真だった頃、誰も聖人について聞いたことがなかった。なぜなら誰もが聖人であり、聖人のような魂だったからだ。人々が病気に、悪魔のようになった時、対照的に聖人が重要になった」

おそらく最初はそうだっただろう。あるいはおそらく、そうではなかったかもしれない。少なくともこれくらいは期待してもいい——最後には、これはそうであるに違いない、と。すべての方策が役に立たない日が来なければならない。人類にとって、おそらくそれは来るのに長い時間がかかるだろうが、あなたにとっては、個人的に、どんな瞬間にでも神は来ることができる。この瞬間は、どんな他の瞬間とも同じくらい、その到来に対して開いている。

ただ事実を見てごらん——あなたが自分の周りに幻想を作り続けている、という事実を。それらの幻想を作ってはいけない。そうしたら、方策は全く必要ない、ヨーガは全く必要ない、修行は全く必要ない、高潔さは全く必要ない。ただあなたの幻想を作ってはいけないだけだ。その時すべての薬の準備は無駄になる。あなたは廃品置場に、それらをすべて投げ捨てに行くことができる。その時あなたはただ単に存在し、全体と調子が合っている。

質問三

サニヤスを取る前、私は自殺する瀬戸際にいました。今私は言わばとても幸せですが、それでも私は自分の知らない何かを探し求めています。OSHO、結局のところ、私は何を求めているのでしょうか？　どうか何か話してください。

サニヤスは本当の自殺だ。あなたは言う、「サニヤスを取る前、私は自殺する瀬戸際にいました」――あなたはそれをした――そしてあなたはより深い段階でそれをした。身体を破壊することはあまり役立たなかっただろう。あなたは同じ様な型の身体に再び生まれていただろう。なぜならあなたのマインドは同じままだからだ。

自殺することによって、川あるいは海に飛び込むことによって、丘の上から飛び降りることによって、あなたは自分の肉体的な部分を破壊できる。だがあなたの肉体的な部分は基本的なものではない。あなたの精神的な部分が基本だ。あなたの精神的な部分は、肉体の青写真を運ぶ。あなたのマインドは別の子宮に飛び込み、別の肉体的な部分を集め始める。それは再び生まれてくる。自殺は役に立たない。私は自殺が罪だから反対しているのではない。私が自殺に反対しているのは、それが無駄だからだ。馬鹿げているからだ。それは愚かだ。

あなたが本当に自殺をしたいなら、それならサニヤシンになりなさい。その時あなたは、自分の未来の生のためのマインドを、底深い青写真を破壊している。

それがブッダが語ったことだ――スロタパンナになりなさい、流れに入りなさい。崖から飛び降りることよりも、海に飛び込んで肉体的な死に方をするよりもむしろ、ブッダの中に飛び込んで霊的な死に方をしなさい。それがサニヤスについてのすべてだ――私の中に死ぬこと。それはあなた自身の十字架を運ぶことだ。

あなたが自分の人生に本当にうんざりしているなら、それが何度も繰り返されるまさしくその可能性を破壊しなさい。スロタパンナになりなさい。その後あなたは、スクリダガーミンになるだろう。もう一度あなたは来る。その後あなたはアナガーミンになる。これ以上あなたは来ない。

アナガーミンとは本当の自殺をした人だ。彼が戻ってくることはない。彼は世界を本当に終えている。彼は世界との取引を止めている。彼には今や、はるかに良い実存の道がある。彼はこの混乱の中に入って来ない。彼はこの暗闇に、この醜い地獄に降りてこない。彼は光のまさに源泉に向かって、ますます高く上昇し続ける。

あなたは言う、「サニヤスを取る前、私は自殺する瀬戸際にいました」

実際、自殺する瀬戸際にいる人だけが、真のサニヤシンでいられる。あなたが生に本当にうんざりして飽きている時、そのばかげた不条理を、ぐるぐると動いてどこにも導かないその悪循環を見ている時……あなたがそこでは何も起こっていないことと、自分が不必要に苦しんでいることを理解する時――あなたはますます暗く、重く、重苦しくなっている、あなたは翼を失っている、あなたはますます死んだ物のようになっている……あなたがこれを見る時――生があなたを殺しているのを、あなたを本当に生き生きとさせないのを見る時――その時、二つの扉が開く。自殺か、またはサニヤスだ。

言っておこう。東洋では、自殺する人がほとんどいない。西洋では、もっと多くの人が自殺する。東洋の人々は、自分たちはあまり自殺的ではない、だから自殺しない、と思っている。西洋の心理学者は、西洋人のマインドはより自殺的だ、だから自殺する、と思っている。東洋の人々が言うことも、また西洋の精神分析医が言うことも真実ではない。真実は、西洋ではサニヤスが消えてしまった、だから人が人生にうんざりする時はいつでも、たった一つの選択肢しかない――それが自殺だ、ということだ。東洋では、サニヤスは自殺の代りとなるものだ。あなたが東洋でサニヤシンと自殺者の数を数えたなら、その数は全く同じになるだろう。違いはない。

サニヤスは生の変容だ。自殺は生からの逃避だ。両方の道であなたは超えて行く。両方の道で、あなたはこのいわゆる生を取り除く。しかし自殺ではそれは一時的なものに過ぎない――再びあなたは戻ってくる。何度も何度もあなたは戻ってくる。

サニヤスと共に、扉は開く。あなたは戻って来ないかもしれない、あるいはたとえ来るとしても、あなたはより良い方法で、より気づいて来るだろう。たとえ来るとしても何かを学ぶために、成熟するために来るだろう。

東洋では、成長のすべての概念は生から脱皮すること、生を超えて成長することだ。

サニヤスは創造的で、自殺は破壊的だ。自殺では、あなたは単に自暴自棄的な(*desperate*)何かをしている。サニヤスでは、あなたは自分の方法を、まさに自分の生のスタイルを変容するために、非常に意図的な(*deliberate*)何かをしている。実際、あなたがうんざりしているのは自分の生に対してではなく、自分の生き方に対してだ。あなたがうんざりしているのは、実のところ生に対してではなく——なぜなら実際あなたは生とは何かを知らないからだ——あなたの生のパターンに対して、あなたが自分の生を作ったその狭さに対して、あなたが自分の生から創造したトンネルのような現象に対して、あなたが自分の生から創造した束縛に対してだ。

あなたは生とは何かを知らない。あなたはただトンネルのようなもの——暗く、汚く、制限するもの、押し潰すもの、大きな損害を与えるもの、無力にするもの——だけを知っている。そして結局あなたは、そこには死以外に何もないのがわかる。では苦しむことの意味は何だろう？　なぜ今日それを実行しないのだ？　それが明日に起ころうとしているなら、なぜ明日を待つのだ？　それが自殺の論理だ。

実際、自殺する人々は、それについて決して考えない人々よりもより知性的だ。愚か者だけが決して自殺しない。愚か者だけが決して退屈しない。愚か者だけが決して自分の生の無益さに気づかない……。

知的な人は時々こう思うに違いない。「そのすべてに何の意味があるのだ？　なぜ私は進んでいるのだ？　何のために？　何も起こらなかったし、何も起こらないように見える。何もそこから期待できない——すべては絶望的に見える。それならなぜ続けるのだ？」と。自殺の考えは知性があるために生じる。だから私は言う、愚か者は決して自殺を考えない、知的な人々が自殺を考える、と。

しかし本当に知的な人々——適度に知的ではなく、彼らの知性のまさに頂点にある人々——彼らはサニヤスについて考える。なぜなら彼らはこう考えるからだ。

「このすべては存在している。私がその意味を見つけられないなら、おそらくその意味を私に見つけるようにさせないというのが私の生き方なのだ。私に幸せでいる能力がないなら、多分どこかで、私は自分を幸せにさせない条件を付けたのだ。たぶん別の生きる道があるのだろう」

その「別の生きる道」が、違う生き方が、サニヤスというものだ。

「私は非野心的に生きられないのだろうか？　野心的に生きると惨めさが生じるのが、それがより増すのが、強烈になるのがわかった……苦しみに次ぐ苦しみを味わうようになるのが——。私は野心を試みた。今、非野心を試させてほしい。百八十度の転換を図りたい。改心させてほしい」

改心とは百八十度の転換をすることを、方向を変えることを意味する。

「私は貪欲を試してみた。今は貪欲でないことを試してみる。私は独占欲を試してみた。今は分かち合いを試してみる。私はマインドを試してみた。今はノー・マインドを、瞑想を試してみる。私はセックスを試してみた。今は愛を、慈悲を試してみる」

「私は不自然な方法で生きてきた——社会が私に強いた方法で。今、自然な方法を試させてほしい——タオの道、ダンマの道、リタ（ヒンドゥー教の天則、ヴェーダの宇宙・社会秩序観）の道を。私は争い、奮闘、戦いの中で生きてきた。今、明け渡しを試させてほしい。今、手放しを試させてほしい。私は上流に行こうとしてきた。今、下流に行くことを試させてほしい、流れとともに、それが導くところはどこへでも」——これがサニヤスというものだ。

だから繰り返そう。最も愚かな人は決して自殺を考えない。もちろん、彼はサニヤスを夢見ることさえできない。彼にはいわゆる生の無益さを調べるほどの知性がない。その中間には、生は無益であると気づくであろう知的な人々がいるが、「おそらく無益なのは生そのものではなく、ただ私の生き方だけなのだ」と気づくほどには知的ではない。彼らは自殺を考え、時々自殺する。

それから知性の頂点がある——ブッダ、キリスト、老子、ツァラトゥストラ——すぐにその要点を、「私が取り逃がしているのは私の方法が間違っているからだ」とわかる人たちだ。そして彼らは自分の方法を変える。彼らは自分の生のパターンを根本的に変える。その根本的な変容がサニヤスだ。

私はあなたに言いたい。あなたは本当に自殺した、と――それもより良い方法で、非常に知的な方法で、それが行なわれるべき方法でだ。あなたはサニヤシンになっている。

今私は言わばとても幸せですが、それでも私は自分の知らない何かを探し求めています。

それは起こる。あなたが世俗的な人である時は、自分が探し求めているものを知っている。あなたはお金を、より良いセックスの対象を、権力を、名声を求めている――物事は明らかだ。あなたはそのために訓練を受けてきた。そのために教育を受けてきた。そのために条件付けられてきた。あなたのマインドは自分が何を求めているかを知っている。あなたのマインドのコンピューターには目的が入力された。

サニヤシンになる時、あなたは本当に数日間混乱の中にいる――なぜなら古い目標《ゴール》は無意味になり、新しい目標は明確ではないからだ。実のところ、サニヤスはあなたに新しい目標を与えようとしない。いったんすべての古い目標が消えたら、突然あなたはそこに目標がないのがわかるだろう。そして人はどんな目標もなしに生を生きなければならない。その時、人は途方もなく美しく生きる。なぜなら目標を持って生を生きることは、未来に生きることを意味するからだ。そこで石工は金持ちになりたいと思い、金持ちには皇帝になりたいと思い、皇帝は太陽になりたいと思い、太陽は雲になりたいと思い、雲は岩になりたいと思い、そして岩は再び石工になりたいと思う。その時それは車輪だ。

あなたが誰かになりたいと思わない時、自分は何者であれそれを単に受け入れる時、あなたがすべての目標、すべての未来の方向性、すべての結末を落とす時――あなたが時間を落とし、願望を落とし、マインドを落とす時――その時、突然あなたはここにいて、宇宙全体が利用可能になる。この大きなエネルギーはあなたを取り囲み、あなたの周りで踊って、それに参加するようにあなたを招く。

サニヤスは目標ではない。サニヤスとは、目標は存在しないという理解だ。

宇宙は常に満たされている。その充足は、どこか別のところで起こるものではない。それは既に起こっている。だからあなたは数日間こう感じるのだろう。

「結局、私は何を求めているのでしょうか？」

古い欲求は消えてしまったが、あなたは少しも求めない態度まで辿り着いていない。


禅の話がある。

かつて目と耳がなくて体毛が赤い男がいた。彼には髪の毛もなかったので、彼はただ言い方として赤毛と呼ばれていた。人は彼を何かと呼ばなければならない。

彼には口がなかったので話せなかった。彼には鼻もなかった。さらに腕や足がなかった。彼には胃もなく、また彼には背中がなかった。そして彼には背骨がなかった。そして彼には他のどんな内臓もなかった。彼は実際には何も持っていなかったので、私たちが話している人について理解するのは難しい。だから彼についてこれ以上話さない方が良い。

やがて……。まずあなたは、彼を赤毛の男と呼ぶことができる。なぜなら人は彼を何かと呼ばなければならないからだ。

あなたが世俗的な車輪の中を動いている時、私はあなたを誘う。私は「あなたはそこで何をしているのだ？　あなたは神を試みようとしないのか？」と言う。あなたは神について貪欲になる。あなたは「わかった。ここで私は何も得ていない。おそらく神には何かがあるのだろう」と言う。あなたは車輪から飛び出す。その後あなたは私に尋ねる。「神はどうなっているのだ？」

私は言う。「実のところ誰も彼について、彼が存在していたかどうかなど何も知らない。それはただの言い方に過ぎない」

私たちが彼を赤毛の男と呼ぶのは、人は彼を何かと呼ばなければならないからだ、ん？

それからやがてあなたは私と一緒に進む。そしてまもなく物語はあなたに明らかにされる。

「かつて目と耳がなくて体毛が赤い男がいた。彼には髪の毛もなかったので、彼はただ言い方として赤毛と呼ばれていた。彼には口がなかったので話せなかった。彼には鼻もなかった。彼にはさらに腕や足がなかった……」

やがて、あなたが私を理解しようとすればするほど、私はますます正直になる。今あなたが私と調和してきていることが私によりわかるにつれて、あまり嘘をつく必要はなくなる。

「彼にはさらに腕や足がなかった。彼には胃もなく、また彼には背中がなかった……」

そしてあなたが心を乱されていないことが、あなたが今までよく話を聞いているのがわかる時、その時私は言う、「……そして彼には背骨がなかった」

私が非常に慎重に動かなければならないのは、あなたが恐れるようになると、自分の車輪に戻って行けるからだ。

「そして彼には他のどんな内臓もなかった……」

今まであなたがついて来ていることを私が見る時……そしてもちろんあなたは、少し戸惑いを感じるが、今真実を言うことができる……「彼は何も持っていなかった。だから私たちが話している人を理解するのは難しい。だから彼についてこれ以上話さない方が良い」

誰について？——赤毛の男についてだ。

ヒンドゥー教、キリスト教、ユダヤ教、彼らは物語を始める——赤毛の男について話す——そしてブッダはそれを終わらせる……誰もいない、あなたさえいない。

彼は言う、まず野心を落としなさい、欲望を落としなさい、と。あなたが身体であると思ってはいけない。あなたがマインドであると思ってはいけない。それからあなたが自己であると思ってはいけない。それから実のところ、あなたはいないため、私たちはあなたについて話すべきではない。やがて私たちは取り除き続ける。まず私たちは言う、世俗的な目標《ゴール》を落としなさい、と――なぜならあなたにすべての目標を落とすように言うのはひどすぎるだろうからだ。あなたには理解できないだろう。世俗的な目標を落とすべきなのが理解できるのは、あなたは非常に苦しんできたが、それから何も生じていないからだ。あなたは欲求不満だ。

あなたは言う。「わかった。私もそれを落とすことを考えていたのだ」

そしてあなたは言う。「いいだろう、では変わろう。世俗的な目標を落とそう。今私は神を、天国と楽園を探すつもりだ」

そして私は自分の内側で笑い続ける。

私は「オーケイ、まずこれらを落としなさい。その時私たちはわかるだろう」と言う。

いったんあなたがそれらを落とすなら、それからまもなく私はあなたに神を、自己を、涅槃《ニルヴァーナ》を、解脱《モクシャ》を落とすように説得するだろう。なぜならすべての目標が落とされた時、その時だけあなたは調和の中にいるからだ。目標は耳障りな音だ。目標はただ単に、あなたは不足していると言う。目標は、満たすべきいくつかの条件がある、その後にだけあなたは幸せになれる、と言う。

すべての目標が消えて、生が欲求プロジェクトのように見なされない時、生が仕事として考えられず、遊びに、リーラになる時、その時……その時あなたは我が家にいる。その時あなたは到着している。

質問四
社会的な交わりから噂話を取り除くなら、居心地の悪い沈黙を除いては、ほとんど何も残らないようです。では社交的でいることとは何なのでしょうか？

もちろんこの質問は女性からだ。

女性は噂話とともに存在する。男性には噂話より、するべき多くのものがある。噂話がすべてではない。女性には他に何もするべきものはない。彼女にはただ噂話だけがある。すべての噂話が落とされたら、何が残されるのかについて考えたり想像することは本当に難しい。

質問者は正しい。それはデヴァ・リチャからだ。

彼女は「その時はただ、居心地の悪い沈黙だけが残されます」と言った。

なぜあなたは、沈黙に居心地の悪さを感じるのだろうか？　なぜとても気まずいのだろう？

それは本当だ。彼女の洞察力は正しい。あなたは常にそれを感じてきた。誰もがそれを知っている。あなたが誰かと一緒に座って、あなたに何も言うことがないなら、その時人は気まずく感じ始める。人は話をするための何かを見つける。そこで人々は天気や気候について話す……無用なことについてだ。彼らは両方とも外で雨が降っているのを知っている。では何の意味があるだろう？

あるいは素晴らしい朝だ。では何の意味があるだろう？

私は聞いたことがある。

ムラ・ナスルディンは友人と一緒に、一言も言葉を交わすことなく列車で二日間旅行した。三日目、友人はついに思い切って、爽やかな朝だな、と言った。

「では誰がそうではないと言ったのだ？」とムラは答えた。

「では誰がそうではないと言ったのだ？」

沈黙が気まずいのは、私たちが沈黙の次元を完全に忘れてしまったからだ。私たちが沈黙する時はいつでも、それは空虚に見える。それは輝きに満ちていない、存在で満ちていない。私たちが話している時は、何かがある。私たちが話をしていない時は、それはただ話の欠如に過ぎない。私たちの沈黙は単なる話の欠如だ。だからそれは気まずく、空虚で……それを埋めるための言葉さえない。人は非常に貧しく、動けないと感じる。だがあなたが静かにいる方法を本当に知っているなら、それは気まずくもなく居心地が悪くもない。

時々、それはあなたの生にも起こる。その瞬間が稀で、人がそれを忘れがちになるのは、それがあなたの主要なパターンに合わないからだ。時々、友人と一緒に何の話もなく座ってごらん。ただお互いの存在を楽しめばいい。それは気まずくない。それは非常に満ち足りている。それは居心地が悪くない。実際にそれらの瞬間に話す方が、居心地が悪くなるだろう。それは二人の間を流れている音楽を邪魔する。あなたが話すならそれは干渉であり、気を散らすものになる。あなたは女性を愛していて、そしてあなたは海辺か川で、あるいは星を見てお互いの手を握っている……。

誰もが、どんな言葉より以上に沈黙がコミュニケーションであり、沈黙があなたのハートの表現であるわずかな瞬間を体験したことがあるに違いない。二人のハートの間で何かが発散する時、ぁるエネルギーが一つの極性から他方へ――陰から陽へ、陽から陰へ転送される時、突然あなたが言葉によらない絆を、実存的な絆を感じた時、突然あなたが、自分たちはひとつのリズムで鼓動するひとつのエネルギーになっていると感じる時……一緒に呼吸して一緒に在り、お互いの中に合体して溶けている――その時、沈黙は居心地悪くはない。それは途方もなく暖かい。それは冷たくない。あなたは話を聞きそこなってはいない。それどころか、誰かが話し始めるとあなたは気分を悪くするだろう。それは冒涜だ。

だが私たちはその次元を失っている。私たちは静かにいる方法を知らない。私たちは話をする方法だけを知っている。私たちは話す訓練を受けてきた。両親、学校、単科大学、総合大学――彼らはみんなあなたに話をするための訓練をする。そして巧みに話すことができる人々は、非常に重要になる。実際、話すことは最大の技《アート》のように見える。

あなたが話せないなら、決して社会の一部にはならないだろう。あなたがうまく話せないなら、いずれにせよ決して有名にはならない。詩人や聖職者、政治家など重要で影響力を持つようになるすべての人々は、本当に話の上手い人だ。社会はコミュニケイトする方法をただ一つだけ知っている。それは話だ。そして他の方法は完全に失われている。

私は話すことに反対してはいない。どうしたらそうできるだろう？　それは私自身に反対することになる。私は話すことに反対してはいないが、あなたが沈黙の次元を知らないなら、あなたの話は空虚だ。あなたの話は単なる死んだ言葉だ。その時あなたの言葉は、ちょうど枯れ木を運ぶ貨物列車のようになる。

あなたが沈黙の次元を知っているなら、あなたの言葉は生き生きとするようになる。あなたの沈黙の何かが、言葉によって運ばれ得るからだ。あなたの言葉があなたの最も内奥の沈黙の何かを運ぶ時、沈黙に浸される時、その沈黙のある香りが言葉と一緒にあなたに向かう時、ただその時だけ言葉は意味深く重要になる。そうでなければ言葉は無意味だ。そうでなければ、それは単にジベリッシュだ。

私は両方に賛成する。私は無口になって誰とも話をしないようにと、あなたに言うのではない。私はあなたにこう語っている、時には言うべき何かを持てるように沈黙しなさい、と。伝えることのできる何かを経験できるように沈黙しなさい。そうでなければ、あなたは何を伝えるのだろう？　沈黙しなさい、沈黙を楽しみなさい、そして不在としてではなく、現存として沈黙を感じなさい。

沈黙はあなたの気づきの、あなたの実存の現存だ。あなた自身の現存で、輝きであなたの沈黙を満たしなさい。そして肯定的な現象としてそれを感じなさい。単なる言葉の不在としてそれを見てはいけない。それは不在ではない。あなたが肯定的に沈黙できるなら、それを楽しみ、喜ぶことができるなら、あなたは途方もない恩恵を受けるだろう。そしてあなただけでなく――あなたと接触する他の人たち、彼らもまた途方もない恩恵を受けるだろう。沈黙すべき時には、時々彼らと一緒に沈黙しなさい。

話すことが危険な瞬間が、沈黙がお金である瞬間がある。話すことが美しい瞬間がある。それは詩だ。それは表現だ。だが常に覚えておきなさい。まずあなたは、表現すべき何かを持たなければならない。それを持つためには沈黙が必要になる。沈黙はあなたに詩を与える。言葉は他の人たちにそれを伝えることができる。

それからあなたの普段の生活の中で、並外れた沈黙の瞬間をいくつか見つけなさい。川の岸にある木の下に座りなさい。あるいはあなたの部屋にただ座って何もせず、ただ座って沈黙を感じ、それを大切にして味わいなさい。それによって養われなさい。もし誰かが言葉で一杯になった頭を持って通り過ぎても、その彼でさえ沈黙のそよ風を持つほど、沈黙に溢れなさい……。

それが、あなたがマスターの近くに座る時に起こることだ。彼の沈黙は伝染し始める。それはそよ風のように来て、あなたの周りで踊り、癒し、あなたを冷し、暖め、あなたをより生き生きさせ、愛されている、世話を受けているとあなたに感じさせる……母親がちょうど子守唄を歌っているように。

マスターとの密接な関係では、サットサングにおいては、それは本物だ——二つのエネルギーの間で何かが起こり始める、ということは。マスターは滝のようにあなたの中に落下し始める……途方もない沈黙だ。そして彼の沈黙はあなたを沈黙させる。そして初めて、あなたは沈黙とは何かを垣間見る。その時あなたは言うための何か、歌うための何か、踊るための何かを持つ。

私は話すことに反対ではないが、あなたの話すことが空虚であってはならない。私は噂話にさえ反対していない。私自身がとても多く噂話をする。だがあなたの噂話を、破壊的ではなく創造的にさせなさい。あなたの噂話の中に、詩と創造性の質も持たせなさい。神について噂話をしなさい。福音とは何だろう？　神について噂話をしなさい。真実について噂話をしなさい。美について噂話をしなさい。優美さ、雄大さについて噂話をしなさい。あなたを取り囲んでいるこの不思議さについて、噂話をしなさい。未知のものについて噂話をしなさい。

あなたは自分の噂話でどうするのだろう？　あなたは非常に破壊的だ。人々はただ他人を破壊するための、他人を傷つけるための手段として噂話をする。攻撃的であってはいけない。それなら噂話をすることに何も間違いはない。

イエスのすべての例え話は噂話だ。そしてマハーヴィーラとブッダのすべての物語は噂話だ。ヒンドゥー教徒のすべてのプラーナ経典は、途方もなく美しい噂話だ。それらを改良することは不可能だ。彼らは噂話をすることにおいて最後の、究極のことをしてきた。

西洋はそれを理解できない。彼らはこれらは単なる神話、物語だと、それらは真実ではないと考える。それは要点ではない。誰がそれらは真実だと言ったのだ？　それらは真実以上に真実だ。それらは単なる真実ではない。それらは真実を理解できない人々でさえ、彼らでさえそれを理解できるように美しい言葉で語られる真実だ。それらは宇宙的な噂話だ。それらは既知のものを超えた、言葉を超えた、表現を超えた何かを指すものだ。それらは言葉で言い表せないものに向けて上げられた指だ。

社会的な交わりから噂話を取り除くなら、居心地の悪い沈黙を除いてはほとんど何も残らないようです。

今のところはそうだろう。なぜならあなたの社会的な交わりは噂話、批判、中傷以外の何ものでもないからだ。あなたの社会的な交わりは、微妙な暴力以外の何ものでもない。もしそれが残されているなら、あなたは静かでいる方法を知らない。それは居心地が悪く、それは気まずい。

まず静かでいる方法を学びなさい。木や岩でそれを学びなさい。彼らは沈黙していて全く居心地が悪くない。星からそれを学びなさい。彼らは沈黙していて全く気まずくない。ポジティヴな沈黙とは何かを学びなさい。瞑想的でありなさい。それはあなたにやって来る。

その後は破壊的な噂話を止めなさい。美しい何かについての噂話をしなさい。本当に重要な何かについての噂話をしなさい。あなたの噂話を、伝えられないもののための一種のコミュニケーションにもしなさい。そしてもちろんあなたは、決して気まずく感じないし、あなたの社会的な交わりは単なる無力な仕草にはならないだろう。それは本当のコミュニケーションになるだろう。

私は聞いたことがある。

ムラ・ナスルディンの妻は彼に、「逃がした物」について大げさに言うことを止めなければならない、と言った。そして次に彼が人前でそれをした時は、彼女は彼に思い出させるために咳をする、と言った。

その後まもなく、何人かの友人が訪れた。そしてナスルディンは、しばらくおとなしくしていた後に、突然言った。

「俺は先週自分の釣り糸でこんな魚を釣ったぞ。体長は六フィートあったに違いない」

ちょうどここにいた彼の妻は大きく咳をした。

「そして」ナスルディンは続けた。「幅は半インチだった」

私はそんなに急にそれを変えなさいとは言っていない。ゆっくり進みなさい。私はそんなに急に飛躍しなさいとは言っていない。まず沈黙を学びなさい。それからどう美しく噂話をするかを学びなさい、ん？　それから実習し始めなさい。それによってあなたが恩恵を受けるだけでなく、他の人もまた恩恵を受ける。

すべての美しい詩は噂話だ。すべての美しい読み聞かせは噂話だ。美しい物語を伝えなさい。美しい物語を創作しなさい。少し創造的でありなさい。するとまさにその物事が、あなたの他の人との関係性を変える。あなたの関係性は単なる形式的なものではなくなるだろう。それは本当に親密になるだろう。

質問五

ＯＳＨＯ、私たちは私たちのグルとして、私たちのマスターとしてのあなたに値するために何をしたのでしょうか？

私はあなた方について何も知らないが、私はあなた方に相応する酷いカルマを為してきたに違いない！

第三章

道と調和する

In Accord with the Way

道と調和する

ある僧侶がブッダに尋ねた。

どんな条件の下でなら、
過去の知識に達することと、至高の道を理解することが可能なのでしょうか？

ブッダは言った。

ハートが純粋で、目的に一途である者が至高の道を理解できる。

それは埃が取り除かれた時に輝く鏡を磨くようなものだ。

あなたの熱情を取り除いてどんな憧れも持たないなら、過去はあなたに明らかにされる。


ある僧侶がブッダに尋ねた。

善とは何ですか？　そして崇高さとは何ですか？

ブッダは答えた。

善とは道を実践すること、そして真実に従うことだ。

崇高さとは道と調和するハートのことだ。

生それ自体は目標《ゴール》ではない。目標は生を超えている。生は目標を実現するための単なる機会だ。目標は生の中に深く隠されている。表面上には見つけることはできない。まさに中心へ入らなければならない。生は種子のようなものだ。それ自体では充分ではない。あなたは、種子が発芽して木になり、開花するように一生懸命働きかけなければならない。

これは覚えておくべき最も基本的なことの一つだ——人は自分自身を超えねばならないこと、生とはそれ自体を超越すべきものだということだ。これを理解しなければ、あなたはその手段に夢中になってその終わりを忘れてしまう。それが普通に起こっていることだ。私たちは生にあまりにも愛着を持つようになる。そして生というものが、生よりも深く生よりも高く、生よりも優れた、はるかに優れた何かを理解するための単なる機会であることを忘れてしまう。

あなたが生そのものにあまりにも取り付かれたら、それはまるで誰かが大学に入学して、大学にあまりにも愛着を持つあまりに去れなくなり、去ることを想像さえできなくなるようなものだ。大学はより優れた何かを目指し、あなたを教育するためにだけ存在する。世界(*universe*)のためにあなたを準備するのが大学(*university*)だ。だから私たちはそれを大学と呼ぶのだ。それ自体は世界ではない……単なる準備だ。

東洋では、生とはまさに生を超えた何かのための大学のような、修業あるいは訓練のようなものだ。もしあなたが生にあまりにも愛着を持つようになるなら、あなたは毎年何度も何度も大学に戻って来るだろう。それは無駄で無意味だ。大学は準備を整えるためのものだ。大学はいつか放棄しなければならない。それは単なる準備だ。そして準備が終わりのないものになると重荷になる。

それが多くの人々に起こってきたことだ。彼らは生を目標《ゴール》とみなす。それから彼らは準備し続ける。延々と準備し続ける。彼らは決して旅に行くことはない。彼らは単に旅の準備をするだけだ。そして彼らの生が無気力な行為になっても、驚くことはない。それは当然だ、それはそうでなければならない。

ちょっと自分自身について考えてごらん──常に時刻表を調べている、常に出発する準備をしている、常に観光案内所に問い合わせる、そして決して出発しない、決してどこにも行かない。あなたは気が変になるだろう。

生そのものには何も間違いはないが、あなたの態度が──生がそれ自体で終わりであるなら、あなたは困難に陥るだろう。その時あなたの全人生は無意味になる。意味はあるが、その意味は生を超越している。意味はあるが、あなたはそれが明らかにされるその核に入らなければならない。

生を目的地《ゴール》とみなすことは周辺に留まるということだ。その周辺をブッダは車輪と呼ぶ。車輪の象徴は非常に重要であり、理解されなければならない。周辺、ブッダが車輪と呼ぶもの……それは動き続ける。

牛車が動くのを見ることができる。車輪は動く。それらは動いていない何かの上で動く──中心は動かないままだ。中軸《ハブ》は動かないままだ。動かない中軸の上で、車輪は動き続ける。

車輪だけを見るなら、世俗的なものを見ることになる。中軸を見ることができると、あなたは永遠なるものに入れる。周辺だけを見るなら、非本質的なものを見ている。中心に、中軸に到達できるようになると、本質的なものを知る。そして本質的なものを知るようにならない限り、あなたは何度も何度も同じことを繰り返す。

世界が車輪と呼ばれるのは、物事がそれ自体を何度も何度も繰り返し続けるからだ。そしてあなたはやがて反復的になる。繰り返せば繰り返すほど、あなたは退屈する。退屈すればするほど、あなたはより鈍く愚かになる。あなたは知性を失い、新鮮さを失い気づきを失う。あなたはロボットに、機械的なものになる。

あなたの周りの人々を見てごらん。彼らはロボットになっている。彼らはただ、何度も何度も同じことをやり続ける。毎朝毎晩、彼らは同じ轍の中で動き続ける。そしてもちろん彼らは死んでいるように見える。彼らの目にはきらめきがない。どんな光線も見つけられない。

ブッダはこの車輪の連続的な繰り返しを、サンサーラと呼ぶ。それから抜け出すこと、この轍から抜け出すことが涅槃《ニルヴァーナ》だ。

私たちが経文に入る前に、二、三のことを理解すべきだ。

生はゲームの中のゲーム、究極のゲームだ。あなたがそれをゲームとして受け取り、それについて深刻にならないなら、その中に途方もない意味を持つ。あなたが単純なままで、無垢なままでいるなら、そのゲームはあなたに多くのものを分け与えるようになる。

ある時あなたは虎だった、ある時あなたは岩だった、ある時あなたは木になった、ある時あなたは人間になった。ある時あなたは蟻だった、そしてある時は象だった。ブッダは、これらはすべてゲームだと言う。あなたはあらゆる可能な方法で、生を知るために千と一つのゲームをしてきた。次々とゲームをすることで、プレーヤーは進化における物質のすべての順列を体験するかもしれない。それが生の目標《ゴール》だ。

あなたが木のように存在する時、あなたは一つの方法で生を知る。木以外は他の誰もそれを知ることはできない。木は独自の視野《ビジョン》を持つ。雲が空に現れて太陽が輝いて虹が出る時、木だけがそれを感じる方法を知っている。木には独自の知覚力がある。そよ風が吹きぬける時、木はそれを浴びる方法を知っている。鳥が歌い始める時、木だけが知る、木だけが聞く耳を持つ……その音楽を、そのメロディーを聞く耳を持っている。木には生を知る方法が、独自の方法がある。木だけがその方法を知っている。

虎には生を知る別の方法がある。彼は別のゲームをしている。蟻は全く別のゲームをしている。数多くのゲームがある……。

これらのすべてのゲームは、大学の授業のようなものだ。あなたは各授業を通過する。あなたは何かを学ぶ。それからあなたは別の授業に移動する。人間は最終地点だ。

あなたが生の授業と人間であることの授業のすべてを学んできたなら、その時だけ生のまさに中心に動くことができるようになる。その時、神とは何か、あるいは涅槃《ニルヴァーナ》とは何かを知る。

これらすべてのゲームを通して、あなたは神に近づこうとしてきた——多くの方向を通して、多くのやり方で、多くの知覚力を通して。だがその目標は同じだ——誰もが真実とは何かを知ろうとしている。この生の神秘は何だろう？　なぜ私たちはここにいて、そして私は誰なのだろう？　そして存在し続けるこれは何なのだろう？

それを学ぶ方法（*way*）が一つだけある。それは存在の道（*way*）だ。だがもしあなたが眠りながら歩く人のように、夢遊病者のように、無意識に一つの授業から別の授業へと移動するだけなら、意図的や意識的に動かずに一つの授業から別の授業へと引きずられるなら、あなたは見逃すだろう。

このようにして多くの人々は人間の地点に到着しているのに、神を見ることができない。それはただ単に彼らが教課を見逃してきたことを、教訓を避けたことを示している。彼らはクラスの中にいたが、要点を理解しなかった。そうでなければ人間の段階に到達したすべての人は、宗教的でなければならない。

人間であることと宗教的であることは同義語でなければならない。それらは同義語ではない。非常に稀に少数の人々は宗教的でいる。宗教的とは、毎週日曜日に教会に行く人のことではない。宗教的とは、キリスト教徒、イスラム教徒、ヒンドゥー教徒、ジャイナ教徒、仏教徒を意味しているのではない。宗教的とは、宗教団体に属していることではない。

私が宗教的と言う時は、次の事に気づいている人を意味している。つまり、生は超越的なもので充満している、生はあらゆるところから、生よりも大きな何かへ溢れ出ている、すべての段階は神、真実、涅槃、自由の方向へあなたを導いている、あなたが知っているかどうかに関わらず、あなたは究極の寺院に向かっている、という事に……。

人が心底からそれを感じ始める時、それならその人は宗教的だ。彼は教会に行くかもしれないし、行かないかもしれない、それは関係ない。彼は自分自身のことをキリスト教徒、またはイスラム教徒、またはヒンドゥー教徒と呼ぶかもしれない。それは関係ない。彼はそう呼ばないかもしれない。彼は何かの組織に属しているかもしれないし、属していないかもしれない——だが彼は神に属している。


そして神と言う時、私は神を超越したものという意味で見ていることを覚えていなさい。それは常にあなたより前方にある。あなたは常にそれに近づいている、ますます近づいている。だがそれは常にあなたの前方に留まる。

神とは常に、目標《ゴール》のままであるその最終地点《オメガ》だ。あなたはそれに近づくが、決して所有できない。それは全くあなたの手中にはない。あなたは自分自身をその中へ完全に落とすことはできる。あなたはそれに自分自身を溶け込ませることはできるが、それでも知られるべきものが多く残っていることを知るだろう。実のところ、知れば知るほど、知られるべきものが多く残っていることを感じる。知れば知るほど、あなたはより謙虚になる。神秘、無限なもの、言いようのないものは計り知れない。

その無尽蔵の源泉、その超越的源泉が、私が〝神〟として意味するものだ。そして超越的なものに油断しなくなった人を、私は宗教的な人と呼ぶ。

あなたが超越的なものに油断しなければ、あなたの生は美しい魅力、優雅さを持つ。その時あなたの生はエネルギーを、知性を持つ。その時あなたの生は鋭さを、創造性を持つ。その時あなたの生は神聖なオーラを持つ。超越的なものに気づくことによって、あなたは超越的なものの一部になる。彼はあなたの気づきの中に入った。光線はあなたの魂の暗夜に入った。あなたはもはや独りではなく、もはや存在の中の余所者ではない。あなたはそれに深く根ざしている。これがあなたの我が家だ。

宗教的な人とは、存在を自分の我が家として感じる人だ。宗教的な人とは、絶えずますます進化し、ますます高く進んでいる存在を感じる人だ。あなたが消え、すべての制限が消え、無限なものだけが残され、永遠だけが残されているその究極の最終地点に向かって進んでいる存在を――。

だからこの生のゲームは、非常に巧みに行なわれなければならない。

ブッダは巧みさをウパーヤと呼ぶ。それは彼の最も美しい言葉の一つだ。

彼は言う、「巧みになりなさい」と。巧みでなければ、価値ある多くのものを見逃すだろう。巧みでいることは気づくことを意味する。半分眠っていて半分目を覚ましている自分自身を、ただ引きずり続けてはいけない。気づくことへ向けて、あなた自身を揺り動かしなさい。あなたの生のそれぞれの行為に、あなたの実存のそれぞれの段階に、より以上の気づきをもたらしなさい。ただその時だけ目を開くことで、眠っている時や無意識でいる時には普通見ることができない何かを、見始める。目からすべての埃を振り払いなさい。

巧みに、意識的に生を生きなさい。そうでなければ生は退屈になる。あなたはそれを感じる。あなたはそれがどんな感じなのか知っている。遅かれ早かれすべては退屈に感じる。人は死ぬほど退屈する。人が生き続けるのは、自殺をするほどの勇気がないからだ。遅かれ早かれ人は死ぬだろう——死は来ている——ということをただ期待して人は生き続ける。

ムラ・ナスルディンは世界旅行に行った。彼は初めて船で旅をして、ひどい船酔いをした。船長は彼のところに来て言った、「心配しなくていいですよ、ナスルディン。私は二十年間船長として働いてきましたが、船酔いで死ぬ人を見たことがありません。心配しなくていいですよ」

ムラは言った。「何ということだ！　それが俺の唯一の希望だったのだ——俺は死ぬだろうということが。あんたはその希望さえ奪い取った！」

人々は、いつかは自分たちは死ぬだろうとただ期待して生きている。だから彼らは自分自身に言い続けている。「落胆しなくていい――死が来ているのだ」

あなたが死を待っているなら、とても退屈しているなら、その時は神とのどんな出会いの可能性もない。その出会いはただ輝きの中で、鋭敏さの中で、気づきの中でだけ起こる。

だが、なぜ私たちは退屈するのだろう？　仏教の説明は途方もなく重要だ。

ブッダは、あなたは同じことをしてきたと言う――この生においてだけでなく、あなたは何百万もの生でそれらをしている。そのための退屈だ。あなたは覚えていないかもしれないが、心の底にはその記憶がある。記憶に関する限り何も失われていない。

記憶の貯蔵庫がある。ブッダはそれをアラヤ・ヴィギャン（阿頼耶識）、記憶の貯蔵庫と呼ぶ。これはまさにユングが集合的無意識と呼ぶものだ。あなたはそれを運ぶ。身体は変わる、自己認識《アイデンティティ》は変わる。だが記憶の束は一つの生から別の生へ飛び移り続ける。それは蓄積し、収集し続ける。それはますます大きくなり続ける。

記憶の記録に関する限り、何も失われることはない。あなたが自分自身を調べると、自分の中には存在のすべての記録がある。なぜならあなたはまさに最初からここにいたからだ――何らかの始まりがあったとしたら。あなたは常にここにいた。あなたはこの存在の本質的な部分だ。存在に起こったすべてはあなたにも起こった。そしてあなたはその記録を運ぶ。

あなたはそれを知らないかもしれないが、あなたは何百万回も愛してきた。

再び恋に落ちる――それは何も新しくない、それは非常に古い物語だ。あなたは自分がしているすべてのことをしてきた。あなたは野心的だったことがある、貪欲だったことがある、あなたは富を蓄積し、非常に有名になった、名声と権力を持っていた――これは何度も何度も、何百万回も起こってきた。そしてあなたは無意識の深層に記憶の貯蔵庫を運ぶ。そしてあなたがしていることは何でも無駄に、無益に、無意味に見える。

私は聞いたことがある。

新聞記者は、ムラ・ナスルディンの百歳の誕生日に彼にインタビューした。

「もしあなたがそれ以上生きる生を持つなら、」と彼は尋ねた。

「あなたは同じ間違いをもう一度すると思いますか？」

「もちろん」と老いたムラは言った。

「だがわしはずいぶん早くに始めていただろう。わしはずいぶん早くに始めていただろう……」

これが起こっていることだ。間違いを犯すことから、あなたはそれらをより早く始める方法を学ぶだけで、それらを落とす方法は学ばない。あなたはそれらをより早く始める方法と、次回にはそれらをより効率的にする方法を学ぶだけだ。

ブッダは言う、もしあなたがこの記憶の貯蔵庫に進入できたら、本当にうんざりするだろう、と。その時あなたは見るだろう――「私は何度も何度も同じことをやってきた」。それからその気づきの状態において、あなたは初めて何か新しいことをやり始める。それはスリルを、新鮮な空気をあなたの実存の中にもたらすだろう。

世界には二つの時間の概念がある。西洋では、直線的な時間の概念が普及してきた。キリスト教徒、ユダヤ教徒、イスラム教徒――彼らはみんな一つのユダヤ的な生の概念の分派だ。彼らは時間の直線的概念を信じてきた。時間は線で動いている、ということを。東洋の概念――ヒンドゥー教徒、仏教徒、ジャイナ教徒の概念は異なる。それは円環だ。時間は円で動いている。

時間が線で動いているなら、物事は二度と繰り返されない。線は進み続ける。それは決して、出会うために戻って再び同じ古い軌道に移動することはない。時間が円環であると考えられるなら、すべては繰り返されている。そして東洋の時間の概念は、より真実であるように見える――なぜならすべての動きは円環だからだ。

ちょっとすべての動きを見てごらん。一年を巡る季節は円環だ――再び夏が来る……何度も。同じようにそれは動く。地球は円形に動く、太陽は円形に動く、星は円形に動く、そして今、アルバート・アインシュタインは、宇宙全体も円形に動いていると示唆している。それだけではない――アインシュタインは物理学に非常に奇妙な概念を導入した。それが円環の空間の概念だ。空間全体は円環だ。

東洋は常に、円が物事の自然な状態であると考えてきた。それらは円形に動いて、やがてそれらは円環になる。すべての動きは円環だ。それなら時間も円環でなければならない。なぜなら時間は純粋な動き以外の何ものでもないからだ。あなたが時間を円環として考えるなら、世界観全体が変る。あなたの全人生も東洋の見方によれば円環だ。

子供が生まれる。誕生は円の始まりで、死は円の終わりだ。そして老人は彼の最後の瞬間に、再び子供と同じくらい無力になる。そして物事が正しく進んだら、彼は子供と同じくらい無垢になるだろう。その時、円は完結する。彼の人生は丸い形の人生だった。その時、彼の生は優雅さを持つだろう。もし円が完結しないなら、その生には欠けているものがある。その時、彼の生に穴があき、彼の生は緊張になる。それは丸くなく優雅でもない。

ブッダは、それぞれの生で車輪は一回動く、と言う。円は完結する。別の生で——車輪は再び動く。スポークは同じだ——再び子供時代、再び青年時代、再び老年期。同じ願望、同じ情熱、同じ欲望、同じ性急さ、同じ野心、同じ闘争や紛争、同じ攻撃性、同じエゴ、そして再び同じ不満、同じ惨めさ。これが延々と続く。

あなたが自分の最も深い記憶の中に入ることができたら、自分がここで何も新しいことをしていないのがわかるだろう。だから東洋では、彼らはこの世には新しいものは何もないと言うのだ。すべては何百万回も行なわれてきた。

そこであらゆる探求者が彼の過去の記憶の中に入ることは、仏教とジャイナ教においては非常に方法論的なものになった。それは必要なものになった。それはブッダがこう言うからだ。あなたが繰り返しのすべての無意味さを見ることができない限り、繰り返し続けるだろう、と。

ちょっとそれについて考えてごらん。あなたがすべての記録に遭遇して、何百万回も恋に落ちてきたのを、そして毎回あなたは惨めだったのを見るなら……今やそれは理解するのに充分な時間だ。

今、再び愚かであってはいけない。あなたが何百万回も生まれて再び死んだこと、そしてすべての誕生が死をもたらすことを見たら、今、生にしがみつくことに何の意味があるだろう？　その時それを放棄しなさい。あなたが期待するたびに失望したこと、あなたの期待は決して満たされなかったことを見たら、何の意味があるだろう？　今、期待を落としなさい。

これは基本的な瞑想になった——自分の過去の記憶に入ることがだ。もし一つの生さえ覗き込めれば、あなたは絶え間ない繰り返しを見るだろう。まさに老年期においてさえ、あなたは同じやり方で在り続ける。これは単に、あなたが人生で何も学んでいないことを示している。誰もが体験を通過するが、必ずしも学んではいない。

生を体験することと学ぶことには違いがある。学ぶということは、あなたが自分の体験を見続けるという意味だ。あなたは体験を記録に残し、自分の体験を観察し、それらを通して特定の知恵を集める。あなたは怒って、何か愚かなことをした。再びあなたは怒って、何か愚かなことをする。再びあなたは怒る——だがあなたは自分のすべての怒りに決して注意を払わないし、それの機械的な性質を決して見ない。そしてあなたは教訓を学ばない。その時あなたは体験したが、あなたは何も学ばなかった。ただ単に体験するだけなら、あなたは老いる。学ぶなら賢明になる。

すべての老いた人々が賢明だというわけではない。知恵は老齢とは何の関係もない。本当の理解の人は、どんな時にも賢明になれる。子供の時でさえ彼は賢明になれる。あなたが鋭敏な理解を持つなら、怒りのたったひとつの体験でさえ、あなたはそれで終わるだろう。それはとても醜い。貪欲のたったひとつの体験、そしてあなたはそれを終わらせるだろう。それはとても有害だ。

私は聞いたことがある。

「俺は家を出て行くぞ！」とマハムッドは彼の父ムラ・ナスルディンに叫んだ。

「俺はワイン、女性、冒険が欲しいのだ！」。老父は椅子から立ち上がった。

「俺を止めようとするな！」とマハムッドは彼に叫んだ。

「誰がお前を止めるものか？」と老いたムラは叫んだ。「俺もお前と一緒に行くぞ」

同じ愚かさが続く。若くても老いていても、教育を受けていても無学でも、貧しくても金持ちでも――みんな同じ船に乗っているように見える。彼らは学んでいるようには見えない。あなたが学ぶなら、全く異なるビジョンがあなたの生に生じる。

私は聞いたことがある。

これは飛行訓練の初期地方巡業の日々のことで、老いた男はついに飛行するのに充分な勇気を奮い起こした。ガタガタの飛行機が着陸した時、老いた男が這い出て言った。

「機長殿、私はそれらの両方に乗せて頂いたことに感謝したいです」

「あなたは何のことを話しているのだ？」。パイロットは尋ねた。

「あなたはたった一回しか乗っていなかったじゃないか」

「いいえ、」とその乗客は答えた。「私は二回乗っていました——私の最初の搭乗と最後の搭乗に」

あなたが事を理解していれば、それはあなたの最初で最後のものだ。その時あなたには、それはもうたくさんだ。その時それは一回の搭乗ではない。それは二回の搭乗だ。

この今日の経文は僧侶からの質問で構成されている。

ある僧侶がブッダに尋ねた。

どんな条件の下でなら、

過去の知識に達することと至高の道を理解することが可能なのでしょうか？

どんな条件の下でなら、過去の知識に達することが可能なのだろうか？

ブッダはとてもよく強調した。彼は言った、まず過去に向かいなさい、まず後戻りしなさい、と——そこはあなたが何千年にもわたって生きてきたところだからだ。ちょっとあなたがそこでしてきたことを見てごらん。今までのあなたの体験は何だったのだろう？　その中に入りなさい。それからいくつかの教訓を集めなさい。そうしなければ、何度も何度も同じ過ちを犯す傾向がある。

そして、普通あなたにそれを思い出させない自然の仕組みがある。人が死んで再び生まれ変わる時、彼の過去世と新しい生との間には隙間《ギャップ》が生じる——忘れられた状態の、忘却の層が。それは自然なことだ。もしかつて起こったことを連続的にすべて覚えていたら、生きることは非常に困難になるからだ。生の終わりにだけではない。毎日それは起こっている。

数多くの物事が一日に起こる。あなたはすべてを覚えていない。それらは記録されていないということではない——それらはすべて記録されている。マインドが些細な、小さな物事をどのようにして記録し続けるのか、それは信じ難い。あなたの周りに起こることは何であれ……あなたはそれが起こっていることに気づいてさえいないかもしれないが、マインドは記録し続ける。

たとえば、あなたは私に耳を傾けている、あなたは私の方に集中している、あなたは深く集中している——だが列車が通り過ぎている。あなたは意識に関する限り、全くそれを聞かなかったかもしれない。誰かが後であなたに「列車が通り過ぎていったのか？　その音を聞いたか？」と尋ねたら、あなたはこう言うかもしれない。「私はとても集中していたので覚えていない」

だが、あなたのマインドは記録している。あなたが知らなくても、マインドは記録し続ける。もしあなたが催眠術をかけられて尋ねられたら、マインドはすべてを話すだろう。

もし私が突然あなたにこう尋ねたら、「一九七〇年一月一日に何が起こった？　何が起こったのだ？　あなたは思い出せるだろうか？」。あなたは単にぽかんとするだろう。それはその日に何も起こらなかったという意味ではない。何かが起こったに違いない――あなたの妻との口論が、あるいは頭痛が。一九七〇年一月一日の二十四時間――何かが起こったに違いない。二十四時間が空白の時間ではあり得ない。そうでなければあなたはブッダになっていただろう。もしあなたが二十四時間、空のままでいたなら、何も起こっていないなら、その時ニルヴァーナが起こっただろう。しかしあなたは全く覚えていない。あなたは自分が覚えていないことに肩をすくめるだろう。

非常に特別な何かがその日に起こらない限り――交通事故があってあなたはほとんど殺されかけた、というようなことが。多分あなたはそれを覚えているだろう。あるいは何か他の出来事――あなたは結婚したとか。今やそれを忘れようがないので、あなたは覚えているだろう。あなたは忘れることができないし、それを忘れたら自分自身を許せない。それは傷のように残っている。だがそうでないと、あなたは完全に忘れている。

だがあなたが催眠術をかけられ、そして深い催眠状態に入って、催眠術師があなたにこう尋ねるなら、「さあ後退しなさい。一九七〇年一月一日を思い出しなさい。そして朝から何が起こったのかを話し始めなさい」。あなたはとても些細なことを話すだろう――お茶が冷たくてあなたはそれが全く好きではなかったことや、夜が居心地悪くて悪夢を見たことを。

このようなことを思い出すだろう、詳細にわたって――あなたが朝のお茶を飲んでいた時に犬が吠えていたこと、あなたの手からカップが落ちて壊れたことを。些細なことだ。あなたは木の側を通り過ぎていて木には花が咲いていた……そしてあなたは匂いを思い出す。あるいは雨が降っていて大地から生じてくる香しい匂いがあったこと。あなたは思い出すだけではなく、それを追体験する。それはとても鮮やかだろう。

すべては記録される。だがあなたはそれを忘れなければならない。そうしなければあなたのマインドは不必要な情報でとても混乱するので、自分の人生を管理できない。だからそこにはあなたの内側を整理し続ける自然な仕組みがあるのだ。多くの仕事が二十四時間続く。多量の整理が続く。

非本質的なものは、何であれ地下室に投げ込まれる。あなたは決してそれを必要としないかもしれない。それから二次的なもの――それほど全く的外れではなく、いつか必要になるかもしれないが緊急性がないもの、それらは手の届くところに、潜在意識に入れられる。ある時にあなたがそれらを必要とするなら、意識にそれらを戻すことができる。そして毎日必要とされる非常に少ないものは意識に残される。

たとえば、二足す二は四だ。ん?――これは意識に残る。あなたは毎日、毎瞬それを必要とする。これはあなたの妻であり、これはあなたの夫であるということは意識に残る。あなたが毎日忘れ続けるなら、それは生において困難を来たすだろう。あなたの名前や住所、電話番号……。

だからすべてのもの、ほぼ九十九・九パーセントのものは、地下室に落ちて永遠に消える。だがそれは地下に残っている。これは特定の技法で蘇らせることができる。それが彼らが原初療法《プライマル》でしていることだ——彼らはそれを追体験するために、無意識のトンネルの中に消えていたものをすべて思い出そうとしている。それを再び生きるなら、あなたはそれから解放される。

現在、原初療法士がしていることをブッダは二十五世紀前にしていた。より規模が大きく、より優れた方法で、より深い方法でだ。この生についてだけでなく——彼はすべての過去についてそれを行なった。

あなたは記憶の中で、再び子宮を通り過ぎなければならない。それからあなたは、最後の生で起こった死に戻って行かなければならない。それから最後の生の誕生まで動き続ける。このようにして人は、後ろへ後ろへと戻り続ける。それを実践すればするほど、あなたは自分が持ち運んできたすべての神秘を明らかにすることにより効率的になる。

あなたは大量の記録を持ち運んでいる。それを追体験できるなら、それから少しの教訓を見つけ出せるだろう。これらの教訓には途方もない価値がある。それらは解放する。それらはあなたの過去からあなたを解放する。

あなたが過去から解放されたら、未来からも解放される。なぜならその時投影すべきものが何も残されていないからだ。自分の過去生から解放されたら、あなたは生それ自体から解放される。その時、生に執着したいというすべての欲望は消える。その時あなたは、再び生まれることを望まない。あなたは執着したくない。あなたは死を恐れない。それからあなたはどんな子宮の中にも、どんな身体の中にも閉じ込められたくない。あなたは再び肉体化されたくない。あなたは絶対的に自由でいたいと思う。

この学びは二つの方法で可能だ――あなたが生きている間に、この生について学ぶか……。もしそうするなら、あなたはゆっくりとブッダになるだろう。もしそれをしなかったら、後戻りしてあなたの過去の経験を、あなたの過去生を追体験することだ。

ある僧侶がブッダに尋ねた。
どんな条件の下でなら、
過去の知識に達することと、至高の道を理解することが可能なのでしょうか?

それにはまず、自分の過去生を理解しなければならない。ただその時だけあなたは、それから抜け出すための有意義な方法(*way*)を尋ねることができる……どこに出口があるのだ? その道(*way*)は?と。ブッダが道について語る時、彼は出口を意味している。あなたは生の中に入ってきた。さて出口はどこにある?

私は聞いたことがある。

マイクは今度こそダブリンに行こうとしていて、彼の友人パットは、何をすべきか、大都市のどこに行くべきかについて、彼にいくつかのヒントを与えていた。

「動物園に行く時、俺はどうすればいいのだ?」とマイクは尋ねた。

「君は動物園に気をつけなければならない」とパットは助言した。

「もし君が『ライオンへ』、または『象へ』という指示語に従うなら、素敵な動物たちを見るだろうが、『出口へ』に目をやってはいけない。それは詐欺だ。俺がそれを見に行った時、気がついたらそこは外だった」

それが私たちがしてきたことだ――私たちは生から私たちを連れ出す扉を避けてきた。長い間それを避けてきたので、それはほとんど私たちには見えなくなっている。長い間それを無視してきたので、それは私たちにとってはほとんど存在しない。たとえそれに遭遇しても、認識できないだろう。『出口へ』……それらの言葉は非常に弱々しくなってしまった。それらはほとんど消えてしまった。私たちは生への入口だけを知っている。私たちは出口を知らない。

入口はもちろん私たちは知っている。なぜなら何度も入ってきたからだ。何度も何度も私たちは子宮の中に入る。ここであなたは死に、そこにあなたは入る。ほとんど数分以内で、最大でも数日以内に。ここであなたは死ぬ……死にかけている間でさえ、あなたのマインドは入るべきところを計画し始める。あなたはまだ死んでいないが、未来のために既に計画している――入るところ、入る方法をだ。幻想は再び作用し始めた。

覚えておきなさい、子宮に入ることはあなたの決定であることを。だからあなたは入るのだ。あなたはその中に放り込まれるのではない。あなたがそれを選ぶのだ。入口が存在するように、出口も存在する。

ある僧侶がブッダに尋ねた。
どんな条件の下でなら、
過去の知識に達することと、至高の道を理解することが可能なのでしょうか？
ブッダは言った。
ハートが純粋で、目的に一途である者が至高の道を理解できる。

ハートが純粋で、目的に一途である者……頭の中に生きている人々は、過去の中に移動するのが非常に難しいのがわかるだろう。なぜなら頭は常に未来にあるからだ。頭は本当に未来の計画を立てるための装置だ。それは常にあなたの先を動く。それはレーダーのようなものだ。

飛行機の中では、レーダーを見ていなければならない。レーダーは飛行機の先で動く。それがそのすべての意味だ……二百マイル先、四百マイル先。レーダーに四百マイル先にある雲が現れ始める。数秒以内に飛行機が達するため、パイロットは事前に知っていなければならない。なぜなら彼が達した場合にだけ知るようになるなら、遅すぎるからだ。その速度はとても速い。

マインドはレーダーだ。あなたの頭はレーダー方式だ。それは未来の中を模索し続ける。それは未来のために計画を立て続ける。それは決して現在のここにはいない。そして過去に対しては何もしない。過去は既に消えている。

頭のすべての関心は未来にある。たとえ時にはそれが過去を見ていても、それが見るのは未来のためのいくつかの手がかりを見つけるためだけだ。たとえ過去を見たい場合でも、それは単に未来のための準備に役立てるものとして見る。だがその関心は、関心の中心は未来だ。

ブッダは言う……ハートが純粋で目的に一途。頭の中にではなくハートの中にいる人々、彼らだけが過去生の中に入ることができる。ハートは無意識の地下室に非常に近く、頭は最も遠く離れている。ハートはあなたの臍のセンターに近い。ちょうど臍の近くのどこかが、身体の中であなたの無意識に対応するところだ。あなたはハートに来なければならない。ハートは頭と臍の中間にある。

あなたがますます感覚で一杯に、ハートで一杯になるなら、あなたは自分の過去生の素晴らしい物語を知るようになる。その中に入るようになる。それはあなたの伝記であるだけではない。それは全宇宙の伝記だ。なぜならある時はあなたは木であり、そして今でもあなたのマインドの中では、無意識の深いところでは、あなたが木であるそのすべての記憶を抱えているからだ。ある時あなたは虎で、ある時は猫、ある時は象で、ある時は女性、ある時は男性、そして何百万もの記憶がそこにある。生のすべてのドラマが、非常に凝縮された形で存在する。あなたがその中に入るなら、それは再生し始める。あなたは再び、それらの音を聴くことができる。

だから催眠術において、あなたがある人に催眠をかけて、今彼は虎になっていると彼に言うなら、彼は虎になることが可能だ。あなたは催眠術師たちがステージの上でそれをしているのを見たことがあるかもしれない。彼らはある男性に言う、「あなたは女性になった。さあ歩きなさい！」。すると男性は女性のように歩く。

それは非常に難しいが、彼はやり遂げる。彼は女性のように歩いたことがないかもしれない。さて、どうやって彼は突然、女性のように歩き始めるのだろう？　それは非常に難しい。なぜなら女性は全く異なる身体の構造を持っているからだ。子宮が彼女の体内に存在するため、彼女は異なるタイプの骨格を持つ。彼女は異なる方法で動く。彼女の動きはより丸く、より均整が取れている。彼女は速く走ることができない。男性は異なる動きをする。

だが催眠の影響下では、男性は女性のように歩くことができ、女性は男性のように歩くことができる。それだけではない。アラビア語やラテン語や中国語を一言も聞いたことがない人を、中国語を話すようにと催眠状態で誘導することができる。そして催眠が本当に深いと、彼は中国語を話し始めるかもしれない。それは奇跡だ。そして催眠術師はこれまでそれを説明できなかった。どうやってそれを説明したらいい？　どうなっているのだろう？

あなたがブッダの仮説を理解するなら、その説明は簡単だ。ブッダは言う――それは東洋のすべてのマスターたちが合意している――人間は過去生においてあらゆるものでいた、と。あなたは中国人だったし日本人だった、ドイツ人だったしチベット人だった。だから、もし記憶のどこか深いところに、中国人として生きていた人生がまだそこにあるのなら、催眠状態で誘発され得る。それは明らかにされ得る。あなたは中国語を話し始めることができる。あなたはそれを一言も聞いたことがない。あなたはそれについて何も知らない。

人間は広大だ。それはあなたが考えるほど限られたものではない。あなたは自分のことをヒンドゥー教徒、あるいはイスラム教徒かキリスト教徒、あるいはインド人、または日本人、中国人だと思っている。これらはあなたの意識的なマインド上の単なる境界だ。無意識上では、あなたは無限の領域だ。あなたはすべてだ。ヒンドゥー教徒やイスラム教徒やキリスト教徒であるだけでなく、虎、猫、ネズミ、ライオン、木、岩、雲でさえもある。あなたは広大だ。あなたはこの宇宙と同じくらい広大だ。

一度あなたが無意識の中に入り始めたら、制限は存在しないということにとても気づくようになるだろう。すべての制限は一種の信念だ。あなたは信じる。だからそれらは存在する。あなたがそれらを落とすなら、それらは消え始める。

ハートが純粋で、目的に一途である者……

よりハート指向の人々は目的に一途だ。彼らは屈折していない。彼らは狡猾ではない。頭は非常に狡猾だ。頭はキツネのようなものだ——そのやり方において非常に計算高くて非常に巧妙だ。それが何かを望むなら、決して真っ直ぐには行かない。それが何かを望むなら、ジグザグに行くだろう。それは何か他のことを言い、何か他のことをする。それは何か他のものを得たいと思う。頭は非常に政治的で、駆け引きが上手い。

あなたは自分自身にそれを見る——どのようにして頭は欺き続けるのか、どのようにして頭は政治的であり続けるのか、を。それは決して真正ではない。それはそうあり得ない。ハートは真正だ。それは欺瞞を知らない。それは真っ直ぐ行く。ハートは一直線に動く、頭は非常にジグザグに行く。

ブッダは、自分の過去生の中に入りたい人は、目的に一途であることが必要だと言う。屈折していることは駄目だ。人は真っ直ぐに、単純に、直接的に従わなければならない……そうすることで至高の道を理解できる。単純で、ハート指向で一途で真っ直ぐで、直接的で直ぐに行なう人々——これらの人々は簡単に入る。

過去生に入ることは、ブッダの時代以来、ますます困難になってきた。ブッダの時代にはとても簡単だった。人々は単純だった。ブッダからイニシエーションを受けたほとんどすべてのサニヤシンは、過去の経験を通過しなければならなかったし、マハーヴィーラについても同じだった。

有名な話がある。ある王子がサニヤスを取って、マハーヴィーラからイニシエーションを受けた。だが彼はほとんど常に安楽に、裕福に生きてきた。そしてマハーヴィーラと共にある今の生は非常に過酷だった。裸で移動しなければならなかったし、服を着ないで固い床で眠らなければならなかった。それは難しかった。

最初の夜、彼は脱け出すことを考え始めた。これは彼には合わなかった。非常に多くの蚊がいた――常にインドには蚊がいたようにね。彼らは瞑想者にとって絶えず敵であるようだ。彼は瞑想ができなかった……とても多くの蚊……彼は裸だったし、寒かった。そして彼が眠っていた場所はちょうど真ん中であり、何百人ものサニヤシンたちが滞在していた。一晩中、彼は眠れなかった。人々が往来していた。それは非常に混雑していて、彼はこれまでそのように生きたことがなかった。それは彼の生き方ではなかった。

だからその夜、彼は翌朝自分は立ち去るだろうと感じ始めた。真夜中にマハーヴィーラが彼のところに来たと言われている。彼は驚き、そして言った。「なぜあなたは来たのですか?」

マハーヴィーラは彼に言った。「私はあなたを見守ってきた。私はあなたの困難さを知っている。だがこれは以前にも起こった。これは実際には三度目だ。あなたは自分の別の生で以前に二回入門して、毎回あなたは去って行ったのだ」

彼は「どういう意味ですか?」と言った。するとマハーヴィーラは王子に、彼がジャティ・スマランと呼ぶ特定の瞑想テクニック――過去生を思い出す技法をするようにと言った。

そして彼は王子に言った。「一晩中ただこれをしなさい。座って瞑想し、そして朝になるまでに何であれ決めればいい……」

彼は過去生に入った。それは非常に簡単に見える。それはそうであったに違いない。人々は単純であったに違いない。彼はとても簡単に自分の過去生に入った。そして朝までに彼は戻った。彼は新しい光に満ちていた。彼はマハーヴィーラの足に触れて、そして言った。

「私は留まることに決めました。もうたくさんです。私は覗き込みました……そうです、あなたは正しかった。どれだけ長く、私は幾度も繰り返し続けられるでしょうか? サニヤスを取って、それから立ち去ることは侮辱的です。それは尊厳に値しません」

「いいえ、蚊を恐れることやちょっとした不便を恐れることは、私のような戦士にとって立派なことではありません。でもあなたは正しかったのです。二回ともそれは同じように起こりました。私はイニシエーションを受け、最初の夜、私はかき乱され、次の日の朝、私は立ち去りました。そして私は再びそうしようとしていました。あなたが私に思い出させてくれたことに、とても感謝しています。そうでなければ、自分は初めてこれをしているのだと考えて、再び同じことを犯していたでしょう」

ブッダとマハーヴィーラのすべてのサニヤシンたちは、ジャティ・スマランを、すべての過去生の記憶を通過しなければならなかった。今日ではそれは非常に難しくなってしまった。難しい、なぜなら頭が非常に重くなってしまったからだ。頭はとても重く、エネルギーは頭にあまりにも独占されているので、それは全くハートに流れていない。そして過去生への道はハートを通って行く。

だからあなたが過去生を思い出したいなら——それは素晴らしく、非常に啓示的で非常に解放的な体験だ——あなたは非常に純真な生を……感覚の生を数ヶ月も数年も生きなければならない。あなたの思考にあなたを支配させてはいけない。感覚にそのバランスを取らせなさい。論理を独裁的にさせてはいけない。愛に決めさせなさい。するとやがてあなたは見るだろう——ハートの道は非常に単純だ。それらは目的においては常に一途だ。

ハートが誰かと恋に落ちる時、そこに問題はない。その時あなたの愛の対象は、あなたにとって唯一の愛の対象だ。ハートが女性と恋に落ちた瞬間、それは世界で唯一の女性だ。その時すべての女性たちは、あなたに対して消えてしまった。ハートは目的に一途だ。だが、頭が恋に落ちたなら——実のところ、それは恋に落ちない、単にそのふりをする——それは難しい。その時、街路を通り過ぎるどんな女性もあなたを魅了し、あなたを刺激する。その時はどんな通りすがりの影響でもあなたの気を散らす。愛が一途な目的を知っているのは、愛は本当にハートのものだからだ。

あなたがハートを通して私とここにいるなら、それは全く異なる関係性だ。その時それは永遠になる。その時私は死ねるし、あなたは死ねるが、関係性は死ぬことはできない。

だが、それが頭だけのものなら、もしあなたが、ただ単に私が話すことだけを納得して、私であるものを納得しないなら……あなたが、私が話すこと――私の論理、私の議論――に納得しているだけなら、この関係性は非常に一時的なものだ。明日あなたは、他の誰かに納得させられるだろう。明日は他の誰かが、あなたにより良い論拠を与えることができる。そしてそれは消える。


ちょうど一昨日の夜に西洋からある若者が、あるサニヤシンの夫が来た。

私は彼に尋ねた。「私に言いたいことがあるかな？　なぜ私のところに来たのかね？」

彼は言った。「妻があなたのところに来るようにと言ったのです」

私は言った。「それならそれには価値がない――あなたの妻が私のところへ来るようにと言ったので、あなたは来た……あなたの来ることは非常に偶発的だ。あなたは私のところに来ていない。あなたは単に、あなたの妻の願いを叶えているだけだ。それなら私の時間を無駄にしてはいけない。あなたは他の多くの方法で、あなたの妻の願いを叶えればいい。これはあってはならないことだ」

それから彼は私に耳を傾け、私は彼の妻と話をした。

そして最後に彼は「私はサニヤスを取ることを考えています」と言った。

私は彼に尋ねた。「考える？　それなら難しいだろう。たとえあなたが考えることで納得したとしても、外面的にはサニヤシンになるかもしれないが、内面的には決してサニヤシンにならないだろう。なぜならそれは頭の事柄になるからだ。サニヤスは論理的な納得 *conviction* ではない。それは愛に転向すること *conversion* だ」

だが彼は理解できなかった。彼は「私はそれを考えるつもりです」と言った。

彼が来ても、その時も彼は来ているのではない。なぜなら彼が来るのは彼が納得しているから、彼の頭が納得しているから、という理由に過ぎないからだ。彼は私に納得することはない。彼はただ自分の頭に、あるいは多分彼の妻に納得するだけのことだ。妻は彼を説得するかもしれない。彼女はヨーロッパからここに来るよう彼を説得したので、彼女は服も変えるようにと彼を説得できる。彼は何らかの正当化を見つけるかもしれないが、すべての物事は要領を得ていない。

ハートを通って来ない限り、あなたが来ることはない。ハートを通って私に達しない限り、あなたは全く達することはない。それを覚えておきなさい。宗教はあなたの感覚の源泉で起こる何かだ。それはあなたの思考とは何の関係もない。

……ハートが純粋で、目的に一途である者が至高の道を理解できる。

そしてひとたび自分の過去生を見たなら、突然あなたは外へ出る道がわかる。なぜならあなたは幾度となく何度も入ってきたからだ。入って来るための道は、本当に出て行くための道でもある。

あなたはただ、反対方向に動かなければならないだけだ。

その道は同じだ。入口と出口は二つのものではない。方向は違う。家の中に入る時、あなたは同じ扉から入る。家の外へ出る時——あなたは同じ扉から出る。ただあなたの方向が違うだけだ。

だからブッダは言う。あなたが自分の過去生を覗き込んで、何度も自分が生に執着しているのを、欲望、野心、エゴ、貪欲、嫉妬、独占欲に執着しているのを見るなら——それらはあなたが何度も入ってきた道だ。それらは外へ出る道だ。

貪欲が入る方法なら、無欲は出て行く方法だ。我《エゴ》が入る方法なら、無我が出て行く方法だ。渇望、欲望、熱情が入る方法なら、無渇望、無欲、無熱情状態が出て行く方法だ。

それは埃が取り除かれた時に輝く鏡を磨くようなものだ。
あなたの熱情を取り除いてどんな憧れも持たないなら、過去はあなたに明らかにされる。

そこでブッダは三つのことを言う。ハートが純粋であること、目的に一途であること、そして三番目に彼は、あなたの意識があまりに乱雑なので、あなたの鏡は反射されていない、と言う。さもなければ、あなたは非常に鋭い明晰さを持つ大変美しい鏡を持っているので、あなたが意識の鏡をどこへ動かそうとも、その次元に存在するすべてのものを見ることができるだろう。

あなたが過去に向けて鏡を動かすなら、すべての過去がそっくりあなたに明らかにされる。あなたが未来に向けて鏡を動かすなら、すべての未来があなたに明らかにされる。あなたが現在に向けて鏡を動かすなら、すべての現在があなたに明らかにされる。あなたの意識があなたの鍵となる。

それは埃が取り除かれた時に輝く鏡を磨くようなものだ。

思考のあまりに多くの埃、印象のあまりに多くの埃が、あなたの鏡を覆っている。あなたは完全に忘れてしまった——鏡はレンガのように見える。それをきれいにしなさい、それを洗いなさい——それが私たちが瞑想でしていることだ。それは鏡を、在るものは何でも映せるように、きれいにするための単なる努力に過ぎない。

あなたの熱情を取り除いてどんな憧れも持たないなら、過去はあなたに明らかにされる。

ある僧侶がブッダに尋ねた。

善とは何ですか?　そして崇高さとは何ですか?

ブッダは答えた。

善とは道を実践すること、そして真実に従うことだ。

崇高さとは道と調和するハートのことだ。

途方もない美しさが彼の崇高さの定義だ。それをできるだけ深く理解しなさい。善とは道を実践すること……。

まず人は道を知らなければならない——貪欲ではないこと、非暴力、無欲。ある意味では、すべてが否定的だ。なぜなら何であれあなたが肯定的なものとして知っているものは、入って来るための扉であったからだ。肯定的なものを除くなら、あなたは外へ出るための扉を見つけるだろう。

善とは道を実践すること……ブッダは言う、道を知ること、曇りのない鏡のような意識で道を認識すること、人がすべき最初のことはそれを実践することだ、と。ただ認識することでは、それは助けにはならない。ただ認識することでは、あなたを変容させることはない。あなたは歩かなければならない。訓練しなければならない。

善とは道を実践すること、そして真実に従うことだ。

あなたは真実のビジョンを持っていた。それは遠方の星のように、非常に遠く離れている。明白なビジョンだ……。だがその距離は途方もない。あなたは従わなければならない、あなたはゆっくりと、徐々にそれに向かって進んでいかなければならない。あなたは旅の準備をしなければならない。これをブッダは善と呼ぶ。これこそが徳というものだ。

そして崇高さとは道と調和するハートのことだ。

あなたが実践している時、そこには必ず少しの苦闘がある。あなたが自分自身を訓練している時、そこには必ず少しの葛藤がある。なぜなら古い習慣が妨害するからだ。あなたはいつも貪欲だった。今、突然あなたは貪欲にならないと決める。すべての過去が妨害する。それはあなたの気をそらす。古い習慣は何度もあなたを所有する。何度もあなたは忘れ、そして揺らぐ。そこには必ず苦闘がある。

そこでブッダは、それは善ではあるが崇高ではないと言う。崇高さとは、苦闘がなくなった人、訓練もなくなった人のことだ。道と調和して単に自発的に動いている人が崇高な人だ。それがブッダが崇高さと呼ぶものだ――それは調和することだ。彼は明け渡しているので、それは今や彼にとっては自然だ。

普通は欲することが自然であるのと同じくらい、欲しないことが彼にとって自然になっている。人々にとって野心的であることが自然であるのと同じくらい、野心的でないことが自然になっている。人々は習慣的に道と調和しないでいる。そして彼は自然と調和するようになる。

ピタゴラスは、この状態をハルモニアと呼ぶ。調和すること、それは正しい言葉だ。ハルモニア、調和していること……。老子はこれをタオと呼ぶ。ブッダはそれをダンマと呼ぶ。

調和することとは……まるであなたは泳いでいないかのような、もがいていないかのようなものだ。あなたは完全にリラックスして、川に浮かんでいる。あなたは川とまさに一つであるので、あなたと川との間にはわずかな距離さえもない。あなたは自分の欲望を何も持っていない。あなたにはどんな個人的な目標《ゴール》もない。あなたは川と共に海に行く。

ハルモニア、調和、タオ、ダンマの人は、この世界で最も美しい開花だ。彼は意識の蓮の花だ。

崇高さとは道と調和するハートのことだ。

だが、それはすぐには起こらない。まずあなたは訓練する必要がある。それから訓練も落さなければならない。まず、くつろぐようにすることだ。それからくつろぐことも忘れなければならない。まずあなたは、自分の古くて根深い習慣と戦う必要がある。そしていったんそれらを乗り越えたなら、古いものとの戦いで作り出したに違いない新しい習慣を、落とすことだ。まずあなたは瞑想しなければならない。それからある日あなたは、瞑想も落とすことだ。

瞑想は良い。瞑想を落とすことは崇高だ。聖人であることは良い。神聖であることは崇高だ。善人であることは良いが、崇高ではない。なぜなら善人は、まだ悪との微妙な戦いを持っているからだ。彼は絶えず自分自身の内側で悪魔と、悪と争っている。彼は不安でくつろげない。彼は、もしくつろぐなら、古いものや過去のものは大きくて強力であり、彼は取りつかれ、そしてバランスを失って投げ捨てられることを知っている。彼は絶え間なくバランスを取らなければならない。善人、聖人はまだ絶対的な調和の中にいない。彼は一生懸命試みている、彼は最善を尽くしている、そして彼が試みていることは評価されるべきだ——だからブッダは、彼を善と呼ぶ。

だから、善で決して満足してはいけない。覚えておきなさい。崇高さが目標《ゴール》だ……。とても深く調和することであなたは単に消え、ダンマだけが残る。タオだけが残り自然だけが残る。あなたは海のまさに波であり、別々に存在してはいない。あなたの分離した存在、あなたの自己は落とされなければならない。

悪人には自己がある。自己は法則と、自然と戦うことによって作られる。悪人には自己がある。彼はダンマと戦うことで自己を作る。善であるものが何であろうと、彼はそれと戦って自己を作る。善人にも自己はある。彼は過去に作った悪い習慣と戦う。戦うために、彼も自己を持つ。

悪人には自我《エゴ》がある、善人にも自我がある。悪人の自我は彼の悪戯に基づいている。善人の自我は彼の美徳に基づいている。だがどちらも自我を持っている。

崇高さとは自我が消えた人、全体の中に完全に浸り、溶け込んだ人のことだ。全体の中に本当に溶け込むこと、そのような調和の中にあることが、崇高であることだ。それが必要とされるものだ。それが絶えず思い出されるべきものだ。決して見失ってはいけない。

生とはまさに訓練することだ。人は善にさえ満足しないほど、超越的にならなければならない。人は、あなたが失われて全体だけが在るこの卓越した超越に達するために、絶え間なく神聖な不満の中にいなければならない……あなたが完全に明け渡した時、あなたが全体に道を与えた時……あなたはまさに空間になる。

もし非仏教用語を使いたいなら、あなたはそれを神への明け渡しと呼ぶことができる。あなたは神があなたの中に降りることができるほど、空になる。もし仏教用語を使いたいなら、彼は言う、あなたは存在しない——今は法則だけが機能している、今はダンマだけが、タオだけが機能し続ける、と。そのような調和の中で機能することが至福、サッチダナンダだ。

第四章

祝福された人

The Blessed One

質問一

なぜあなたは御自身のことをバグワンと呼ぶのですか？
なぜあなたは御自身のことを神と呼ぶのですか？

それは私がそうだから——それはあなたがそうだから、そしてただ神だけが在るからだ。どうしようもない、他に在るべき方法はない。あなたはそれを知っているかもしれないし、知らないかもしれない。唯一の選択肢は無知と知識の間にある。その選択は神で在るか、神でないかの間にはない。選択は、それを認識するかしないかのどちらかだ。そのようには呼ばない、と選ぶことはできるが、存在しないことを選ぶことはできない。だがそれは理解されなければならない。というのもそれは生についての最も根本的な観点の一つだからだ。

生は一つのもので作られている。それを神と呼んでもいいし、物質と呼んでもいい、または電気と呼んでもいい。一つ確かなのは、生は一つの要素から成っているということだ。最も深いところでは、生は統一体だ。あなたが好むように何とでも呼ぶことができる。科学者たちはかつては物質と呼んでいた。今、彼らは電気と呼ぶことにしている。宗教的な人々は神と呼ぶことにしている。非宗教的な人々は世界と呼ぶことにしている。だが一つ確かなのは、一つのものだけが存在する、ということだ。

今、それをA、B、Cと呼ぶことに、何も問題はない。それを何と呼ぼうと現実は変わらないが、それはあなたを変えることができる。それはあなたの態度を示すだろう。世界を物質と呼ぶ人は成長できない。彼は未来のすべての可能性を落とした。彼は扉を閉めてしまった。彼は自分の運命を否定している。今や彼には開かれたところがない——彼は窓のない原子、単細胞生物だ……閉じていてどこにも行かない。物質にはどんな運命もないし、どんな成長もないからだ。物質にはどんな可能性もない。物質はどんな体験も持てない。

あなたが生は物質以外の何ものでもないと言う瞬間、それが生を変えることはない。あなたがそれを物質と呼ぶからそれが物質になるのではない。だが生を物質と呼ぶことで、あなたは閉じたものになる。生を物質と呼ぶことで、あなたは物になる。あなたは自分の個性を失い、生き生きとした鼓動を失う。あなたの内側の何かが突然死んで行く。その後あなたは墓だ。あなたは重い足を引きずってゆく。ダンスが失われる。あなたの生はむしろ散文になるだろう。その時にはどんな詩もない。

この生を神と呼ぶ時、あなたはそれに詩をもたらす。あなたはビジョンをもたらす、あなたは扉を開ける。あなたは言う、「より以上のことが可能だ」

あなたは言う、「私たちは最終地点にいない」

高次の領域の可能性があなたのビジョンに生じる。あなたは夢を見始める。あなたがこの存在は神聖だと言う瞬間、夢は可能になる。その時あなたは冒険の生を生きることができる。神は最大の冒険だ、それは最大の巡礼だ。

存在を神聖と呼ぶことで、あなたは自分のビジョンに新しい何かをもたらす。その時あなたは終わっていない。あなたは終止符ではない。その時あなたは、海の方に向かっている急流の川だ。存在を神聖と呼ぶことで、あなたは自分の生に活力をもたらす。その時あなたは古臭くないし、澱んでいない。その時すばらしい可能性がある。ただ勇気が必要だ。するとあなたは進み続けることができる……それに終わりはない。

生にラベルを付けるにはたった二つの方法しかない。一つは現実主義者の方法――彼はそれを物質と呼ぶ。もう一つは詩人の、夢想家の方法――彼はそれを神と呼ぶ。

私は明らかに詩人だ。現実主義者ではない。私は自分自身を神と呼び、あなたを神と呼ぶ、私は岩を神と呼び木を神と呼ぶ、そして雲を神と呼ぶ……全体はたった一つのものから成り、私はそれを神と呼ぶ方を選んだ。なぜなら神と共にあなたは成長できるし、神と共に大きな津波に乗れるからだ。あなたは他の岸に行くことができる。神はあなたの運命のほんの一瞥だ。あなたは存在に個性を与える。

その時、あなたと木の間は空虚ではない。その時あなたとあなたの愛する人との間は空虚ではない――神はすべてに橋を渡している。彼はあなたを取り囲んでいる。彼はあなたの環境だ。彼は内にあり、彼は外にある。

私が自分自身を神と呼ぶ時、私は故意にあなたを挑発し、あなたに挑戦している。私は、あなたもそれを認識する勇気を集められるようにと、単に自分自身を神と呼んでいる。あなたが私の中に神を認識できるなら、あなたは自分自身の中に神を認識する第一歩を踏み出したのだ。

あなたが自分自身の中に神を認識することは、非常に困難だろう。あなたは常に、自分自身を非難するように教えられてきたからだ。あなたは罪人であると、常に教えられてきた。私はそのナンセンスをすべて取り去るためにここにいる。私は、あなたが誰であるかを認識する勇気、それがあなたに欠けている唯一のものだ、と強調する。

私はあなたを助けるために、あなたに勇気を与えるために、自分自身を神と呼ぶ。もしこの男が神であり得るなら、なぜあなたはそうでないのか？　私はあなたと同じような人間だ。自分自身を神と呼ぶことで、私は神を引き下げているのではない。私はあなたを引き上げている。私はあなたを高次の旅に連れて行くのだ。私は単に、ヒマラヤの頂上に向けて扉を開いている。

ひとたびあなたが自分もまた神であると認識し始めたら、あなたは重荷を降ろすようになる。その時、誤りはあるかもしれないが、もはや何の罪も存在しない。あなたは罪人ではない。あなたは間違いを犯すかもしれないし、道に迷って彷徨うかもしれないが、あなたは罪人ではない。あなたが何をしようと、自分の神性を失うことはできない――それはあなたの本性だ。

あなたが罪人になれたとしても、自分の神性を失うことはできない。その時、罪人になることで、あなたの神は罪人になる。それだけだ。あなたは愚か者になれるが、それは単にあなたの内側の神が愚か者であるゲームの選択をしたということ、それだけだ。

何百万もの形態、だがすべての形態が神性だ。何百万もの形態、すべてがお互いを補足し合って、この全世界を偉大な宇宙にしている。

自分自身を神と呼ぶことで、私はちょっとあなたに、何かをほのめかしているだけだ。私はあなたが私を何と呼ぶかには興味がない――それは無意味だ。それは単なる示すこと、身振りだ。私はあなたに言う。「私を見なさい！　私はまさにあなたのような者だ。私が自分の内側に神性を認識できるのなら、私が自分自身の実存を尊重できるのなら、なぜあなたにできないのだろうか。あなた自身の実存に敬意を表しなさい」

あなたが自分自身を礼拝し始めない限り、寺院の石像を礼拝しに行くことは助けにならない。あなたが自らの実存に敬意を表し始めない限り、自らの存在に畏敬の念を感じない限り……私が自分自身を神と呼ぶのはそういう意味だ。

私は私の実存を尊重する。私は私について非難を感じることはない。私はあるがままの私で幸せだ。私は私であることで途方もなく幸せだ。私は私であることに途方もなく感謝している。

神を表わすインドの用語、バグワン、は神よりも優れている。その言葉は途方もなく意味深長だ。それは単純に「祝福された人」を意味し、他に何の意味もない。バグワンは「祝福された人」を意味する――それは、自分自身の実存を認識する幸運に恵まれた人、ということだ。

それにはキリスト教の関連はない。あなたが「神」と言う時、それはまるで私が世界を創造したかのように思われる。私はすべての責任を拒否する！　私はこの世界を創造していない。私はそれほど馬鹿ではない。神についてのキリスト教の考えは、世界を創造した人だ。バグワンは全く違う。それは世界を創造することとは何の関係もない。それは単に自分自身を神として認識した人を言う。その認識に祝祷がある。その認識に祝福がある。彼は祝福された人になった。

あなたもそうなることができる。私になることができるのなら、なぜあなたにできない？　何も欠けていない――ただあなた自身の魂を洞察する勇気、あなた自身の中に入る勇気だけだ。あなたは罪人であると教えられてきた――非難され、押し潰されて、大地を這う罪人であると。あなたの翼は切断され、破壊されている。

私自身をバグワンと呼ぶことで、私はただ単にあなたに勇気を奮い起こしなさいと、あなたの翼を取り戻しなさいと言いたい……。すべての空はあなたのものだ。だが翼なしでは、それはあなたのものではない。あなたの翼を取り戻しなさい。そしてあなたを非難することを、誰にも許してはいけない。あなた自身を尊重しなさい！　自分自身を尊重できないなら、あなたは他の誰も尊重することはできない。

あなたが自分自身を尊重する時、大きな尊重が生じる。その時あなたは、木、岩、男、女、空、太陽、月、星に敬意を表わす。しかし敬意のそれらの波紋は、あなたが自分自身を尊重し始めた時にだけ生じる。

私が自分をバグワンと呼ぶのは、私が自分自身を尊重しているからだ。私は私であることに途方もなく満たされている。私は祝福された人だ。私には不満はない。あなたに不満がない時、あなたの生の各瞬間が充足である時……あなたが未来に何も望まない時、あなたの現在はとても満ちて、溢れ出ている……そこに何の憧れもない時、それがバグワンの意味だ。

だから私たちはブッダをバグワンと呼ぶのだ。ブッダは彼の宇宙論において神を否定している。彼は神はいない、創造者はいないと言う。キリスト教徒は、ブッダが神や創造者はいないと言う時、非常に困惑する。それならなぜ仏教徒は彼をバグワンと呼ぶのだ?

バグワンについて私たちが意味するものは、全く異なる。私たちが彼をブッダ、バグワンと呼ぶのは、彼には今や何の欲望もないからだ。彼は満足している。彼は幸せで、我が家にいる。彼は家に帰ってきた——それが彼の幸福だ。今や彼と存在の間に対立はない。彼は調和の中に、ハルモニアの中に落ちた。今、彼と全体は二つの別々のものではない。彼らは同じように振動する。彼は全体のオーケストラの一部になった。そして星や木や花や風や雲や海や砂の、この大きなオーケストラの一部になることで、彼は祝福を受けるようになった——私たちは彼をバグワンと呼ぶ。

この冒険を続けるがいい。あなたがある言葉を使うなら、その言葉は多くの物事を作り出す——言葉は非常に創造的だ。あなたが世界を単なる物質と呼ぶなら、まさにその言葉があなたを引き下げる。では他に何もないのだろうか？　ただ物質だけ？　それなら物質より上位に見える他のすべては、幻想でなければならない。

だから物質主義者は、パタンジャリのサマーディは幻想だ、ブッダのニルヴァーナは想像上のものだ、禅マスターの悟りはマインドの単なるゲームだ、と言い続けるのだ。なぜ物質主義者はこれらの事を否定し続けるのだろう？　いったんあなたがこの物質の概念を、すべては物質と見なすべきだという概念を持つと、物質とは見なせない多くのものがある。どのようにして悟りの経験を物質と見なしたらいい？　唯一可能な方法はそれを否定すること、それはないと言うことだ。

ニーチェは、神はいない、神は死んだと言う。もし神がいるなら、イエスを受け入れなければならないからだ。そうなるとあなたはブッダを受け入れなければならない、パタンジャリを、老子を、ツァラトゥストラを受け入れなければならない。彼らは虹のようなもの……既知と未知の間の架け橋だ。だがあなたは、空に視線を向けなければならない。

あなたが地面を見下ろして、そこを掘り続けるなら、虹を見ることができない。あなたが空それ自体の存在を否定して、誰かが「上を見ろ！」と言うなら、あなたは「どこをだ？　上などない」と言うだろう。そして誰かが「私は空に美しい虹を見ている」と言うなら、あなたはこう言うだろう。「あなたは幻覚を起こしているに違いない。あなたは妄想の中にいるに違いない。あなたは何を言うのだ？　空はない。だから虹の可能性はない」

神を否定することで、私たちはすべての虹のあらゆる可能性を否定する。だがその時、人は動けなくなる。その時あなたはどこにも行っていない。あなたは澱んだ水たまりだ……。ただ死ぬのを待つだけだ。物質主義者にとっては他に何もない——ただ死ぬのを待つだけだ。彼の生は途方もない重荷、苦痛になる。

ジャン・ポール・サルトルは人間を無益な受難と呼ぶ。神がいないなら、彼は正しい。神がいないなら、なぜあなたは存在している？　何のために？　あなたが神になれないなら、そのすべてに何の意味がある？　なぜ存在し続け、なぜこの苦悶や苦悩、この不安、この緊張の生を運び続けるのだろうか。どうして？　なぜこの悪夢を続ける？　なぜそれから抜け出さないのだろう。

ドストエフスキーの偉大な小説の一つ、『カラマーゾフの兄弟』の中で、一人の人物が神に語っている。「もし私がいつかあなたに会うなら、あなたが私に与えた世界に入るための入場券をお返ししたい。それを引き取ってくれ！　私はここにいたくない。それは全く意味がない」

ジャン・ポール・サルトルは正しい。神がいないなら存在は無意味だ。それは激怒と騒音に満ち、無意味で愚か者が語るただの無駄話に過ぎない。その時そこは精神病院だ。

神と共に、神の概念そのものと共に、物事はまとまり始める。その時、それは愚か者が語る無駄話ではない。その時、生は意味を持つ。その意味は超えたところから来る。意味は常に超越的なものから来る。意味はそうあるものを常に卓越している。あなたが未来のすべての可能性を否定するなら、意味は消える、それなら生は無駄だ。

私が自分自身を神と呼ぶのは、情熱的な意味のある生を、意味に満ちた生にあなたを引き合わせたいと思うからだ。意義深く、壮大で美しく、真実の生に……。神と共に、すべては可能になる。神なしでは、すべては不可能になる。

神を持たない人間は、全く人間ではない。彼は人間に似ている。だが彼が人間でないのは、自分の中に、超越している意味を少しも持たないからだ。彼は花のない木のようだ。その木は無駄に、何の充足もなく存在している。花が咲いて香りが風に放たれない限り、木は無駄に存在する。あなたはそこへ行って深く耳を傾けることができる。あなたはそれが泣いて涙を流しているのがわかるだろう。そのハートの深いところに、あなたは痛みを見つける。花が木に咲く時、詩が、超越的な何かが起こり始める。

いったい、根を見て花を想像できるだろうか？　あなたがどんな花も見たことがなくて、私が美しい花の咲く低木の根を持ってきて、あなたにその根を見せても、醜い根を見て花が咲くことを想像できるだろうか？　あなたは単純に否定するだろう。だが、根の隠れたところに花はある。

誰かがこれらの根に養分を与える必要がある。これらの根を保護し、根に水を与え、光と影と太陽と風と雨を与える必要がある。そして人は、何かが起ころうとしているのを途方もなく信頼する必要がある。なぜなら待つことは長いからだ。そしてある日、まさに奇跡が起きる――木が花を咲かせている。あなたは自分の目が信じられない。どのようにしてそれらの醜い根は形を変えたのだろう？　どうやってそのように変容したのだろう？　どのようにして、それらの醜い根は美しいバラになったのだろう？　不可能だ。非論理的だ。それは実際に起こるべきではない。それはすべての推論に反する。だがそれはそうなる。

あなたが神なしで存在するなら、あなたは花のない木、バラの花のないバラの木だ。ではバラの花のないバラの木とは何だろう？　ただの棘に過ぎない……。

私が自分自身をバグワンと呼ぶ時、私は単にあなたにこう言っているだけだ。

「私を見なさい――バラが開花した。そして私に起こったことはあなたに起こり得る。だから自暴自棄になることはないし、落胆することはない。私を見ればあなたの希望は戻ってくるだろう。そして絶望的に感じることはないだろう」

「私をあなたの中に入らせなさい。少なくとも、私の香りをあなたの鼻孔に入らせなさい。あなたのハートに私を届かせなさい。あなた自身の花が成長し始めるように、あなた自身の蕾が花咲き始めるように、私にあなたのハートを少し揺さぶらせてほしい」

私自身をバグワンと呼ぶことは単なる方策だ。私はいつでもそれを落とすことができる。それが作用し始めたのを私が見る瞬間、連鎖が始まった。今やそれはもう必要ないとわかる瞬間……少数の人々は炎になっている。その時彼らは充分な証明になる。私自身をバグワンと呼ぶ必要はないだろう。彼らは充分な証明になる。私のサニヤシンたちの数人が開花し始めたら、私は自分自身をバグワンと呼ぶことを落とすだろう。その方策は作用した。

数年前のある日、私はヨガ・チンマヤを呼んで、私のための新しい言葉を見つけるようにと彼に言った。それは私が新しい方法で働きかけるつもりだったからだ。私はアチャリヤとして全国に知られていた。アチャリヤはマスター、教師を意味し、そして私は教師で、教えながら旅をしていた。それは私のワークのほんの導入部分だった。それは人々を招待するためだった。いったん招待状が届くと、私は旅行をやめた。今や望む人たちは、私のところに来なければならない。私は彼らの家に行き、彼らの扉を叩いてきた。私は彼らに言った、私はここにいて、いつであれその望みが彼らに生じたら、彼らは来ることができると。私は待つ。私は彼らに私への道を示してきた。

それからある日、私はヨガ・チンマヤを呼んで彼に言った。

「今や『教師』という言葉は充分ではないので、私のための新しい言葉を見つけなさい」

彼は私が新しい働きかけをするための、多くの名前を持って来た。

彼は「マハリシ、偉大な先見者」と言った。

私は言った。「それは比較になる——先見者と偉大な先見者、リシとマハリシ。いや、それは良くない。そして誰もが先見者になることはできない。それは才能だ。少数の人々は先見者になることができるが、誰もが先見者になることはできない」

それから彼は言った。「パラマハンサ、偉大な白鳥、では？」

またもやそれは比較になる。それは階層の象徴だ。特定の古い出家僧の階級では、パラマハンサは最終段階だ。ちょうど仏教用語で、アルハットが頂点、到達した人であるように。ヒンドゥー教の用語では、パラマハンサは頂点だ——だがそれは卒業を、段階的なものを示している。これは数学的で、計算的だ。

彼は言った。「それではアヴァドゥータならどうですか？」

それも別の比較の用語で、出家僧の別の宗派に属している。それはまたもやアルハットとパラマハンサに対応していて、タントリカに属する。アヴァドゥータは彼らの最終段階だ。だがそれは達成を示している。

私は言った。「普遍的な何かを見つけなさい。相対的ではない何かを見つけなさい」

そして彼は「バグワン」を見つけた。

それは非比較用語だ。あなたは神以上に神性であることはできない。神以上に神であることはできない。それは非比較用語だ。それはどんな達成も示していない。それは単にあなたの本質を示している。人は神にならなければならない、ということではなく、人は神である、と人は単に認識しなければならない。

これはどんな才能も示していない。偉大な詩人である誰か、偉大な先見者、偉大な夢想家である誰かがいる。ある人は偉大な画家だ、ある人は偉大な音楽家だ、ある人は偉大なダンサーだ——これらはすべて才能だ。すべての人が素晴らしいダンサーであることはできない。あなた方みんながニジンスキーであることはできない。そしてすべての人が偉大な画家であることはできない。あなた方みんながヴァン・ゴッホであることはできない。あなた方みんなが偉大な詩人であることはできない。あなた方みんなが、タゴールやパブロ・ネルーダであることはできない。

だが、バグワンとはあなた方みんなのことだ。それは達成を示していない。それは単にあなたの普遍性を、あなたの本質を示している。既にあなたは神なのだ。

私はこの用語が気に入った。私は言った。

「それでいい。少なくとも数年間はそれでいい。それから私たちはそれを落とせばいい」

私はある明確な目的のためにそれを選び、それはうまく役に立った。なぜなら知識を集めるために私のところに来ていた人々、彼らは来るのを止めたからだ。私が自分自身をバグワンと呼んだその日、彼らは来るのを止めた。それは彼らにとってあんまりだった。それは彼らのエゴにとってあんまりだった。自分自身をバグワンと名乗っている人とは?……それはエゴを傷つける。

彼らは来るのを止めた。彼らは知識を集めるために私のところに来ていた。今、私は自分の役目を完全に変えた。私は異なるレベルで、異なる次元で働きかけ始めた。今、私はあなたに知識ではなく実存を与える。私はアチャリヤであり彼らは学生だった。彼らは学んでいた。現在、私はもはや教師ではなく、あなたは学生としてここにいるのではない。

あなたが学生としてここにいるなら、遅かれ早かれ去らなければならないだろう。なぜなら間違った場所にいるからだ。あなたはここには合わないだろう。あなたが弟子であって初めて、私と合うことができる。なぜなら今私は、より以上の何かを与えるためにいるからだ。もしあなたが知識のためにここにいるなら、遅かれ早かれわかるだろう——あなたはどこか別のところに行かなければならない。

私は実存を授けるためにここにいる。私はあなたを目覚めさせるためにここにいる。私はあなたに知識を与えようとしているのではない。私はあなたに知ることを与えようとしている——そしてそれは全く異なる次元だ。

私自身をバグワンと呼ぶことは、単に象徴的なものだった——それは今や私がワークに対して異なる次元を取ったということだ。それは途方もなく役に立った。すべての不適切な人々は自動的に消え、全く異なる質の人々が到着し始めた

それはうまくいった。チンマヤの選択は良かった。それはうまく選り分けた。私とともに溶ける準備ができている人たちだけが残り、他の人たちはみんな逃げた。彼らは私の周りに空間を作った。そうでなければ彼らはあまりにも混雑しすぎていて、真の探求者たちが私のところに近づくことは非常に難しかった。群衆は姿を消した。「バグワン」という言葉は、核爆発のように機能した。それはうまくいった。私はそれを選んだことに満足している。

今私のところに来る人々は、もはや論争好きではない。今私のところに来る人々は私を飲むために、私を食べるために、私を消化するために来る。今私のところに来る人々は、魂の偉大な冒険家たちだ。そして彼らは危険を冒す準備ができている——ありとあらゆるものを危険にさらす準備ができている。

私自身をバグワンと呼ぶことは方策だ。遅かれ早かれ、あなたが成長してその目的を理解した時、そしてあなたのここでの存在が異なる質の振動を作り出した時、私は私自身をバグワンと呼ぶことを止めるだろう。その時それは必要ない。その時、全体の雰囲気は神性で躍動するだろう。それから来る人々には、それが彼らに降り注ぐだろう。それは彼らのハートに浸透する。

私を何とも呼ぶ必要はない——あなたは知るだろう。だが最初はそれが必要だった。それは途方もない助けになった。

それについて最後に言いたいこと。私は哲学者ではない。常に私を詩人として覚えていなさい。私の生へのアプローチは詩のそれ、ロマンスのそれだ。それはロマンチックであり、想像力に富んでいる。私はあなた方みんなが、神と女神であってほしい。私はあなたが、あなたの真の実存を明らかにしてほしい。

私自身を神と呼ぶことは挑戦だ。それは微妙な挑戦だ。それを解決するには二つの方法しかない。一つは、あなたはこう言う。「この男は神ではない。だから出て行くことだ。なぜならそれならあなたはここで何をしているのだ？　この男が神ではないなら、なぜあなたの時間を浪費するのだ？

出て行ったほうがいい」

または、あなたはこの男が神であることを受け入れる。それからあなたは私と居始める。するとあなた自身の神性が開花し始める。

ある日あなたもまた神に、女神になるだろう。私を神として受け入れることは、実際に深いところで、あなたも神であり得るという可能性を受け入れることだ。それがすべてだ。この男は神であり得るというまさにその受け入れが、あなたの内側でぐっすり眠っていた何かを揺さぶる。その時あなたはそのままで残ることはできない。何かがなされなければならない。何かが変容される必要がある。何かが知られることになる。あなたはこれ以上眠って生きることはできない。夢はあなたを所有してきた。

私はある逸話を読んでいた。

可愛く有能な若い女中は仕事を楽しんでいるように見えたが、ある日だしぬけに辞表を出した。

「なぜあなたは辞めたいの?」と主婦は尋ねた。「何か問題があるの?」

「これ以上、この家の中の緊張感に耐えられません」と女中は答えた。

「緊張感?」と混乱した女主人は言った。「どういう意味?」

「それは私の扉の上の標語です」と少女は説明した。「目を覚ましていなさい、主人がいつ帰って来るのか、あなた方にはわからないからだ——というのがあるでしょう」

「目を覚ましていなさい、主人がいつ帰って来るのか、あなた方にはわからないからだ」
（マルコ福音書 第十三章三十五節）

彼女は誤解したのだが、それは絶え間ない緊張感を、不安を引き起こした。

「目を覚ましていなさい、主人がいつ帰って来るのか、あなた方にはわからないからだ……」

あなたが私と一緒に行くことに決めたなら、あなたはますます油断しなくなるだろう。そしてあなたがより油断しなくなればなるほど、あなたは私をより理解できるようになり、私の魂の内側に何が起こったのか、何が生じたのかを理解するようになるだろう。あなたはますますこの出来事の、このダンスの、この歌うことの参加者になるだろう。

そしてやがてあなたは見るだろう——主人《マスター》は来ている。それは外側から来るのではない。それはあなたの最も内側の核から来ている。それはあなたの深いところから生じている。

主人《マスター》はやって来る、神は来る、だが外側からではない。彼はあなたのまさに中心から来る。彼はあなたが彼を呼ぶのをそこで待っていた。彼は永遠の時からずっとそこで、いつの日かあなたが内側を見ることを待っていた。

私は内側を見て、私はそこに彼を見つけた。私のメッセージは単純だ——それは、私は自分の内側に神を見つけた、ということだ。私のすべての努力はあなたを説得することだ——内側を見なさい、マスターは来る。そう、それは可能だ。そう、彼は来る。そして彼は外側から来るのではない。

彼は内側から爆発する。彼はあなたの中に生じる。彼はあなたの未来、彼はあなたの運命だ。あなたはそれを知っているかもしれない、あなたはそれを知らないかもしれない。あなたは既に彼の中にいて、彼は既にあなたの中にいる。唯一の問題は気づくようになる方法だ。

「目を覚ましていなさい、主人がいつ帰って来るのか、あなた方にはわからないからだ」

唯一の問題は丘の上の観照者になることにある。目撃者になりなさい――油断なく観察すること――するとあなたは満たされるだろう。

質問二

危険に生きるとはどういう意味なのでしょうか？

危険に生きるとは、生きるという意味だ。危険に生きていないなら、あなたは生きていない。生きることはただ危険な中でのみ開花する。生きることは安全な中では決して開花しない。それは不安定な中でのみ開花する。

あなたが安全になり始めるなら、淀んだ水溜りになる。その時あなたのエネルギーはもはや動いていない。それからあなたは恐れる。なぜなら人は、未知なるものへ入る方法を決して知らないからだ。それになぜ危険を冒す？　知られているものはより安全だ。それからあなたは、よく知っているものに取りつかれる。あなたはそれにうんざりし続ける、それに飽きてくる、あなたは惨めさを感じる、だがそれでもそれはお馴染みで気楽に見える。少なくともそれは知られている。未知なるものはあなたの中に震えを引き起こす。未知なるものについてのまさしくその考えで、それであなたは安全ではないと感じ始める。

世界にはただ二つのタイプの人々だけがいる。快適に生きたい人々——彼らは死を求めている。彼らは快適な墓を望んでいる。そして生きることを望む人々——彼らは危険に生きることを選ぶ。なぜなら生は危険《リスク》がある時にだけ活気づくからだ。

あなたは今まで山に登ったことがあるだろうか？　高く登れば登るほど、より新鮮に感じる。あなたはより若々しく感じる。落下の危険性が大きくなればなるほど、その側の深淵が大きくなればなるほど、より生き生きとするようになる……生と死の間で、あなたが生と死の間でまさにぶら下がっている時。その時、退屈はない。その時、過去のゴミや未来への願望はない。その時、その今という瞬間は炎のように非常に鋭い。それは充分だ。あなたは〝今とここ〟に生きている。

あるいはサーフィン……スキー……グライダー飛行など、生命を失う危険性があるところはどこであれ、途方もない喜びがある。生命を失う危険性は、あなたを途方もなく生き生きとさせるからだ。そのために人々は危険なスポーツに魅了される。

人々は登山に行く。誰かがヒラリーに尋ねた。「なぜあなたはエベレストに登ろうとしたのですか？　なぜですか？」

するとヒラリーは言った。「なぜならそれがそこにあるからだ――絶え間ない挑戦が」

それは危険だった。多くの人が以前に死んでいた。およそ六十、七十年の間に、多くのグループが行っていた。それはほとんど確実な死だった。だがそれでも人々は行っていた。その魅力は何だったのだろう？

より高く到達することで、落ち着いた決まりきった人生からより遠くに行くことで、あなたは再び野生的になり、再び動物の世界の一部になる。あなたは再び虎やライオンのように、または川のように生きる。あなたは再び鳥のように空へ舞い上がる、ますます遠く離れたところへ舞い上がる。そしてそれぞれの瞬間に、安全保証、銀行預金残高、妻、夫、家族、社会、教会、体面などは……すべてはますます消え失せて、ますます遠のいてゆく。あなたは独りになる。

人々がスポーツに非常に興味を持つのはこのためだ。だがあなたは非常に熟練できるので、それもまた本当の危険ではない。あなたはそれを学ぶことができる。あなたはそのために訓練することができる。それは非常に計算された危険《リスク》だ――もし言わせてもらえるなら、それは計算して危険を冒すことだ。あなたは登山のために訓練できるし、すべての予防策を講じることができる。

あるいは運転すること、スピード走行だ。あなたは時速百マイルで行くことができる。それは危険だ。それはスリリングだ。だがあなたはそれに関して、本当に巧みになることができる。すると危険なのはただ外側の者たちにとってだけだ。あなたにとって危険はない。それにたとえ危険があったとしても、それは非常にわずかだ。そして、これらの危険を冒すことは、ただ肉体的な危険に過ぎず、ただ身体だけが関わるものだ。

私があなたに危険に生きなさいと言う時、私は身体的な危険を冒すことだけでなく、心理的な危険を冒すことを、そして最終的にはスピリチュアルな危険を冒すことを意味している。宗教とはスピリチュアルな危険を冒すことだ。それはおそらく、後戻りできないところから非常な高みへ行くことだ。それがブッダの用語、アナガーミン——決して戻らない人の意味だ。それは後戻りできない地点である非常な高みへ行くことだ。その時、人は単純に失われる。その人は決して戻ってこない。

私が危険に生きなさいと言う時、普通の世間体の生を生きてはいけないという意味だ——町の市長や協同組合の一員であるような生のことだ。これは生ではない。あるいは大臣であったり、またはあなたには良い職業があって、稼ぎがよくてお金が銀行に貯まり続け、すべては完璧にうまくいっている。

すべてが完璧にうまくいっている時は、単純にそれを見なさい——あなたは死にかけていて、何も起こっていない。人々はあなたを尊敬するかもしれない。そしてあなたが死ぬ時、大行列があなたに従うだろう。よろしい、それで終わりだ。そして新聞にはあなたの写真が掲載され、そこには社説があるだろう。それから人々はあなたのことを忘れる。そしてあなたは、これらのためだけに生涯を送った。

見守ってごらん――人は普通の、ありふれたもののために全人生を取り逃がすことができる。スピリチュアルであることとは、これらの小さな事をあまり重要視するべきではない、という理解を持つという意味だ。私はそれらが無意味であるとは言っていない。私は、それらには意味があるが、あなたが考えるほどの意味はないと言うのだ。

お金は必要だ。それは必要なものだ。しかしお金はゴールではないし、ゴールではあり得ない。家は必要だ、確かに。それは必要なものだ。私は禁欲主義者ではないし、私はあなたに自分の家を壊してヒマラヤに逃げて欲しくない。家は必要だ――だが家はあなたのために必要なのだ。それを誤解してはいけない。

私が人々を見ると、すべての物事は逆さまになっている。彼らはまるで、自分たちが家のために必要であるかのように存在している。彼らは家のために働き続ける。まるで彼らは、銀行預金残高のために必要であるかのように――彼らはただお金を集め続け、それから彼らは死ぬ。そして彼らは決して生きなかった。彼らは生が躍動し、流れる瞬間をひとつも持たなかった。彼らはただ安全なもの、馴染みのもの、体面の中に閉じ込められただけだ。

その時あなたが退屈だと感じるなら、それは自然なことだ。人々は私のところに来て、非常に退屈を感じると言う。彼らはうんざりし、行き詰まりを感じる。どうすべきだろう？　彼らはただマントラを繰り返すことによって、再び生き生きするようになるだろうと考える。それはそう簡単ではない。彼らは、自分たちの生のすべてのパターンを変えなければならない。

愛しなさい、だが明日その女性があなたの手に入るだろうと考えてはいけない。期待してはいけない。女性を妻に格下げしてはいけない。そうするとあなたは危険に生きている。男性を夫に格下げてはいけない。なぜなら夫は醜いものだからだ。あなたの男性をあなたの男性でいさせなさい、そしてあなたの女性をあなたの女性でいさせなさい。そしてあなたの明日を予測可能にしてはいけない。何も期待せずに、すべてに対して準備をしなさい。私が危険に生きなさいと言う時、私はそれを意味している。

私たちはどうするだろう？　私たちは女性と恋に落ち、そしてすぐに結婚するために裁判所へ、または登記所へ、または教会へ行き始める。私は結婚するなと言うのではない。それは形式だ。いいだろう、社会の要求を満たしなさい。だがあなたの心の深いところでは、決して女性を所有してはいけない。決して一瞬でさえ「あなたは私に属している」と言ってはいけない。というのも、どうやって人があなたに属することができるだろう？　それにあなたが女性を所有し始める時、彼女はあなたを所有し始めるだろう。その時あなた方は、もはや両方とも愛の中にいない。あなた方はただお互いに無意味に争ったり殺したりして、お互いを麻痺させている。

愛しなさい――だがあなたの愛を結婚に降格してはいけない。働きなさい――仕事は必要だ――だが仕事があなたの唯一の人生であってはいけない。遊びがあなたの人生に、あなたの人生の中心に留まるべきだ。仕事は遊びのための手段であるべきだ。事務所で働きなさい、工場で働きなさい、店で働きなさい、だがただ遊ぶための時間や機会を持つために、だ。あなたの人生を、ただ日常的に働くことだけに格下げてはいけない。なぜなら生のゴールは遊びだからだ。遊びとはそれ自体のために何かをするということだ。

あなたは瞑想をするためにも私のところに来ている。そしてあなたは瞑想も仕事として受け取る。あなたは神を達成するために、何かが為されなければならないと考える。それは馬鹿げている。瞑想はそのようにすることはできない。あなたは遊ばなければならない。それを楽しみとして受け取らなければならない。それについて深刻であるべきではない。あなたはそれを楽しまなければならない。

それを楽しむ時、それは発展する。あなたがそれを仕事として、為すべき義務として——あなたはしなければならないから、あなたはモクシャを、ニルヴァーナを、解放を達成しなければならないから——というように受け取り始める時、再びあなたは遊びの世界に、自分の馬鹿げた分類を持ち込んだことになる。瞑想は遊びだ。それはリーラだ。あなたはそれ自体のためにそれを楽しむ。

あなたがより多くの物事をその物事のために楽しむなら、より生き生きするだろう。もちろん、あなたの人生は常に危険を冒すことになり、危機な目に遭うだろう。しかし生はそのようでなければならない。危険は生の一部だ。実のところ、生のより良い部分は危険だ。それの最良の部分は危険だ。それの最も美しい部分は危険だ。それはすべての瞬間が危険だ。あなたは気づいていないかもしれない。あなたは息を吸い、息を吐く。そこには危険がある。息を吐くことでさえ、息が戻ってくるかどうか誰にわかるだろう？　それは確実ではないし保証はない。

だがすべての宗教を、安心させるものとみなす少数の人々がいる。たとえ彼らが神について話しても、彼らは最高の安心させるものとして神について話す。彼らが神について考えるなら、彼らが考えるのはただ彼らが恐れているからに過ぎない。彼らが祈りや瞑想をしに行くなら、彼らはただ自分が気に入られるために──神に気に入られるためだけに行っている。

「もし神がいるなら、彼は私が常連の教会参拝者であったこと、常連の礼拝者であったことを知っているだろう。私はそう主張できる」。彼らの祈りでさえ単なる手段だ。

危険に生きることは、まるでそれぞれの瞬間が、それ自体の終りであるかのように人生を生きるということだ。それぞれの瞬間にはそれ自体の内在的価値がある。そしてあなたは恐れていない。そしてあなたは死があるのを知っていて、死があるという事実を受け入れる。あなたは死に対して隠れていない。実際、あなたは死に遭遇しに行く。死に遭遇するそれらの瞬間を楽しむ──肉体的に、精神的に、霊的に。

あなたが直接死に触れ、死がほぼ現実のものとなるそれらの瞬間を楽しむことが、私が危険な生を生きなさいと言う時に意味していることだ。

愛はあなたを死と直面させる。瞑想はあなたを死と直面させる。マスターのところに来ることはあなた自身が死ぬことだ。消えてしまった誰かに向き合うことは、あなたが失われ得る奈落の底に入ることであり、そこであなたはアナガーミンになることができる。

勇気のある人たちは、彼らは向こう見ずに進む。彼らは危険を伴うすべての機会を捜し求める。彼らの人生哲学は保険会社のそれではない。彼らの人生哲学は登山家の、グライダー飛行の、サーファーのそれだ。そして彼らは、外側の海だけでサーフィンをするのではない。彼らは自分たちの最も内側の海でサーフィンをする。そして彼らは外側でアルプスやヒマラヤに登るだけではない。彼らは内側の頂上を求める。

だが一つのことを覚えていなさい──危険を冒すことのアートを決して忘れてはいけない。決して、決してだ。常に危険を冒せるようにしておきなさい。そしてあなたが危険を冒せる機会を見つけられるところはどこであろうと、決して見逃してはいけない。そうすればあなたは決して敗者になることはない。危険《リスク》は本当に生きていることに対する唯一の保証だ。

質問三

私は行き詰まりを感じています。私は自分が、外に出たがっている本質的な実存を内側に持っていると感じています。それは私が自分の周りで引きずっているものよりも、生きていて危険であると感じられます。それは女の子を捕まえて性的に楽しみたがっています。

でもあなたは、生涯の間にエネルギーは減少する、変わる時がある、と言いました。それはコップ一杯のミルクの代わりに、コップ半分のミルクを得ることで腹を立てて激怒したくなっています。

コップ半分は常に半分のままだろう。なぜなら完了されないというのが、まさに欲望の性質だからだ。半分のままであること、不満なままであることが欲望のまさに性質だ。欲求し続けることが欲望のまさに性質だ。

あなたは一つのものを望む。あなたがそれを得る時、それを得るまでには、あなたの欲望は増大している。あなたは一万ルピーを望んでいた。あなたが一万ルピーを得る頃までには、あなたの欲望はさらに先に行っている。今それは二万ルピーを求めている。

実際には何も変わっていない。あなたは五千ルピーを持っていた。そしてあなたは一万ルピーを望んでいた。今あなたは一万ルピーを持っている、あなたは二万ルピーを望んでいる。その比率は同じだ。あなたとあなたの目標との間の距離は同じだ。それは変わらないままだ。コップは半分のままだ。欲望を通して充足に至る方法はない。

ブッダは、満たされることは欲望の性質ではないと言っている。充足は無欲であることでしかやって来ない。

さて、これは最も重要な逆説《パラドックス》のひとつだ——あなたが望むことを落とすなら、あなたは満たされる。望めば望むほど、あなたは欲望の中に入って行き、あなたの充足の可能性からますます遠ざかる。一つの欲望はもっと多くの欲望を作る……それからもっと多くの欲望を、さらに何百万もの欲望を。それは木のようなものだ。最初、それはひとつだ。それから多くの枝が、それから多くの小さな側枝が、そしてそれは続いて行く。

その人は尋ねている。私は行き詰まりを感じています……。

欲望の中で生きてきた誰もが、行き詰まりを感じている。問題は、あなたが自分の欲望を満たそうとしないなら、あなたは満たされたままだということだ。もしやってみるなら、たとえあなたが自分の欲望のゴールを得たとしても、あなたは満たされないままだ——その時も、何も変わらない。これが生の悪夢だ。

私は精神病院について聞いたことがある。ある訪問者がやって来た。そして医者である院長は彼をあちらこちらへ案内した。彼らは隔離室にやって来た。ある男が頭を叩き、髪を引っ張って、泣いていた。そして彼は自分の胸のそばに小さな絵を抱えていた。痛ましい、非常に悲劇的な場面だった。

訪問者は尋ねた。「この不幸な人には何が起こったのですか?」

医者は言った。「彼はある女性を愛していたが、彼女を得られなかったのです。彼女は他の誰かと結婚することに決めました。それ以来、彼は狂ってしまったのです。彼は絶えずその絵を持っています——昼も、夜も、目覚めている時も、眠っている時も——そして深い苦悶の中にい続けています。彼の不幸は計り知れません」

それから彼らは、ちょうど最初の隔離室の前にある別の隔離室に着いた。別の人物はわめきちらして狂っていて、壁にぶつかって何らかの影と戦っていた。彼はほとんど暴力的で攻撃的だった。彼は殺人者のように見えた。そして訪問者は尋ねた。「この人には何が起こったのですか？」

医者は笑い始めた。彼は言った。「その女性はこの男と結婚したのです！　そしてこれはその女性との結婚によって起こったことです」


ある人は得られなかったことで苦しんでいる。別の人は得られたことで苦しんでいる。富を持っていないために苦しんでいる貧しい人がいる。そして今、富を持っているにも関わらず何も持っていないために苦しんでいる裕福な人々がいる。彼らが失敗して生が彼らを見捨てたために、途方もない苦痛の中にいる成功しなった人々がいる。そしてすべての生が彼らからなくなって、ただ単に空虚な、成功した人々がいる。彼らはほとんどすべてを賭けて成功した。それで今度は何をすべきだろう？

成功ほどの失敗はない。それが訪れる時、あなたは自分が何を望んでいたのか信じることができない。あなたは大きな家を持つことができる。あなたは尊敬とお金を得ることができる。そして突然あなたは見る――あなたは全く空虚で、あなたの全人生は浪費だった。物は蓄積されたがあなたは消えてしまった。物はある。財産はある。だが主人は見当たらない。

これが欲望の性質だ。誰もが行き詰まりを感じている。

私は行き詰まりを感じています。私は自分が、外に出たがっている本質的な実存を内側に持っていると感じています。

それはあなたの本質的な実存ではない。本質的な実存とは一つも欲望がないものだからだ。欲求する実存は非本質的な実存だ。あなたがどんな言葉を使うのかに注意しなさい。本質的なものとは一つも欲望がないものだ。それはすでに満たされている。欲求するものは非本質的だ。それは絶えず不幸で、絶えず不満で、絶えず苛立っている……そして望み続ける。そして問題は、望めば望むほどあなたは失望する、ということだ。失望すれば失望するほどあなたは望む。悪循環だ……そして人はその中を動き続けて、その車輪によって押し潰される。

私は自分が、外に出たがっている本質的な実存を内側に持っていると感じています。

本質的な実存は決して外に出たがらない。本質的な実存はあなたの最も深い部分の核だ。それがあなたの内部だ。それは決して外に出たがらない。それにとって行くべきところはない。そこがそれが既にあるべきところだ。本質的なものとは、そこが既にあるべきところであり、それが既にあるべきものであるものだ。本質的なものは理想的なものだ。本質的なものは自然なものであり、自発的なものだ。

私は自分が、外に出たがっている本質的な実存を内側に持っていると感じています。

外に出たがっているこれは、あなたの本質的な実存ではない。これはあなたの非本質的な実存だ。おそらくそれが生じるのは、あなたが身体と同一化しているからだ。あるいは、それが生じるのはあなたがマインドと同一化しているからだ。

それは私が自分の周りで引きずっているものよりも生きていて、危険であると感じられます。

そう、それはそうだ。それは少なくとも、より生きているように思われる。それは少なくともより生きているためあなたを欺く。それに従うなら、それがあなたを騙していたのがわかるだろう。それが人々が死が近づく頃までに気づくものだ。彼らのセックスは彼らを騙した。彼らの渇望は彼らを騙した。彼らの貪欲は彼らを騙した。彼らの野心は彼らを騙した。そして今、すべてが去り、すべてのエネルギーが失われ、そして彼らは手ぶらで行こうとしている。彼らは成熟していない。彼らは死を超えて持って行けるものを何も得ていない。

生とは死によって破壊されないものだ。覚えておきなさい。それがその定義だ。そして生きているものは何であれ、もしそれが本当に生きているなら、それは死を超えている。それは死によって取り去られることはできない。何もそれを破壊できない。生きていることは永遠だ。

それはより生きていると感じられます……

これは単にあなたを欺いている。それは極めて巧妙だ。それは非常に説得力がある。それは偉大なセールスマンだ……。

そして私が自分の周りで引きずっているものよりも危険です。

そう、それは危険だ。あなたにとってではない——それは他の人たちにとって危険だ。あなたにとって、それは単なる幻想だ。

もちろんそれは危険だが、私が危険について話していた意味においてではない。それが誰もがやっていることだ。それは新しいものではない。誰もが貪欲で、誰もが渇望に満ちている。それは新しいものではない。それは危険なものではない。それが世界のあり方だ。動物でさえそれをしている、木々でさえそれをしている。誰もがそれをしている。

それは違った意味において危険だ。破壊的であるという意味で危険だ。それはあなたを破壊し、他の人たちを破壊する。それは創造的ではない。

愛は創造的だ。セックスは破壊的だ。その二つの間には多くの違いがある。時にはあなたは自分の性欲を愛だと考え始める。その時あなたは欺かれている。性欲は愛のゲームができるが、それは虚偽のゲームだ。私はセックスに反対ではないが、私は確かに性欲には反対する。その違いは、セックスは自然なものであり、性欲はマインドのものだということだ。

女性を愛することは自然だ、男性を愛することは自然だ。子どもたちを産むことは自然だ。その中に何も間違いはない。だが女性について考えること、ポルノ写真を持っていること、女性、女性、女性とそのことばかり考えながら毎晩眠りにつくこと、それは性欲だ。

ムラ・ナスルディンはかかりつけの精神分析医のところに行った。精神分析医は、ちょっと検査のためにこう言った。「壁の時計を見てください。それは何を思い出させますか?」

彼は壁を見て言った。「女性についてだ」

時計が!?　精神分析医は言った。「いいでしょう、この椅子は何を思い出させますか?」

「もちろん」とムラ・ナスルディンは言った。「女性についてだ」

精神分析医でさえショックを受けた――椅子が?　するとその時ラクダが通り過ぎた。そこで彼は言った。「ではこのラクダがあなたに思い出させるものは何ですか?」

さて、これは女性から最も遠いものだ——ラクダは。

そして彼は「もちろん、女性についてだ」と言った精神分析医は言った。

「これはあんまりだ。どうやって、ラクダがあなたに女性を思い出させることができるのだ？」ムラ・ナスルディンは言った。「それはラクダや他の何かの問題ではない。俺は決して他のどんなものも考えない。あらゆるものが女性を思い出させるのだ。女性を思い出させないものはない。俺はただ女性について考えるだけで、その他のことは何も考えない」

さてこれが性欲だ。

そして同じことが質問者の中で爆発しようとしている。

それは女の子を捕まえて性的に楽しみたがっています。

さて、女性と恋に落ちることに何も間違いはないが、女の子を捕まえることは醜い。もう少し手練に富み、もう少し紳士的でありなさい。捕まえる？　まさにその言葉が攻撃的で、まさにその言葉が暴力的だ——まるであなたには愛する女性に何の尊敬もないかのようだ。捕まえる？　彼女は物なのか？　あなたは強姦したいのか？

これが普通のマインドに起こり続けていることだ。それはセックスから落ちてしまった。それは性的になってしまった。セックスは自然で、正常だ。あなたは男性を愛する、あなたは女性を愛する——良いことだ。だがそれであなたは終わっている。ある女性を愛するなら、あなたは他の女性に関心を持つことを終わらせる。その時、その一人の女性はすべての女性を代表する、その時その一人の男性は、その人の中ですべての男性になる。その時すべての人間がそこにいる。あなたが女性を愛する時、あなたは探していた本質的な女性を発見したのだ。今やあなたはどんな通行人も見ていないし、それにあなたのマインドは捕まえていない。

それは女の子を捕まえて性的に楽しみたがっています。

覚えておくべき最初のこと——あなたが女性を捕まえるなら、あなたは決して楽しまないだろう。なぜなら楽しみは強いることができないからだ。それは微妙なリズムだ。女性もまたあなたを愛している時、その時だけ、喜びや楽しみを与えるこの音楽が二人の間に生じる。

あなたは女性を捕まえることができる——それが人々がしていることだ。ある人は肉体的な力で、ある人はお金の力でしている……。彼はお金があるので、どんな女性でも買うことができる……ある人は他の手段でしている。私が見たところ、百人のうち、九十九人の人々は女性と男性を奪ってきた。人が恋をしていることは滅多に起こらない。

恋をしていたら、あなたは女性を捕まえないし、女性があなたを捕まえることはない。あなた方が恋をしていたら、愛があなた方両方を所有する。あなたが恋をしている時、あなたはお互いを所有しない。あなたは所有しない——全くしない。そしてあなたが恋をしている時、あなたは楽しみについて考えない。それはそこにある。楽しみについてのすべての考えが存在するのは、それがないから、それが欠けているからだ。

喜びは結果として起こるものであり、それは成果ではない。あなたは喜びに溢れるためのどんな努力もできない。自分自身を忘れるほど深く、何らかの活動の中に入ればいい、それで喜びは生じる。喜びはあなたがいない時にだけ生じる。これこそがブッダが言っていることだ——自己が消える時、喜びが生じる。

自己は瞑想の中で消えることができる。自己は愛の中で消えることができる。自己は祈りの中で消えることができる。自己はダンスの中で、歌うことや絵を描くことの中で消えることができる。あなたが何かの活動の中に完全に失われて、その活動がとても深くてあなたがそこではもはや行為者でなくなるなら、自己はどこでも消えることができる。あなたはそれと一つになっている。それは時々起こる。

かつてある若者が、私のところに来たことがあった。彼は優れた走者で、チャンピオン走者だった。そして彼は私に瞑想の方法を尋ねた。彼はとてもエネルギーに満ち溢れていた。彼は素晴らしい走者で、そして言った。

「私が座る時、あなたは静かに座るように言いますが、私は座ることができません。とても多くのエネルギーがあります。私が瞑想的になれる可能性はあるのでしょうか？」

私は言った。「瞑想については忘れなさい。走りなさい。そして走ることの中で自分自身を落とせばいい。ある日、瞑想が起こるだろう」

彼は言った。「あなたは何を言っているのですか？　ただ走ることで？　誰かがこれまでただ走って覚者《ブッダ》になったことがあるのですか？」

私は言った。「そう、可能性はある。なぜなら人は、どんな活動においても覚者《ブッダ》になれるからだ」

彼は「やってみます」と言った。

一週間後、彼は来て、そして言った。

「信じられません。私はそれが起こったと信じることさえできません。途方もなく素晴らしい何かが起こりました。私は走っていました。私はできるだけ速く走っていました。そしてあなたが言ったように、私は完全に自分自身を忘れてしまいました。私は行為をしていませんでした。それは競争ではありませんでした。私はただ単にその中にいました……太陽は私の上に射して、私に降り注いでいて、朝の風、鳥のさえずり、誰もいない川岸があり、そして私は走りまくっていました。そしてやがて私は川と、微風と、木とリズムを合わせ始めました。そして突然、そう、それはありました。私は喜びでいっぱいでした。私はこれまで、それほどの喜びに溢れたことはありませんでした。教えてください、OSHO、それは本当に起こったのですか？　なぜなら私はただ走ることによってだと信じられないので……それに私は何年も前から走ってきましたが、それはこれまで起こりませんでした」

彼は自分自身を失っていなかった。走ることは行為《パフォーマンス》だった。

現在、最も悲惨なことの一つが西洋で起こっている――人々は愛さえも行為《パフォーマンス》にしている。彼らはマスターズやジョンソンの本を読む、キンゼイ報告を読む、彼らは他のいわゆる偉大なセックスの研究者の本を読む、そして今彼らは実行しようとしている。

彼らは女性がオーガズムを得ているかどうかを、彼女がその男性は世界で最も偉大な男性だと思っているかどうかを見続ける。そして女性も同じように考えている――彼女は男性を満足させているかどうか、彼に大きなエクスタシーを与えているかどうかを見ている。今や両方が実行していて、すべての物事が壊されている。今彼らは、ただ単に行動している。彼らはもはやその中にはいない。

西洋では、この世紀は愛にとって最悪の世紀であることを証明している。そして彼らは愛についてとても多く話すし、とても多くの本がある――だが何かが欠けている。愛は行為《パフォーマンス》になっている。

私はあなたに、走るようなことでさえ、それがもはや行為でないなら、愛が与えられる同じオーガズムを、そして瞑想が与えられる同じエクスタシーをあなたに与えるだろう、ということを言っているのだ。床を洗浄することでさえ、サマーディに達することができる。

サリタは洗浄し続けている。私はある日、彼女が洗浄することを通して彼女のサマーディを達成するのを期待している。彼女は少しずつそれに向かって進んでいる。時々彼女は掃除をしなければならないので、私の話を聞き逃すことさえある。そして私が「大丈夫、あなたは話を聞き逃すが、私を取り逃すことはないだろう」と言うほど、彼女はとても掃除を楽しんでいる。

普通の活動でさえ――ごく普通の活動でさえ――一度あなたがその中に完全に失われるなら、途方もない重要性を持つ。パフォーマーであってはいけない。

それは女の子を捕まえて性的に楽しみたがっています。

もしあなたが女の子を捕まえるなら、あなたは手の中に人間の身体ではなく死体を持つだろう。あなたは死体と愛を交わすことができる。そんな人々がいた……クレオパトラが死んだ時、ある愚かな人々が、墓から彼女を掘り出して強姦したと言われている……死体とだ。だがこれはそれほど奇妙ではない。私が見るところでは、多くの人々がそれをしている。それは決して奇妙ではない。クレオパトラは途方もなく美しかった。そして人は愚かだ。

H・G・ウェルズは、クレオパトラの鼻がもう少し低かったら、人類のすべての歴史は変わっていただろう、と書いている。人は、クレオパトラの鼻がもう少し低かったら、彼らのすべての歴史が異なることがあり得るくらい愚かだ。それはあったに違いない。H・G・ウェルズは正しい。すべての歴史は異なっていただろう。そして何人かの愚か者は死体を強姦した。

だがこれは非常に大きな規模で起こっている。あなたの女性がその瞬間にあなたを愛する準備ができていないなら……彼女はあなたの妻かもしれない。それはわからない……。彼女が自身のハートから準備ができていないなら、彼女がその中に流れていないなら、あなたは死体と愛を交わしている。あなたの男性に準備ができていなくて、それに引き込まれ、その中に彼自身を失っているなら、あなたは死体と愛を交わしている。

あなたは捕まえることができるが、決して女性に届かないだろう。女性や男性は決して捕まえることはできない。そしてあなたは楽しもうとすることはできるが、ただ失望させられるだけだろう。なぜなら誰もがこれまでそれを試みることでは、どんな楽しみにも達しなかったからだ。楽しみは影のように生じる。すべての努力は馬鹿げている。

ひとつの逸話を話してみよう。

ムラ・ナスルディンと彼の妻はバレエを観に行った。彼は突然笑い始めた。

妻は「どうして笑うの？」と尋ねた。

「俺は観客がどうするのかちょっと気になっただけだ。俺が突然ステージに飛び移って、少女たちの一人を捕まえて、彼女を倒して暴力的な愛を交わしたとしたらどうなるか、と」と彼は言った。

妻は少し考えて笑い始めた。彼は「なぜ笑うのだ?」と尋ねた。
「私はちょうど考えていたのよ」と彼女は言った。
「もし観客があなたに総立ちの喝采《スタンディング・オベーション》をしてアンコールと叫んだなら、あなたはどうするのだろう、と。観客が『もう一度!』と叫んだなら、あなたはどうするの?」

それは本当に馬鹿げたことだろう。パフォーマンスは馬鹿げている。パフォーマーであってはいけない。決して女性や男性を捕まえると考えてはいけない。愛しなさい——愛は美しい。だが愛することはあなたに途方もない変容を必要とする。なぜならそれは明け渡しだからだ。あなたは明け渡さなければならない。あなたは尊敬しなければならない。あなたは相手を、彼の存在を崇拝しなければならない。愛は祈りだ。そしてセックスが愛の一部として起こるなら、セックスはスピリチュアルだ。その時セックスはもはや性的ではない。それはスピリチュアルなエクスタシーだ。それは瞑想的で祈りに満ちている。

でもあなたは、生涯の間にエネルギーは減少する、変わる時がある、と話していました。それはコップ一杯のミルクの代わりに、コップ半分のミルクを得ることで腹を立てて激怒したくなっています。

欲望の性質はまさにそのようなものだ。そしてあなたは非常に愚かな方法で、それに取り組んでいる。欲望の性質を理解しようとしてごらん。私はそれを抑圧しろと言っているのではない。私はそれを理解しなさいと言っているのだ。なぜなら抑圧は助けにならないからだ。実際のところ、抑圧があなたをこの段階に連れて来た。

質問者は抑圧してきたに違いない。ごらん、彼は自分の自然な欲望を非常に抑圧してきたので、それらは腐敗してしまった。今、彼はそれが自分の本質的な実存であると考えている。それは彼の抑圧された実存に他ならない。そしてあなたは、その同じ抑圧した欲望を頭の中で何度も何度も遊び続けることができる。それでもそれがあなたを満たすことはない。

私は抑圧しなさいと言っているのではない。私は巧みでありなさい、気づきなさいと言っているのだ。

それは起こった。

シビルがどんな結婚の見込みもなく二十八歳になった時、彼女の母親は結婚の欄に広告を載せるようにと彼女にうるさくせがんだ。その広告にはこう書かれてあった。美しく魅惑的な若い相続娘が、早く出世したがっている向こう見ずな紳士との文通を求めています。

広告が載った後、母親は心配そうに尋ねた。「それで、何か返答は?」

「たった一つよ」と娘はため息をついた。

「それは誰が書いたの？」とママは問いただした。
「ママに言うべきではないわ」と娘は言った。
「でもそれは私の思いつきだったのよ」とママは叫んだ。「私はぜひ聞きたいわ」
「わかったわ」と娘は言った。「ママが尋ねたのだからね。それはパパからよ」

あなたが抑圧し続けるなら、それはますます醜くなるだろう。そして老年期には、あなたのすべての抑圧は非常に強くなる——なぜならあなたは弱くなって、あなたの抑圧が復讐するからだ。

私は抑圧しなさいと言うのではない。私は理解しなさいと言っている。理解が助けになり得るのであれば、それは良いことだ。そして理解は助けになる。

あなたの性欲に瞑想しなさい。徹底的にそれを見なさい。それが透明になるようにさせなさい。そして最初に必要な事は——少なくともあなたの性欲を正常にしなさい。セックスに身をまかせなさい。捕まえるという観点で考えてはいけない。もう少しロマンチックでありなさい。そんなに攻撃的や暴力的であってはいけない。もう少し生について詩的でありなさい。そしてもう少し優雅でありなさい。

まずあなたの性欲を、正常なセックスに向かわせなさい。それからあなたのセックスをあなたの愛に従わせなさい。決してあなたのセックスを愛の前に置いてはいけない。愛が原動力であるべきで、セックスはそれに従うべきだ。

そしてひとたびあなたがこれだけのことをしたなら、あなたは正しい道の上にいる。すぐにあなたは、本質的な自己と呼んできたものが、抑圧された自己だったことを理解するだろう。そしていったんその抑圧された自己が分散して除かれ、あなたが自然で、健康で、全体になるなら、その時あなたの本質的な自己は、初めてあなたの視野《ビジョン》に入って来るだろう。

本質的な自己はあなたの最も内側の神だ。本質的な自己こそが真実であるものだ。本質的な自己は非自己だ。

第五章

自灯明～あなた自身への光

A Light unto yourself

ある僧侶がブッダに尋ねた。

最も力強いものとは何ですか？　最も照らすものとは何ですか？

ブッダは言った。

柔和であることが最も力強い。悪い考えを懐《いだ》かず、そのうえ安らかで力に満ちているゆえに。

それが悪から自由である時、すべてに尊ばれることは確実だ。

最も照らすものとは、垢が徹底的に洗い流され、純粋なままで汚点を残していないマインドだ。

天と地がまだなかった時代から今日に至るまで、十方《じっぽう》世界の中で、
そうしたマインドが見えないものや聞けないものは何もない。

そのようなマインドがすべての知識を得てきたため、それは照らすもの（灯明）と呼ばれる。


生は二つの方法で生きることができる。一つは闘士の道で、もう一つはサニヤシンの道だ。あなたは生と戦うことができるし、生にくつろぐことができる。生を征服しようとしてもいいし、深い手放しの中で生きてもいい。闘士の道は間違った道だ。それは生を征服することが不可能だからだ——部分が全体を征服することはできない。不満と失敗は絶対に確実だ。あなたはその観念の周りで遊ぶことはできるが、それが成功することはない。それは失敗する運命にある。闘士は生を征服しようとして結局は生に押し潰され、生に敗れ、生に破壊されていることに気づく。

生は誰も破壊しないが、それと戦うなら、自分自身の暴力で破壊されるだろう。生はあなたに反対していない。どうしたらできるだろう？　生はあなたの母親だ。あなたをここにもたらしたのは生だ。あなたはそこから生まれている。あなたはその光線、その海の波だ。あなたはそれにとって本質的で有機的だ。あなたは分離していない。だが自分自身のエネルギーの源泉と戦い始めるなら、あなたは破壊されるだろう。あなたの戦いの概念そのものが、あなたを毒する。そしてもちろん、あなたが戦いに負けていると感じれば感じるほど、あなたはより激しく戦うだろう。激しく戦えば戦うほどあなたは失望する。

闘士の道は普通の道だ。ほとんど九十九・九パーセントの人々はそれに従っている――そのためとても多くの惨めさがあり、とても多くの地獄がある。それはあなたによって、あなたの間違った生への取り組みによって作られる。それを理解すれば、あなたは全体と調和し始める。あなたは全体とダンスし始める。あなたは戦いに負け、協力し始める。

あなたが協力すると決める瞬間、あなたはサニヤシンになる。

宗教的な人とは、全体からの分離という観念がない人だ……。自分が分離していると決して考えず、決して夢見ることがない人……彼自身の私的な目標《ゴール》を持たない人……完全な信頼をもって単純に生と共に動く人だ。生を信頼できないなら、あなたは誰を信頼するつもりなのだろう？　生があなたを通って流れるのを許せないなら、あなたは取り逃す――あなたは生きるというこの途方もない機会を取り逃すだろう。それからあなたは心配し、自分自身のマインドに捕まるだろう。それなら惨めさは当然の結果だ。

争いが幸せになるための道ではないと理解することは、最も大きな理解だ。協力が幸福に満ち溢れるための道であると理解すること……するとあなたの魂の暗夜は終わり、朝が来て、太陽が地平線上に上昇している。

あなたは変容されるだろう。この理解そのものが変容する力だ——協力が鍵であり、争いではないという理解が。信頼が鍵であり疑いではない。暴力は道ではない……愛が道だ。これが基本的な構成だ。

さて経文だ。

ある僧侶がブッダに尋ねた。
最も力強いものとは何ですか？　最も照らすものとは何ですか？

私たちは、みんなこの二つの質問だけを尋ねている。まず、最も力強いものは何ですか？というのも、私たちはみんなパワー・トリップをしているからだ。力強くなりたいと思うのは、私たちは無力であると感じるから、弱虫であると感じるから、私たちは制限されていると感じるからだ。千と一つの制限があなたを取り囲んでいる。どこでもあなたは壁に突き当たり、力の無さを感じる。

生の各瞬間が無力感をもたらす。

だから、その質問は非常に適切で、非常に人間的な質問だ。世界で最も力強いものは何ですか？その僧侶は力の探求者であったに違いない。今、あなたはそれを理解すべきだ。力強くありたいというまさにその努力が、まさにその欲望が力の達成を妨げる一つになる。力強くなろうとする人々は、決して力強くならない。彼らは彼ら自身の探求によって破壊される。力強くなるための努力は、あなたが争っていることを意味するからだ。あなたは戦いたい――だから力強くなりたいのだ。

でなければ、そもそもなぜ力を必要とするのだろうか？　あなたには何らかの攻撃性、何らかの暴力性、何らかの恨みがあるに違いない。あなたは証明して実行したい。あなたは他人に、自分は力強くて彼らはそうでないことを証明したい。心の底のどこかで、無意識の中の影のように、アドルフ・ヒトラーのような人物が、あなたの意識的なマインドへ向かう道を模索している――あるいはナディル・シャー、あるいはナポレオン、あるいはアレキサンダーのような人がだ。誰もが自分自身の内側に、アレキサンダーを持ち運んでいる。

この力への欲望が、世界で多くのものを創ってきた。科学は力への欲望として起こり、力を創ってきた。だがその力は人類を破壊している。それはアルバート・アインシュタインのような人々が、彼らは人道に反する罪を犯してきた、と感じるほどの状態になってきた。彼の人生の最後の日に、誰かがアルバート・アインシュタインに尋ねた。

「もし再び生まれることがあるなら、あなたは何になりたいと思いますか？」

彼は言った。「決して、二度と物理学者ではありたくない。決して科学者ではありたくない。むしろ、私は配管工になりたい」

彼は非常に感受性豊かな人であり、実に深く理解していた。そしてただ、生の終わりにおいてのみ彼は理解できた。彼がとても多くのエネルギーを解放したこと、そして彼が人類に大変な破壊力——原子力を意識させたことをだ。もし人類が自らを破壊したなら、彼は最も責任ある人物の一人であらざるを得ないことを。

科学のまさにその構成が、自然を征服することにある。自然の征服——それはまさに科学の専用語だ。私たちは自然を圧倒しなければならないし、自然のすべての神秘を壊さなければならない。そして力のすべての鍵を、それがどこにあろうと見つけなければならない。だが、まさしくその考えがあなたを自然から連れ去り、あなたを自然と対立させて破壊的にさせる。地球の生態系はこの力の探求によって破壊されてきた。外側で、内側で——その両方で——生命の自然なリズムが乱されている。

私は聞いたことがある。

ある日、非常に珍しい考えがプロシアのフレデリック王に浮かんだ。彼が国にいて、数粒の小麦を食べている何羽かのスズメを見た時、彼は考え始めた。これらの小さな鳥は、彼の王国で一年につき小麦を百万回ついて消費するという結論に達した。これは許されない。彼らは征服されるか、または滅ぼされるかのどちらかでなければならない。

彼らを駆除することは困難であったため、彼は死んだスズメそれぞれに対する代価を約束した。すべてのプロシア人たちはハンターになり、すぐにその国にはもはやスズメがいなくなった。何という素晴らしい勝利だろう。

プロシアのフレデリック王はとても喜んだ。彼は偉大な自然の征服としてその出来事を祝った。王がとても幸せだったのは翌年までだった。その時彼は、毛虫とイナゴが農作物を食べていたのは、スズメがいないために生のすべてのリズムが壊されたからだ、と聞かされた。スズメは毛虫とイナゴを食べ続ける。スズメが全然いないところでは、すべての農作物は毛虫によって食い荒らされた。そうすると国外からスズメを持ち込む必要があった。

そして王は言った、「私は確かに過ちを犯した。神は自らがなさることをご存知だ」

今世紀の偉大な科学的なマインドは、やがてゆっくりと、不本意ながら、重大な過ちが為されてきたことを認識するようになった。力強くなりたいという欲望そのものが自然に反している。なぜなら力強くなりたいという欲望そのものが、敵対的だからだ。なぜあなたは力強くなる必要があるのだろう？　あなたは誰かを破壊するという観点で考えているに違いない。破壊するためには力が必要だ。支配には力が必要だ。征服には力が必要だ。

僧侶はこう尋ねていたに違いない。「世界で最も力強いものは何ですか？」

実のところ、本物の言葉はシッディであったに違いない。僧侶はこう尋ねていたに違いない。「シッディとは何ですか？　力とは何ですか？」

科学はより多くの力を得るために、自然に入り込もうとする。そしてあなたの最も内側の実存に入り込む多くのシステムがある――だが、またもやその目標《ゴール》はより多くの力を得ることにある。あなたが科学的な方法で力強くなろうとか、または心霊的《サイキック》な方法で力強くなろうと、それには何の違いもない。今、西洋は心霊的《サイキック》な科学に興味を持ち始めているが、その衝動は同じだ――より力強くなること。

だからまず、そもそもなぜ人間は力を求めるのかを、理解しようとしてごらん。まさにその欲望が闘士のそれだ。あなたが力を望むのは、力なしでは大したエゴになれないからだ。エゴのために、力は食物として、栄養として機能する。あなたが力を求めるのは、ただ力によってのみ「私は在る」と言えるからだ。お金を持てば持つほど、力を持てば持つほど、あなたは自分の「私は在る」に安心できる。人々を破壊できればできるほど、誰もあなたを破壊できないのを感じることができる。

今、心理学者は言う、人々が殺害や殺人、戦争に興味を持つのは、他の人間を殺す時に非常に力強く感じるからだ、と。彼らは死に対して力を感じる。死を引き起こすことができると考える――彼らは他の人間を殺すことができる。今、彼らは深い意味で自分たちは不死になったと感じている。死でさえ彼らの支配下にある。それは愚かだが、その考えが生じる。殺すことを愛する人々は、死を恐れている人々だ。

アドルフ・ヒトラーは死を非常に恐れていた――夜には決して、誰も彼の部屋に同居させないほどだった。ガールフレンドでさえ全く許されなかった。彼は死をとても恐れていた。誰にわかるだろう？――ガールフレンドはスパイだと判明するかもしれない、敵方の情報員かもしれない。彼は愛さえも決して信頼しなかった。

彼はこれまで地上に存在した中で、最も孤独な人間の一人だった……そしてとても恐れて、絶え間なく震えていた。しかし彼は人々を殺し続けた――それはただ、恐怖のバランスを取るためだった。殺せば殺すほど、彼は力があると感じていた。自分に力があると感じれば感じるほど、彼は死が自分を破壊できないと感じていた。彼はまるで不死であるかのように感じ始めた。

あなたは見たことがあるだろうか？――戦時中の人々が非常に晴れやかに見えるのを。戦時中の人々は非常に新鮮に見える。普段彼らは非常に退屈そうに見える。戦争が始まると、あなたは見ることができる――彼らの歩き方は変わる。彼らの目は今かすかな光を、輝きを持つ……彼らの顔はより生き生きしている。まるで退屈というゴミが消え去ったかのように。センセーショナルな何かが起こっている。

それはそうあるべきではない。だが戦争がある時は、人々は常に死を支配する力を感じる――彼らは殺すことができる。すぐに、彼らの無意識の影の中で彼らは感じる。「死でさえ私たちの境界内にある。私たちは死をもたらすか、またはくい止めることができる」

人々は死に対する安全を提供する単なる手段として、破壊を愛する。力の探求は降伏しないための、無力だと感じないための、あなたが支配されないための探求だ。そして宗教的な人はちょうど反対のことをする。彼は、自分が支配せずに全体が支配する状態を求める――全体を神と呼んでもいい、それを至高と呼んでもいい、あるいはあなたの好きなように呼べばいい。

宗教的な人とは、対立の問題が全くないほどの、深い調和の中にいることを望む人だ。彼は愛を求めている。彼は宇宙との恋愛を求めている。彼は決して力について尋ねない。彼は分離を失う方法を、溶け込む方法を尋ねる。彼は尋ねる。「私がどんな形であれ全体に反して、あるいは全体から分離して行動しないほどの明け渡しの中にいるには、どうすればいいのでしょうか。そうすれば私は生の河と共に動いて行けます。そして生の河が行くところはどこでも、私はそれと共に行くことができます」

最も力強いものは何ですか？と僧侶が尋ねた。

ブッダは言った。

柔和であることが最も力強い。

イエスは言う、「柔和な人々は幸いなり。彼らは地を受け継ぐために」（マタイ福音書五章五）

その声明は不合理に見える。柔和が理由で？——彼らは地を受け継ぐに足りるほど力強くはなかった。彼らがいずれ地を受け継ぐことができるだろうとは思えない。しかしイエスはまさに真実の何かを言っている。「柔和な人々は幸いなり」

そしてイエスが彼らは地を受け継ぐと言う時、彼はブッダが語るこの同じメッセージを言う。柔和であることが最も力強い。それが、彼らは地を受け継ぐ、と彼が言う時に意味していることだ。柔和であることは力強い。だが力には今、全く異なる含意がある。柔和であることが力強いのは、今あなたに反対する者が誰もいないからだ。柔和であることが力強いのは、あなたがもう全体から分離していないからだ——そして全体は力強い。柔和であることが力強いのは、あなたはもう戦っていなくて、あなたを負かす方法がないからだ。柔和であることが力強いのは、全体と共にあなたは既に勝利しているからだ。すべての勝利は全体と共にある。柔和であることが力強いのは、あなたが全体の波に乗っているからだ。今やあなたが負かされる可能性は全くない。

それは逆説的に見える。それは柔和な人が勝つことを望まない人だからだ。柔和な人は負ける準備ができている人だ。

老子は言う、「誰も私を打ち負かせないのは、私が既に敗北を受け入れているからだ」

さて、どうやって敗北者を打ち負かせるだろう？

老子は言う、「誰も私を打ち負かせないのは、私が世界で最後の人間として立っているからだ。さらに後ろに私を押し戻すことはできない——『さらに後ろ』は全くない。私は最後の人間だ」

イエスも語る、「この世界で最後の人は、私の神の王国で最初の人となる」（ルカ福音書十三章）最後の人が最初になる？　それはこの世界では可能と思えない。この世界では攻撃的な人々や暴力的な人々が力を持ち、勝利者になる傾向がある。あなたは最も狂った人々を、最も権力的な場所で見つけるだろう。その地点に到達するためには、人が力を求めるためにはほとんど狂気でいなければならないからだ。その競争はものすごい。競争がとても暴力的なら、どうすれば柔和な人は力の状態に到達できるのだろう？　不可能だ……。だがそれはその意味ではない。

ブッダが「柔和であることが最も力強い」と語る時、彼が言うことは、柔和な人を打ち負かすことができないのは、彼には勝とうとする欲望がないからだ、という意味だ。柔和な人に失敗者であるようにと強制できないのは、彼が決して成功したくなかったからだ。柔和な人に貧しくあるようにと強いることはできない。彼には富への欲望が全くないからだ。貧しさが彼の豊かさだ。特別な誰かでないことが彼の生き方だ。誰でもないことが、まさに彼のスタイルだ。

彼から何を取り去ることができるだろう？　彼には何もない。彼は騙されないし、奪われることはない。実際に、彼が破壊されないのは、彼が既に破壊され得るものを明け渡してきたからだ。彼には自己が、彼独自のエゴがない。

それはアレキサンダーがインドから戻ろうとしている時に起こった。彼は出家僧《サニヤシン》を連れて帰りたかった。彼がインドを征服するために来ていた時、彼の教師で偉大な哲学者のアリストテレスが彼に言った。

「あなたが戻って来る時、私に贈り物を持って来なさい。私はインドのサニヤシンを見てみたい」

それは東洋にとって非常に独創的《オリジナル》なものだ。その寄与は東洋に属する。西洋は偉大な戦士たちを与えてきた。東洋は偉大なサニヤシンたちを与えてきた。アリストテレスはサニヤスという考えそのものに、それが何であるかに興味をそそられた。

アレキサンダーは戻りながら思い出した。彼は問い合わせた。彼が滞在していたその村の人々は彼に言った。

「はい、サニヤシンはいますが、彼を連れて帰ることができるとは思えません」

彼は村人たちの愚かさを笑った。なぜなら誰がアレキサンダーを阻むことができるだろう？

彼は言った。「もし私がヒマラヤを持ってゆくことを望むなら、ヒマラヤさえ私に従うだろう。だから心配しなくていい。ただ彼がどこにいるかだけ言ってくれ」。彼らは彼に伝えた。

村の外れにある川の側に立っていた裸のファキール、裸の男がサニヤシンだった……。美しい人だった。ダンダミスが彼の名前だった――そのようにアレキサンダーの歴史家は彼を覚えていた。

二人の兵士が派遣された。彼らはサニヤシンに言った。

「アレキサンダー大王は、お前が彼に従うことを望んでおられる。お前は王室の客だ。お前が必要とするものは何でも提供されるだろう。すべての快適さが可能になるだろう。招待を受け入れるがいい」

裸の男は笑い出した。彼は言った。

「私は彷徨をすべて止めた。私はもうどこにも行かない。私は我が家に帰っている」

彼らは言った。「馬鹿なことを言うな。アレキサンダー大王は、お前に行くことを強制できるのだ。もしお前が客として行かないなら、お前は囚人として行くだろう。選択はお前次第だ。とにかくお前は行かなければならない」

彼は再び笑い出した。彼は言った。「私はまさに投獄される事そのものを落としている。誰も私を囚人にすることはできない。私は自由だ」

アレキサンダー自身が来た。彼は剣を抜いてサニヤシンに言った。

「もしお前が私と一緒に来ないなら、ここにあるこの剣でお前の首を刎ねるだろう」

サニヤシンは言った。「あなたはそうすることができる。実際、私は既にそれをしている。私は自分の首を自分で刎ねている。そしてあなたが私の首を刎ねるなら、あなたはそれが地面に落ちるのを見るだろうし、私もまたそれが地面に落ちるのを見るだろう。なぜなら私は観照者になっているからだ」

アレキサンダーは、この男を殺す勇気を奮い起こせなかったと言われている。サニヤシンはとても幸福だった。彼はそれほど恐れ知らずだった。とても幸せに満ちていた。

ブッダが柔和であることが最も力強いと語る時、エゴとして存在しない人は柔和であると言っている。エゴとして存在しない人を征服はできない、負かすことはできない、破壊はできない。彼は超えてしまった。

エゴを超えて行くことで、あなたは死を超えて行く。エゴを超えて行くことで、あなたは敗北を超えて行く。エゴを超えて行くことで、あなたは無力さを超えて行く。これは全く異なる力の概念——サニヤシンの力だ。

この力は、もう争いから生まれたものではない。この力は摩擦から作られたものではない。あなたは電気は摩擦から作られると言う。摩擦から電気を作ることができる。摩擦から火を作ることができる。あなたが両手をこすると手は熱くなるだろう。摩擦から——争いによって生じる力がある。そして協力によって生じる力がある——摩擦ではなく調和によって。

それがブッダが言うことだ——「道と調和している人は偉大だ」

道と調和している人は力強い。だが道と調和するためには、人は柔和でなければならない。柔和な人々は幸いだ。確かに彼らは地を受け継ぐ。歴史が彼らについて決して知らないのは、歴史は彼らと何の関係もないからだ。歴史は摩擦だけを知っている。歴史は悪戯だけを知っている。歴史は悪徳商人だけを知っている。歴史は狂った人々だけを知っている。なぜなら歴史は、何かがうまくいかない時だけを記録するからだ。すべてが全く調和する時、それは時代から外れ、歴史からも外れる。

歴史はイエスについてあまり伝えていない──実際に、何もない。聖書が存在しなかったら、イエスについての記録はなかっただろう。そして私はイエスのような人々が多く存在していたと言いたいが、彼らについてのどんな記録もない。歴史は少しも注目してこなかった。彼らはとても柔和でとても静かで、非常に調子が合っていて実に深く調和していたので、さざ波さえ彼らの周りに立たなかった。彼らは来て、そして去った、それでも彼らは足跡さえ残さなかった。

歴史はブッダたちを記録していない。だからあなたがブッダやマハーヴィーラやツァラトゥストラについて聞く時、彼らは歴史的な人物ではなく、神話の人物のように思えるのだ。彼らは決して存在しなかったかのようだ。あるいはただ人間の夢の中にだけ存在していたように、あるいは少数の想像力豊かな、ロマンチックな人々の詩の中にだけ存在していたように思える。彼らは願望を満たしてくれるもののように見える。彼らは人がそうあってほしい人間のように……だが現実ではないように見える。彼らは本物だった。彼らは本物だったので、何の痕跡も後に残さなかった。

あなたが何かの悪戯を引き起こさない限り、歴史上に署名を残すことはないだろう。だから歴史は政治だけを記録するのだ。なぜなら政治は悪戯のからくりだからだ。政治家は対立している。

宗教的な人は調和の中に生きる。彼は木のように生きる。誰が木について記録するだろう？

彼は川のように生きる。誰が川について記録するだろう？

彼は雲のように動く。誰が雲について気にするだろうか。

柔和な人は調和の中にいる人だ。そしてブッダは、彼が最も力強い、と言う。だがこの力の概念は全く異なっている。それを理解するために、いくつかのことを覚えておくのもいいだろう。

日本には美しい科学——合気道がある。「合気道」という言葉は「気」という言葉から来ている。「気」は力を意味する。中国語で同じ言葉は「チ *chi*」だ。「チ」から太極拳《タイチ》(*t' ai chi*)が来る——それも力を意味している。「気」と「チ」にちょうど相当するインドの言葉は「プラーナ」だ。それは全く異なる力の概念だ。

合気道で彼らは、誰かがあなたを攻撃する時、彼と闘ってはならないと教える——誰かがあなたを攻撃する時でさえもだ。彼に協力しなさい。これは不可能に見えるが、人はその技《アート》を学ぶことができる。そしてその技《アート》を学んだ時、それが起こることに途方もなく驚くだろう。あなたは敵とさえも協力することができる。誰かがあなたを攻撃する時、合気道は彼と共に動きなさいと言う。

普通、誰かがあなたを攻撃すればあなたは硬直する、あなたは固まる。あなたは対立している。合気道は攻撃でさえ、非常に愛情のこもった方法で受けなさいと言う。それを受け取りなさい。それは敵からの贈り物だ。彼はあなたに大きなエネルギーをもたらしている。それを受け取りなさい。それを吸収しなさい。対立してはいけない。

最初それは不可能に見える。どのようにして？ なぜなら何世紀にもわたって私たちは力について一つの観念を教えられてきたからだ。それは対立の、摩擦の力だ。私たちはたった一つの力しか知らない。それは戦いの力だ。私たちはたった一つの力しか知らない。それはノーの力、いやだと言うことだ。

あなたは小さな子供にさえもそれを見る。子供が少し自立し始める瞬間、彼はノーと言い始める。母親は「外に出てはいけません」と言う。彼は「いやだ、ボクは行く」と言う。母親は「静かにしなさい」と言う。彼は「いやだ、ボクは歌いたいし踊りたい」と言う。なぜ彼は「いやだ」と言うのだろうか？　彼は力の道を学んでいる。「ノー」は力を与える。

合気道は「イエスと言いなさい」と言う。敵があなたを攻撃する時、それを贈り物として受け入れなさい。それを受け取りなさい。浸透性を持ちなさい。硬くなってはいけない。可能な限り流動的になりなさい。この贈り物を受け取り、吸収しなさい。すると敵からのエネルギーは失われ、あなたはその所有者になるだろう。敵からあなたへのエネルギーのジャンプがあるだろう。

合気道のマスターは、戦うことなしに勝利を得る。彼は闘わずして勝利を得る。彼は途方もなく柔和で謙虚だ。敵は敵自身の態度によって破壊される。彼は自分自身に充分な毒を作っている。あなたが彼を助ける必要はない。彼は自殺的だ。彼は攻撃することで自殺している。あなたは彼と戦う必要はない。

時々、それをちょっとやってみてごらん。あなたはそれを見守ってきた——同じ現象がいろいろな面で起こっているのを。あなたは道を歩いている酔っぱらいを見る。それから彼は溝に落ちる。だが彼は怪我をしない。朝までに、あなたは再び職場に行く彼を、完全に健康で大丈夫な彼を見るだろう。一晩中、彼は溝の中にいた。彼は落ちたが、彼の肋骨や他の骨は損傷していない。彼は骨折していない。あなたが落ちる――するとすぐに骨折するだろう。酔っぱらいが落ちる時に何が起こるのだろう？　彼は本当に全面的に落ちる。彼はそれに従う。彼は酔っている。彼は抵抗できない。

これは荘子について言われたことだ……。彼は事故に出くわした。牛車は逆さまになり、排水溝に落ちていた。乗り手は大怪我をした、所有者も怪我をした。彼は骨折した。しかしある酔っぱらいも所有者と一緒に牛車で移動していた。彼は全く怪我をしなかった。彼は何が起こったかにさえ気づいていなかった。彼はいびきをかいていた。彼は地面に落ちた。他の人たちは叫んだり泣いたりしていたが、彼はぐっすり眠っていた。

荘子は言った。「これを見て、私は老子が『手放しなさい』と言う時に何を意味していたのかを理解した」

子供たちは毎日これをしている。子供たちを見守ってごらん。一日中、彼らはあちらこちらに落ちるが怪我をしない。同じようにしてごらん。あなたにとっては不可能だろう――あなたは入院しなければならない。一日の内に、二十四時間以内に、あなたは入院するだろう。子供たちは調和して落ちる。彼らは落ちる時に抵抗しない。落ちることに逆らおうとしない。身を守ろうとしない。彼らは硬くならない。実際、彼らは非常にくつろいで落ちる。

合気道、太極拳、あるいはイエスが柔和さと呼ぶもの、ブッダが柔和さと呼ぶものは、同じ原理に、調和の原則に属している。

それをあなたの生の中で試してごらん。小さな実験でちょっと試してみるがいい。誰かがあなたの顔をたたく。それを吸収し、受け取ろうとしてごらん。彼があなたの顔にエネルギーを解き放ったことを幸せに感じなさい——それがどんな感じなのかを見なさい。あなたは全く違う感覚を持つだろう。それは何度も気づかずに起こってきた。友人が来てあなたの背中を手で叩く。あなたはそれが誰なのかわからない——それからあなたは見る。彼は友人であり、あなたは幸せに感じる。それは親しみを込めた叩き方だった。だが振り返って彼が敵なら、あなたは痛いと感じる。

叩かれる質はあなたの態度ですぐに変わる。それが友人ならあなたは受け入れる。それは美しい、愛すべきものだ。彼が敵なら、それは愛すべきものではない。それは憎しみに満ちている。叩くことは同じ、エネルギーは同じで同じエネルギーの影響がある。しかしあなたの態度が変わる。

あなたはそれを何度も見る。ちょうど今、雨が降っている。あなたは家に帰ろうとしている。あなたは合気道の方法でそれを受け止めることができるし、通常の方法でそれを受け止めることができる。通常の方法では、あなたは自分の服が濡れるのがわかる、あるいは冷えるかもしれない、あれやこれやが起こるかもしれない、というのがわかる。そこであなたは雨に逆らう。あなたは嫌な気分で、敵意を持って家に向かって走る。

これは何度も起こる。合気道を試してごらん。くつろいでごらん、あなたの顔に落ちる水滴を楽しんでごらん。それは途方もなく美しい。それは非常に心休まり、とても浄化してくれ、実にさわやかだ。あなたの服が濡れることの何が間違っているのだ？　それをなぜそんなに心配する？　それらは乾せる。だがなぜこの機会を見逃すのだろう？　天が地と出会っている。なぜこの機会を逃すのだろう。なぜそれと踊らないのだろうか。

あわてず走らず、ゆっくり落ち着いて楽しんでごらん。目を閉じてまぶたに落ちる水滴を、あなたの顔の上を動く水滴を感じなさい。その感触を感じなさい。それを受け入れてごらん……天からの贈り物を。すると突然わかるだろう——それは美しい。あなたはそれを、そのように見たことがなかった。

普段の生活の経験で試してごらん。あなたは常に争いの中にいた。今、調和を試みてごらん。すると突然あなたはわかるだろう——すべての意味が変わる。その時あなたは、もう自然に敵対していない。突然太陽が現れ、雲は消える。そして強い光があなたの顔に当たる。それを気楽に受け取りなさい。それを太陽からの愛の贈り物として、受け取りなさい。目を閉じて、それを吸収しなさい。その光を飲みなさい。幸せを、恵みを感じなさい。するとわかるだろう——それは全く異なるエネルギーだ。

そうしないとあなたは汗をかき始める。あなたはそれでも汗をかくかもしれない。熱は熱だからだ。だが深いところではその意味が変わってしまった。今あなたは汗をかくが、あなたは気分が良い。汗をかくことに何も間違いはない。それはあなたを清める。それは毒素を外に出す。それは身体から毒を放出する。それは浄化の火だ。ただその態度で……。

柔和であることが最も力強い。


そして柔和であることは摩擦のない、争いのない態度を意味する……調和の態度だ。「私はいない、神がいる」が柔和であることだ。「私はいない、全体がある」――それが柔和であることの意味だ。普通私たちはエゴを通して生き、それで私たちは苦しむ。そしてエゴは誤って解釈し続ける。

昨夜、私は美しい逸話を読んでいた。


何年か前に内務行政委員会の上院議員が、アリゾナ州のインディアン居留地を訪問し、そこで彼は、政治家が常にそうするように、より良い事の約束で一杯の素晴らしい演説をした。

「我々は見るだろう」と彼は言った。「インディアンの時節という新たな時代を」

これに対してインディアンは「ホーヤ！　ホーヤ！」と響き渡る叫び声をあげた。

励まされて、上院議員は続けた。

「我々はより良い学校と技術的訓練を約束する」「ホーヤ！　ホーヤ！」

大いに熱狂して観衆は叫んだ。「我々はより良い病院や医療支援を誓う」と上院議員は言った。

「ホーヤ！　ホーヤ！」とインディアンは叫んだ。

涙が彼の頬を流れ落ちて、上院議員は締めくくった。

「我々は同等な者として、兄弟として、あなた方のところに来る。だから我々を信頼してほしい」空気は一つの長く力強い「ホーヤ！」で震えた。

上院議員は自分が歓迎されたことで大いに喜び、それから予約のツアーをスタートした。

「私はあなたが、ここで素晴らしい品種の肉用牛を持っているのを見ています」と彼は言った。

「それらを視察してもいいですか？」

「いいですとも。こちらへ来てください」と部族長は言った。

「でもホーヤ（肉用牛）の場所で止まらないように注意してください」


エゴはまさにホーヤ、誤解だ。それは非実存的で、それでも可能な限り最も汚れたものだ。「私は存在から分離している」という考えそのものが汚れている。「私は自分自身のエネルギーの源泉と戦わねばならない」という考えそのものが、愚かで馬鹿げている。

しかし時には、どうしたのだろう？――あなたは勝利を得ているように見える。それは誤った解釈だ。あなたのエゴが、それが勝利を得ているのを見る時、勝利を得ているのはエゴではない。実のところ、それは単なる偶然の一致だ。時々あなたは左に行こうとする。そして存在全体も左に行こうとする――あなたは一致する。だがあなたは成功していると考える。あなたは「私は力を得ている」と考える。遅かれ早かれ、あなたは面倒な事になるだろう。それは常にそうあることはできないからだ。あなたが柔和であるなら、常にそうあることができる。柔和な人はとても感じやすくなるので、決して全体に反対しない。彼は全体がどこへ行こうとしているのかを感じることに常に敏感だ。彼は馬に乗って馬に従う。彼は馬に指示を与えようとしない。彼は馬を信頼する。

それは起こった。

ブレーキのきしむ音とともに、巡査は自動車を止めて、野原で遊んでいる小さな男の子に叫んだ。

「おい坊や、君は飛行機がこの近くのどこかに降りてくるのを見なかったか?」

「いいえ」と少年は自分のパチンコを隠そうとしながら答えた。

「僕は柵の上のその瓶を打っていただけです」

小さな子供は許してもらえる。彼は多分、自分のパチンコが原因で飛行機が落ちてしまったのではないかと恐れている。もし彼がパチンコを隠しているなら、彼は許してもらえる。だがこれは、あなた方のいわゆる偉大な人格者たちがしていることだ。それはすべての利己主義者たちがしていることだ。彼らは自分たちが原因で物事は起こっていると考え続ける。

それは起こった。

ある地方を干ばつが襲い、教会の牧師は雨乞いのために祈った。雨は洪水が続くほどの土砂降りになった。ボートに乗った救援隊は、自分の家の屋根の上に座って、水流が渦を巻いているのを見守っている牧師を確認した。「あなたの祈りは確かに叶えられましたね」と一人が叫んだ。

「はい、」と注意深く立っていたその人は言った。

「他の被災地はともかく、私たちのような小さな教会にとっては、それほど悪くない土砂降りだと思います」

時々あなたの祈りは満たされる――あなたの祈りのせいではなく、偶然にも全体もそのように、その方向に行こうとしていたというだけでだ。あなたの祈りは偶然に一致した。時々あなたの努力が満たされるのは、偶然に一致したからだ。エゴは偶然に一致する。あなたは単なる偶発の一致から自分のエゴを集め続ける。

だがこれはいつもは起こらない。だから人は惨めさを感じる。ある日あなたは成功する。別の日には失敗する。そしてあなたはそれが理解できない――何が起こっているのだろう？　そのような優れた知的な人が、理解、力、強さ、論理、良識のそのような優れた人が――失敗するとは？　何が起きているのだ？　あなたは信じることができない。なぜならたった今、それは成功していたのだから。

エゴが常に面倒な目に遭うのは、それがいつも偶然の一致ではあり得ないからだ。時々あなたは全体と共にある、気づかないうちに。時々あなたは全体と共にいない。あなたが全体と共にある時、あなたは成功する。全体は常に成功する。決してあなたが成功するのではない。

柔和な人とは「私はいない。ただ全体だけがある」と言う人だ。彼は完全に自分自身を落としている。彼は障壁にならない。彼は全体のやり方に任せる。

ブッダはこれが本当の力だと言う。

柔和であることが、悪い考えを懐《いだ》かず、そのうえ安らかで力に満ちているゆえに最も力強い。

戦う時にあなたはエネルギーを浪費する。戦う時にエネルギーを失う。ブッダは言う、戦ってはいけない、あなたのエネルギーを維持しなさい、するとあなたは力強くなるだろう。

自分のエネルギーを維持し続ける人は、途方もないエネルギーの貯水池になるので、彼の実存そのものが力強くなる。まさに彼の現存が力強い。彼の現存が魔法のようであり、奇跡的だ。彼に近づくと、自分が変化し、変容しつつあるのを感じ始めるだろう。彼に近づくと、自分の闇が消えているのを感じるだろう。彼に近づくと、沈黙が降りているのを感じるだろう。ただ彼に近づくことで、あなたは自分が実存の別の段階に、実存の別の高みに、別の次元に引き上げられていると感じるだろう。

人々は私のところに来て、正しいマスターを見つける方法を尋ねる。見つけるための唯一の方法はただ近くにいること、そして沈黙し、調和することだ。その調和と沈黙の中で、あなたがますます高く舞い上がっているのを感じ始めるなら、この人はあなたのマスターだ。その時この人は、究極へのあなたの扉になろうとしている。その時あなたのエネルギーは彼のエネルギーと合う。その時、あなたと彼の間で何かが同調する。その時あなたと彼の間の何かが発散し、堅固な力になる。

誰が自分のマスターであるかは、自らの知性では決定できない。論証で決定することはできないし、あなたの偏見で決定することもできない。あなたは多くの定義に耳を傾けてきた――マスターはこうあるべきだ、またはそうあるべきだと。これらの定義は役に立たない。ある人はすべての定義を満たすかもしれないが、彼はあなたに合わないかもしれないからだ。あなたと彼のエネルギーは補完的ではないかもしれない。あなた方のエネルギーがお互いに補完的、代償的で、完結していて円を作っていない限り、その人と高く進むことはできない。高く進んでいることが感じられなければならない。

柔和であることが、悪い考えを懐《いだ》かないゆえに力強い。

あなたが悪い考えを持つ時――悪い考えとは暴力的で破壊的な考え、攻撃的な考え、利己的な考え、エゴ志向の考えを意味する――あなたはエネルギーを浪費する。その時これらの考えは、あなたからあまりにも多くのエネルギーを奪う。それらの考えは決して満たされることはない。あなたは石を蒔いている。それらは発芽することはない。あなたのすべてのエネルギーは無駄になる。

……そのうえ安らかで力に満ちているゆえに。

安らぎが力の基準であるべきだ。力の人は全く安らいでいる。彼は自分の中に落ち着きのなさがない。落ち着きのなさとは、エネルギーの消散以外の何ものでもないからだ。落ち着きのなさを感じる時、あなたはエネルギーを消散している。

そのため東洋では、瞑想者は力の象徴になった。ある人が瞑想する時、彼はすべての落ち着きのなさを失う。彼の思考は止まる。身体の動きは止まる。彼は大理石の彫像のようになる……完全に静かで動かない。その瞬間、彼はエネルギーの貯水池だ。彼は途方もなく力強い。

誰かが瞑想しているのを見るなら、彼の側に座りなさい。するとあなたは恩恵を受けるだろう。瞑想的になっている誰かの側に座ることで、あなたもまた瞑想に入る。彼のエネルギーはあなたをあなたの混乱から引き上げる。瞑想は絶対的な安らぎに他ならない。

あなたがどのように絶対的な安らぎをもたらすかは、多くのものに依存する。その安らぎを作るためには千と一つの方法がある。私自身の技法は、まずあなたに、できるだけ落ち着かなくなって欲しいということだ。あなたの中で何も引っ掛かるものがなくなるように、という技法だ。落ち着きのなさは投げ捨てられる——それから安らぎの中に動く。するとそこにはあなたを乱すものがない。それはより簡単になるだろう。

ブッダの時代には、こうした動的な技法は必要とされなかった。人々はより単純で、より真正だった。彼らはより本物の生を生きていた。今、人々は非常に抑圧された生を、全く虚偽の生を生きている。微笑みたくない時に、彼らは微笑む。怒りたい時に彼らは慈悲を示す。人々は偽っている。すべての生のパターンは偽りだ。文化全体が大きな虚偽のようだ。人々は行動しているだけで、生きていない。だから多くの残存物が、多くの不完全な経験がマインドの内側に集められ、積み上げられることが続いてゆく。

だから、直接黙って座ることは助けにならない。静かに座る瞬間、あなたはありとあらゆるものが自分の内側で動いているのがわかるだろう。静かでいることはほとんど不可能に感じるだろう。あなたが自然な安らぎの状態に来るように、まずそれらのものを投げ出しなさい。あなたが安らいでいる時にだけ、本当の瞑想は始まる。

すべての動的な瞑想は、本当の瞑想のための準備だ。それは、瞑想が起こるために満たすべき基本的な必要条件に過ぎない。それを瞑想とみなしてはいけない。それは単なる予備的なもの、単なるきっかけだ。本当の瞑想はすべての活動が——身体の活動とマインドの活動が止まった時にだけ始まる。

それは安らかで力に満ちている。

覚えておきなさい。この力の定義は通常の力の定義と異なる。通常の力の定義は比較に依存する。あなたは近所の人よりも力がある。あなたはこの男性やその女性よりも力がある。あなたは他の誰かと比較して力強い。ブッダが語っている力は非比較であり、それは誰とも関係がない。力はあなた自身の状態だ。あなたがエネルギーに満ちている時は力強い。エネルギーを漏出している時は無力だ。悪い考えは、エネルギーが漏れる穴のようなものだ。落ち着きのなさは漏出のような、連続的な漏出のようなものだ。

あなたは毎日エネルギーを、膨大な量のエネルギーを作っているが浪費している――時には怒りで、時には性欲、時には貪欲で、時には競争、時には全く理由もなく……ただあなたがそれを持っているからといって、それで何をするのだ？

イエスについての有名なスーフィーの物語がある。

イエスは町に来て、路上で酔っぱらい、叫んで横になっている男を見る。彼はその男に近づき、男を揺さぶって言う、「あなたは何をしているのだ？　なぜこんな方法で人生を浪費しているのだ？」。男は目を開いて言う、「我が主よ、私は病気でした。あなたは私を治療しました。今、私は他に何ができるでしょうか？　今、私は健康です。私はいつも病気で寝たきりでした。あなたは私を治療しました。今、私は何をすべきなのでしょうか？　今私にはエネルギーがありますが、どうしたらいいのかわからないのです」

イエスは、この男を助けることでまるで罪を犯したかのように感じている。この男はイエスに責任を負わせている。イエスは非常に悲しくなっている。イエスは町の市場に入って行くが、彼は悲しんでいる。そこで彼は、全世界をほとんど忘れて好色な目で売春婦を追いかけている若者を見る。イエスはその若者を止めて、そして言う。「何をしているのだ？　目はこのために与えられているのではない。目は神を見るために与えられているのだ。あなたは何をしているのだ？　なぜあなたは無駄にしているのだ？」

その男はイエスを見て彼の足に触れ、そして言う、「我が主よ、私は盲目でした。あなたは私を治療しました。今この目で何をしたらいいのでしょう？　私は他に何も知りません」

イエスはとても悲しくなり、町を離れる。町を出るとそこで彼は、木にぶら下がって自殺をしようとしている男を見つける。彼の準備は完了している。イエスが来る時、彼はまさに自殺しようとしている。彼は言う、「待ちなさい！　あなたは何をしているのだ？　神の大変貴重な贈り物――生命を！　あなたはそれを破壊しようとしている！　狂っているのか？」

その男はイエスを見て言う。「我が主よ、私は死んでいました。あなたは私を復活させました。なぜあなたは私を復活させたのですか。今私は困っています。私は全くこの生が欲しくありません！それで何をしたらいいのでしょう？」

あなたにはエネルギーがあるが、何をしたらいいのかわからない。だから人は浪費し続ける。「暇つぶし」をしていると言う人がいる。暇つぶし (*killing time*) とは生を殺す (*killing life*) ことだ。暇つぶしは成長するための、成熟するための、我が家に帰るための機会を殺すことを意味する。

ブッダが語っている力は、あなたが自分のエネルギーで何もせずに、単にその存在を楽しむ時の力だ……エネルギーに満ちた実存を完全に楽しむ……若い、緑の木を完全に楽しむ……雲を、空を漂う白い雲を完全に楽しむ……蓮の花を完全に楽しむ……雲から出てくる太陽を完全に楽しむ……非常にエネルギーに満ちた実存を完全に楽しむ……それらは活気に満ちて生きていて、震動している。あなたがいかなるどんな目的にも自分のエネルギーをつぎ込まない時、エネルギーそれ自体は垂直線に動き始める。

あなたがそれを仕事に、何かの活動につぎ込むなら、それは水平線に動く。その時あなたは大きな家を建てることができる。あなたはより多くのお金を持つことができる。より多くの名声を、あれやこれやを持つことができる。あなたがエネルギーを仕事につぎ込む時、それは水平線に動く。エネルギーを仕事につぎ込まない時、あなたは単にその存在を楽しむ。あなたはそれが在ることで幸せだ。その時それは垂直線に動く。私はすべての仕事を止めろと言っているのではない。私は垂直の動きのためのわずかな時間も見つけなさいと言っているのだ。水平的な動きは悪くないが充分ではない。それは生にとっては必要だ――だが、人はパンだけでは生きられない。

あなたは水平的な仕事を通してパンを得られるが、愛、瞑想、神、涅槃《ニルヴァーナ》――それらは垂直線上に存在する。だから時々はただ何もしないで座りなさい。静かに座って何もしない、すると何かがあなたの内側で成長し続ける。あなたは貯水池になり、未知の喜びにときめき始める。あなたがエネルギーに満ちている時、全体と接している。そして全体と接している時、あなたはエネルギーに満ちている。

それが悪から自由である時、すべてによって尊ばれることは確実だ。

僧侶は尋ねた。
最も力強いものとは何ですか？　最も照らすものとは何ですか？

最も照らすものとは、垢が徹底的に洗い流され、純粋なままで汚点を残していないマインドだ。天と地がまだなかった時代から今日に至るまで、十方《じっぽう》世界の中で、そうしたマインドが見えないものや聞けないものは何もない。そのようなマインドがすべての知識を得てきたため、それは照らすもの（灯明）と呼ばれる。最も照らすものとは、垢が徹底的に洗い流されているマインドだ。

思考は垢のようなもので、マインドの鏡にこびり付いている。思考、欲望、想像、記憶――すべては垢の形状だ。それらのために、マインドの純度は失われる。それらのために、マインドの反映する能力や鏡のような質は失われる。継続的な洗浄が必要になる。

だから、瞑想とはあなたが一度やって、それについて忘れるというものではない。生のそれぞれの瞬間に、あなたは埃を集め続けるからだ。それはちょうど、旅をしている旅人のようなものだ。毎日彼は自分の服に、自分の身体に埃を集め続ける。毎日彼は身体を洗うために風呂に入らなければならない。また次の日、彼は集めるだろう。

瞑想は毎日の風呂のようなものだ。それはあなたが一度それをしたなら、それで完了するというものではない。それは当然の事のように、あたりまえのもののようになるべきだ。あなたが食べる時、眠る時、風呂に入る時、瞑想はあなたの生の自然な一部になるべきだ。少なくとも一日二回はマインドを洗浄するべきだ。

最も良い時間は朝だ。あなたが一日の、日常の世界のために準備をしている時……。あなたのマインドを洗浄しなさい。あなたが明晰さを持つように、透明性を持つように、あなたが過ちを、間違いを犯さないように、どんな悪い考えも持たないように、どんな利己的な考えも持たないように……あなたはより純粋な方法で世界に行く。あなたは堕落した種を持って行かない。そして次に最も良い時間はあなたが眠る前だ。再び瞑想しなさい。一日中埃が集まる。再びマインドを掃除しなさい……そして眠りにつきなさい。

あなたが本当にそれを掃除し始めるなら、途方もない変化が起こっているのがわかるだろう。あなたが眠る前に正しく掃除するなら、夢は消える。なぜなら夢とは、一日中に集められた埃に他ならないからだ。それはあなたの内部で動き続け、空想、幻想を作り続ける。

あなたの瞑想が正しく進んでいるなら、あなたの夢はやがて消えるだろう。あなたの夜は夢のない安らかな眠りになる。そして夜に夢を見なかったら、翌朝あなたは非常に新鮮に、非常に若く、汚れなくやって来ることができるだろう。それからまた瞑想しなさい。たとえ全く夢がなかったとしても、まさに時間の経過と共に、埃が集まるからだ。

たとえあなたが埃っぽい道を旅してこなかったとしても、ただ自分の家の中で座っていたとしても、埃は集まる。窓が閉じられていても、扉が閉じられていても、朝、あなたは部屋に少し埃が集まっているのがわかるだろう。埃は集まる。時間の経過そのものが埃の収集だ。

明朝、また瞑想しなさい。そしてあなたが正しく瞑想してエネルギーの静かな貯水池になると、あなたは完全に異なる方法で世界に入って行くだろう――争わず、非攻撃的に、調和して。たとえ誰かがあなたを憎んでも、あなたはそのエネルギーを愛に変換する。

その時あなたは、深く巧みに世界に入って行くだろう……合気道の態度で。起こっていることが何であれ、あなたはそれを受け取る、それを受け入れる、深い愛と感謝で。たとえ誰かがあなたを侮辱しても、あなたは深い愛でそれを受け入れるだろう。それなら侮辱はもはや侮辱ではない。そうしたらあなたはそれによって育まれる。侮辱することで彼は一定量のエネルギーを放出した。彼はそれを失っている。あなたはそれを得ることができる。あなたは単にそれを受け取ることができる、それを歓迎することができる。

そしてこれがあなたの生の自然な道になるなら――闘士の道ではなく、サニヤシンの道になるなら――一瞬一瞬、あなたは物事が新しい光に成長しているのを、そしてあなたのマインドがますます照らすようになっているのを感じるだろう。

最も照らすものとは、垢が徹底的に洗い流され、純粋なままで汚点を残していないマインドだ。天と地がまだなかった時代から今日に至るまで、十方《じっぽう》世界の中で、そうしたマインドが見えないものや聞けないものは何もない。

あなたのマインドが純粋で、汚染されていなくて清浄な時、一つの思考さえあなたのマインドの中でちらつかない時、そしてあなたのマインドの周りに煙が少しもない時――あなたのマインドが雲のない晴れた空のようである時――ブッダは、あなたはすべてのものをそのままに見ることができる、と言う。あなたはすべてのものを、そのままに知ることができるだろう。あなたの感受性は無限大になる。そしてまさに、時の始まりから存在していたものは何でも、あなたは利用できるようになる。あなたの知ることは完璧になる。

そのようなマインドがすべての知識を得てきたため、それは照らすもの（灯明）と呼ばれる。

そしてこの照らすもの、この輝かしいものは、あなたの外側のどんなものからも生じない。それはあなたの最も内側の核から爆発する。あなたは多くのカーテン、暗いカーテンで覆われているランプのようなもので、光は全くそれから出てこない。それからやがてあなたは、一枚のカーテンを取り外す。それからもう一枚のカーテンを、それからもう一枚のカーテンを。するとゆっくりと光線がやって来始める――はっきりしていないが、輝いている。より多くのカーテンが取り外される――その輝きはより貫通するようになり、より明るくなる。より多くのカーテンが取り外される……ある日すべてのカーテンが落とされる時、あなたは突然、あなたが自分自身への灯りであることがわかる。

ブッダが死を迎えた時、これは世界への彼の最後のメッセージだった。彼の第一弟子のアーナンダは涙を流して泣いていた。するとブッダは言った。

「止めなさい！　お前は何をしているのだ？　なぜお前は涙を流して泣いているのだ？」

アーナンダは言った。「あなたは私たちのもとを去って行きます。私は四十年間あなたと一緒にいました。あなたと一緒に歩きました。あなたと一緒に眠りました。あなたと一緒に食べました。私はあなたに耳を傾けました――私はあなたにとってまさに影のようなものでした。それにも関わらず……あなたとの時間がいくらでもあったのに、私は光明を得られませんでした。今私は、あなたが行こうとしていることに、あなたが去ろうとしていることに泣いているのです」

「あなたなしで光明を得ることは、私にとって不可能に見えます。あなたと一緒にいて私は光明を得られませんでした。私はこのような偉大な機会を逃してしまいました。あなたなしでは……今や希望はありません。だから私は泣いているのです。私はあなたが死を迎えているから泣いているのではありません。なぜなら私はあなたが死ぬことはできないのを知っているからです。私が泣いているのは、今や私にとって希望がないからです。今、あなたの死とともに、私の魂の暗い夜が始まります。未来永劫、何百万年もの間、私は暗闇の中でつまずくでしょう。そのために私は泣いています――あなたのためにではなく、自分のために……」

ブッダは微笑んで言った。

「それについて心配することはない。なぜならあなたの光が、あなた自身の実存の中にあるからだ。私はあなたの光を取り去っていない。私はあなたの光ではなかった。そうでなければあなたは光明を得ることができただろう――あなたに光明を得させる力が私にあったなら。光明を得ることはあなたの最も内側にある能力だ。だから勇敢でありなさい、アーナンダ、そしてあなた自身への光でありなさい……あなた自身への光でありなさい（自灯明）」

ブッダは入滅した。そしてわずか二十四時間後に、アーナンダは光明を得た。何が起こったのだろう？　これは謎の一つだ。四十年間、彼はブッダとともに生きた。そしてブッダが入滅したほんの二十四時間後に、彼は光明を得た。まさにその死が大きな衝撃のように作用した。そして最後のメッセージは非常に深く貫いた。

ブッダが生きていた時、アーナンダはほどほどに耳を傾けていた――あなたが私に耳を傾けるようにだ。あなたは耳を傾けるが、それにも関わらずあなたは聞いていない。

あなたは言う。「いいじゃないか。もし今日逃しても、明日また耳を傾けよう。では何を急ぐことがあるだろう？　もし今朝を逃しても何も逃していない。別の朝がその後に来るだろう」

そこで彼は半分眠って、半分起きて耳を傾けていた。たぶん彼は疲れていたのだろう。たぶん夜が心地良くなくて眠れなかったのだろう。たぶん旅が長すぎて、あまりにも消耗していたのだろう。そしてブッダは何度も何度も同じことを言っていた。では、どれだけ長く聞くべきなのだ？　人は既に知っていると感じ始める。人はこう感じ始める。「そうだ、私は以前にこれを聞いたことがある。ではその要点は何だ？　なぜ少し睡眠を取らない？　少しの昼寝くらい良いだろう」

だがブッダが死を迎えていた時、アーナンダは油断がないように、全く油断がないようにしていたに違いない。彼は本当に震えていた――何百万年も、再び暗闇の中でつまずくという考えそのものに。するとブッダは言う。「心配することはない。あなたの光があなたの内側にある」。それが胸に訴えた。

おそらく彼が耳を傾けたのは、それが初めてだったのだろう。これらの四十年間、彼は取り逃がしていたに違いない。それは、彼が聾ではなかった初めての時だったのかもしれない。彼には明晰さがあった。その状況そのものが、彼が自分の根元まで震えるほどのものだった。彼は自分のまさに根底まで震えていた。ブッダは去ろうとしていた……。そしてあなたが、四十年間ブッダのような人間と生きてきた時、それは困難だ。彼なしでいるというその考えそのものが困難だ。信じることは不可能だ。

アーナンダは自殺を考えたに違いない。それは仏教経典には伝わっていないが、私は彼が自殺について考えたに違いないと言う。その考えは彼に起こったに違いない。それはとても人間的だ。ブッダと四十年生きて、それからブッダは死を迎えていて、何も彼に起こってこない。彼はオアシスさえない砂漠のようなままだった。彼は機会を逃した。

彼の目は、はっきり見えるようになったに違いない。この死は、剣のように彼を貫通したに違いない。この瞬間は鋭利だったに違いない。そしてブッダは言った。「あなた自身への光でありなさい」

そして彼は逝去した。彼はすぐに逝去した。これがこの地上での彼の最後の発言だった。

「あなた自身への光でありなさい」

これが胸に訴えた。これがアーナンダのハートを貫いた。

そして二十四時間以内に、彼は光明を得た。

灯明の源泉はあなたの内側にある。あなたの外側にはない。外側にそれを捜し求めるなら、あなたは無駄に捜し求めている。目を閉じて自分自身の内側に行きなさい。それはそこにある……永遠の時から待っている。それはあなたの最も内側の本性だ。あなたが灯明だ。あなたの実存が発光している。この灯明は借り物ではない。それはあなたの最も内側の核だ。それがあなただ。

あなたは光だ――あなた自身への光だ。

天と地がまだなかった時代から今日に至るまで、十方《じっぽう》世界の中で、そうしたマインドが見えないものや聞けないものは何もない。そのようなマインドがすべての知識を得てきたため、それは照らすもの(灯明)と呼ばれる。

柔和さは力であり瞑想は灯明だ。両方は同じコインの二つの面だ。一つの面ではそれは柔和さ、エゴのない状態。もう一つの面ではそれはマインドの純度、灯明だ。それらは一緒に行く。あなたは同時に、一緒にこれらの物事の両方に取り組まなければならない。ますますエゴをなくしなさい。ますます瞑想的になりなさい。すると最大の力はあなたのものであり、最大の知ることはあなたのものであり、最大の光はあなたのものだ。

第六章
あなたへの私の祝福

My Blessings with you

質問一

数ヶ月前、私が初めてあなたの元を去った時、私は自分の中に強さと興奮と自信を感じていました。それでも私はいくつかの問題について解決を見出そうとして、心の中や声に出してあなたと話すことに時間を費やしました。

今私は再びここを去ります。おそらくより長い期間になります。そして私は穏やかで、平和で、超然としていると感じます——たとえますます弱く、混乱して、そしてどんな答えもなくても。それにも関わらず私は、あなたに答えてもらう何かの具体的な質問が自分にあるとは感じません。でも唯一、そしてとりわけ、私の頭上にあるあなたの手とあなたの祝福だけは感じます。

お願いです、何が起こっているのでしょうか？　それは無意味《ナンセンス》な戯事に見えます。

質問はナガールジュナからだ。彼は精神分析医であり、研鑽を積んだ合理主義者だ。彼のマインドの鍛錬のすべては分析のそれだ。私のところに来ること、私と一緒にいることは途方もなく彼を変えたが、彼の古いマインドが、無意識のどこかに長く居座り続けている。それは判断を投げ続ける。古いマインドは言い続ける。「あなたは何をしているのだ？　それはナンセンスだ」

ある意味それはナンセンスだ——それは分別を超えているからだ。あなたは手だけを、あなたの頭の上に誰かの手がおかれることだけを求めている、と考えることはとても理屈に合わず、非常に風変わりだ。ただ祝福だけを求めるのは実に不合理だ。合理的な人は質問をして答えを待ち、その答えを分析し、それが正しいか間違っているかどうかを判断し、より多くの質問を作りだす、ということを続ける。祝福を求めることは現代的なマインドにとって困難だ。しかしそれがあなたに起こっているのは素晴らしいことだ、ナガールジュナ。あなたは、分別と理性を超えたより深い世界と接触するようになっている。あなたはこの世界のものではない何かを求めている。それは知性だけでは理解できない。ハートによってのみ理解できる。あなたはそれを感じることができる。推論によってそれを把握する方法はない。それを許しなさい、それと共に行くがいい。

ナンセンスであり得ることは、生きているということだ。美しいものはすべてナンセンスだからだ。愛はナンセンス、瞑想はナンセンスだ。神はナンセンス、詩はナンセンス、美はナンセンスだ。すべての美しいもの、すべての真実は分別をはるかに超えている。

分別は非常に狭い。ナンセンスは広大だ。分別を持ち続けなさい、だがそれによって制限されてはいけない。あなたの分別を、あなたの理性を使いなさい。だが決してその奴隷であってはいけない。人は望むときはいつでも、理性と分別を脇に置かなければならない。

夜に満月を見ている時は、推論を脇に置きなさい。再び子供でありなさい。海に行って波の轟く音に耳を傾ける時、あなたの理性を脇に置きなさい。再び原始的でありなさい。これらの轟く波は原始的だ。深く繋がることができるように、あなたも原始的でありなさい。あなたがそれらと親密な関係になるように……。あなたが木のところに行く時は、どうか理性と分別を持っていかないようにしなさい。そうでないとあなたは尋ねるだけであり、そこにある多くのものを逃すだろう。

あなたが私のところに来ると、やがて自分の理性を脇に置かなければならないだろう。なぜならただその時にだけ、あなたはより深く入ることができるからだ。ひとたびあなたがナンセンスの美しさを、ナンセンスの真実を知ったなら、その時あなたはナンセンスとは呼ばない。あなたは超センスと呼ぶだろう。その時あなたは、非難的かつ否定的な見方で考えない。あなたはより肯定的な見方で考え始める。

あなたにもう質問がないのは良いことだ。それがここでの私のすべての努力だ――質問がなくなるように助けることだ。私は答えを提供するためにここにいるのではない。どんな答えも答えではあり得ないからだ。すべての答えは、それ自体の転換でより多くの質問を生み出すだろう。それは終わりのない過程であり、無限に続く。ある質問に答える。その答えはより多くの質問を作る。それらは答えられるが、その答えはさらに質問を作る。

哲学のすべての歴史は、ますます多くの質問を作ることに他ならない。古いものは解決されていない。それらの質問は、ソロモンの時代やヴェーダの時代にあった質問と同じままだ。それらはマヌ、マハーヴィーラ、そしてモハメッドの時代にあった質問と同じままだ。それらは変わっていなかった。もちろん、それらは増えた。古いものが存在し、新しいものが生まれ出た。そしてこれらの新しいものは、古い質問から生まれ出た。古い質問は答えられ、その答えが新しい質問を作った。

これが哲学と宗教の違いだ。哲学はあなたの質問に答えようとする。宗教はあなたに、質問は解決され得ないこと、落とすべきであることを気づかせようとする。それらを落とすことの中に解答がある。そして質問のないマインドが、我が家に到着したマインドだ。

だから本当は、あなたの質問の中を深く調べることだ。それらはすべて不合理だ。当初からそれらは運命づけられている。それらは答えられない。その質問そのものが、そうした不合理なものだ。

たとえばあなたは「世界を創造したのは誰だ?」と尋ねる。さて、これは愚かな質問だ。それは不合理だ。それらは答えられない。その尋ねる方法がその答えを禁じている。誰かが「神が世界を創造した」と言うなら、あなたは神について同じ質問を尋ねるだろう、「神を創造したのは誰だ?」と。そしてその人が怒ると——あなたが「神を創造したのは誰だ?」と尋ねれば怒るような、いわゆる宗教的な人々のように怒るなら——その時、彼らは恐れていることを単純に示している。

彼らはあなたが、再び質問をより戻すかもしれないことを恐れている。どうにかして彼らはそれを解決しようとした。どうにかして彼らは、自分はそれを解決したというふりをした——そしてあなたは再びその質問を持ってくる。また心配が、また悩みがある。彼らは怒る。彼らは再びそのパンドラの箱を開けて欲しくない。どうにかして彼らは蓋の上に座っている。彼らは、神が世界を創造した、ということでそれを閉じてきた。彼らもまた、質問は今だに妥当なままであることを知っている。もし「世界を創造したのは誰だ？」と尋ねることが妥当なら、「神を創造したのは誰だ？」と尋ねることも妥当だ。質問は同じだ。今、「Aが神を創造した」と言うなら、「誰がAを創造したのだ？」と尋ねる。Bと言ってごらん。それなら「B」を創造したのは誰だ？　それが延々と続く。それは愚かな質問だ。

私はあなたの愚かな質問に答えるためにここにいるのではない。私はあなたにそれを示すためにここにいる——それらは愚かであると。その理解において、それらは落ちる。

私があなたに答えている時、実際のところ私はあなたに答えているのではない。私はただ、あなたが自分の質問にもう少し気づくようにしているだけだ。まさにそれを尋ねることで、あなたが自分が溝にはまっていると見ることができるように。そしてあなたが質問を落とさない限り、抜け出すことはできない。

宗教とは質問を落とす術《アート》だ。だから、今あなたにどんな質問もないのは良いことだ。私はうれしい、私の祝福はあなたのもとにある。私の手はあなたの頭にある。そして気をつけなさい——遅かれ早かれあなたは、私の手だけがあることに気づくだろう。あなたの頭は消えてしまった！　それがすべての努力だ。あなたが私を信じないなら、漫画家であるヤトリに尋ねればいい。数日前、彼は素晴らしい私の漫画を描いた。彼は要点を理解している——これが魔法のすべてであることを。私にあなたの頭に手を置かせてくれるなら、気をつけなさい。遅かれ早かれあなたは、手だけがあって頭がなくなっていることに気づくだろう。私はあなたの首をはねようとしているのだ。そしていったんあなたの頭が消えたら、あなたは我が家に到着している。その時、行くべきところはない。それはすべてあなたの頭の中にある――この進めること、探求、問い合わせ、疑問、問題、これを信じること、それを信じないこと、イスラム教、ヒンドゥー教、キリスト教。これはすべてあなたの頭の中にある。頭が消える時、あなたは突然そこにいる。古い人がそこにいる。本質的な人間がそこにいる。神がそこにいる。

何であれ、あなたが好きなようにそれを呼ぶがいい……だがそこには何の問題もなく、何の疑問もない。あなたは不思議さに満ちた目をしてそこにいる。あなたはそこにいる、畏敬の念に満ちて。突然途方もない「A《ア》-HA《ハ》（わかった）！」があなたの実存に生じて、あなたのいたるところに広がり、存在の中に広がり続ける。これが心理学者が「アハ！」体験、至高体験と呼ぶものだ。

それこそがエクスタシーというものだ――あなたがその中に完全に消えるほどの素晴らしい「アハ！」。それはあなたのまさに歌に、祝祭に、ダンスになる。生は生きるべき神秘であり、解決されるべき問題ではない。生はその中に失われるべき神秘であり、処理されるべき問題ではない。

あなたが、ますます質問せずにいられることは良いことだ。だが私は、その困惑が理解できる。

数ヶ月前、私が初めてあなたの元を去った時、私は自分の中に強さと興奮と、自信を感じていました……それでもずっと私は質問をしていて、解決を見出そうとしていました。

初めて私のところに来ると、あなたは非常に力強く感じ始める。なぜならあなたが私から聞くものは何であれ、あなたのエゴはそれを食べて生きるからだ。あなたは非常に自信に溢れ、非常に優れていると感じ始める。あなたは自分は知っていると、自分は大物であると感じ始める。それらはハネムーンの日々だ。あなたがハネムーンのままでいたいなら、決して再び戻って来てはいけない。一度目は良いが、二度目は危険だ。三度目――それであなたは終わりだ！

初めて私に耳を傾ける時、あなたは自分が聞こえるように聞く。あなたは聞く方法を知らない。あなたの全人生は、エゴを強める努力に他ならなかった――だからあなたが得るものは何であれ、エゴを強め続けることになる。あなたがお金を得ると、あなたのエゴはすぐにそれを活用する。あなたが知識を得ると、あなたのエゴはそれに飛びついてもっと物知りになる。あなたが何にでも成功したなら、エゴは……。あなたが何をしようと、エゴはそれに関して生じるすべてのものを吸収し続ける。エゴはそれを食べ続け、ますます大きくなり続ける。

初めて私のところに来てサニヤスを取ると、エゴもそれに飛びつくということを私は常々承知だ。それがその古い習慣だ。あなたはそのためにエゴを訓練してきた。だが今回、それは危険な目に遭っている。サニヤスはエゴにとって、毒のようなものだからだ。エゴはそれに飛びつく――それがすべてのものに飛びついてきたように。

だから最初、あなたはすべてがますますより良くなっていると感じるだろう。次にあなたが来る時は、毒が作用し始めている。それはあなたのまさしく内臓に入っている——エゴは死に始める。その時あなたは私をより理解する。あなたは正しく私に耳を傾ける。その時あなたは、ゲームが何であるかを理解する——エゴは落とされなければならない。その時あなたは、もはやそれほど自信に満ちていない。それほど強いとは感じない。あなたはそんなに興奮していない。その時エゴが縮むため、あなたは尻ごみし始める。あなたは弱いと感じる。それは自然であり良いことだ。それは成長を示している。

ナガールジュナが三度目に来る時、私は彼がさらに有能になり、より受容的になっているのを願っている。それから再び彼は新たな自信が生じているのを感じるだろうが、これはもはやエゴのものではない。それは彼の実存のものだ。

それを自信と呼ぶことはできない。それの最も良い言い方は、自信のなさの欠如がある、と言うことだ。彼は強いと感じている、とは言えない。それを言う唯一の方法は、彼は弱く感じない、ということだ。彼はより物を知っていると感じている、とは言えない。彼は自分には何かが欠けているとは感じない、あるいは自分には何かが必要だとは感じない、としか言えない。知識がある、ということではない——知ることがある、ということだ。自信がある、ということではない——なぜならすべての自信は、どこか恐怖に基づいているからだ。そこに自信はない、自信のなさはない。人は単にそこにいる、単に在る、何の考えもなく。

禅では、これらを三段階と呼ぶ。睦州はこう言ったと伝えられている。

「私がマスターのところに行った時、川は川のようであり、山は山のようだった。それからすべてが混乱してしまった。私がマスターと共に生きると、川はもはや川ではなかったし、山はもはや山ではなかった。すべてが混乱し、すべてが絡み合い、すべてがお互いの境界に侵入し、すべてがめちゃくちゃになった。しかし私は残った。再びある日、川は川になり、山は山になった。だが何という違いだろう！」

再びある日、あなたは以前のあなたと同じになるだろうが、それにも関わらず同じではない。それはある意味では全く異なる現象だろう。

たとえば非常に強いと感じる人は、心の底のどこかで自分は弱いことに気づいているに違いない。そうでなければ、誰が強いと感じるのだろう？　自信があると感じている人は、彼の実存の何らかのレベルで、自信がないことを警戒しているに違いない。そうでなければ誰が自信について気にするだろう？　優れていると感じる人は、どこかに劣等感があるに違いない。

私たちは常に正反対を投影する。私たちの投影は相補的だ。欠けているものが何であれ、私たちは投影する。無知な人は物知りになり、利己的な人は謙虚に、劣性を感じる人は何とかして優位性を投影し始める。劣性や自信のなさ、弱さと共に生きることは非常に困難だから、私たちはもう一方を投影する。私たちは反対の何かを投影して、そのふりをする。そしてそれを信じ始める。

だが、いつか人が本当に我が家に帰る時、気づくようになる。その時、劣性や優位性はない——それが本当の優位性だ。その時、強さや弱さはない——それが本当の強さだ。その時、無知や知識はない——それが本当の知ることだ。

今私は、再びここを去ります。おそらくより長い期間になります。そして私は穏やかで平和で、超然としていると感じます——たとえますます弱く、混乱して、そしてどんな答えもなくても。

彼は自分の状況を、非常に正確に理解することができた。穏やかに安らかに、静かに彼は成長している。だが、より穏やかになればなるほど、自分のすべての強さは単なる自分の信念に過ぎなかったと、あなたのすべての宣言はただの偽物だったと感じる。それらは陰に隠れるための努力だった。それらは仮面のようなものだった。だからこれらの仮面が崩れ落ちると、あなたは弱く、混乱し、答えなしでいると感じるだろう。それを通って生きなさい。後退し始めてはいけない、通り抜けなさい。それは厳しいだろうし、骨が折れるだろう。だがそれを通り抜けることができるなら、すぐに朝が近づいて来る。暗い夜は終わろうとしている。しかし覚えておきなさい。朝が来る前に、夜は非常に暗くなることを。

今、それは正確にナガールジュナに当てはまる。夜は非常に暗くなるだろう。だが恐れてはいけない。それは朝があまり遠くないことを単に示している。それでも彼は自分がより穏やかで、より静かであると感じている。

より穏やかに感じる時はいつでも、あなたは正しい軌道に乗っていることを常に覚えていなさい。他に何が起こっていても、気にしてはいけない。穏やかに、静かに沈黙を感じることは、あなたが神の庭にますます近づいて来ていることを、充分に示すものだ。そのまさに穏やかさが、あなたが涼しい庭に近づいていることを示している。木陰はちょうどあなたを待っている。そよ風は涼しく、芳しくなっている。あなたは風にそれを感じることができる。空気にそれを感じることができる。穏やかさは至福の最初の兆候だ。沈黙は、はるか遠くにある至福の絶頂の最初の一瞥だ。

だからあなたが沈黙を感じる時はいつでも、混乱や弱さなど、他に何がそこにあっても心配してはいけない。それらは消えるだろう。もし穏やかさがなくてあなたが混乱しているなら問題だ。それはあなたが成長していないことを、退行さえしていることを意味する。

だからこれは、すべての人が覚えていなければならない。私と共に働きかけている人は誰でも、私に関するワークの中にいる人は誰でも、覚えておくべきだ——穏やかさ、静寂、沈黙に対して油断しない目を保ちなさい。それが起こっているなら、他に何が起こっていようと心配することはない。そのままにしておきなさい。それは自発的に消えるだろう。おそらくそれが消える前に、それは最後のひと勝負を引き起こすだろう。それは生み出し得る最後の問題を作り出すかもしれない。それはずいぶん長い間そこにあった……数千年もの間だ。今、突然あなたはそれを追い出している。

これらの病気や疾患はとても長く家に住んできたので、自分が客であることを完全に忘れてしまった。彼らは自分が主人だと思っている。そしてあなたは彼らを追い出そうとしている。彼らは簡単にあなたから離れようとはしない。彼らは面倒な事を引き起こすだろう。それを受け入れて、同意しなさい。あなたは起こっている沈黙に、あなたの中に生じている穏やかさに、ただ耳を傾け続ければいい。するとあなたは、それらを超越できるだろう。

私の手はあなたの頭の上にあり、それはあなたへの私の祝福だ。

質問二

共感が生じたり去ったりします。それが去る時、私は変わり果てた姿になります。私は恐怖と憧れでバラバラになっています。憧れはより深くなって、私のはらわたの中でねじれています。

時々私は自分が馬鹿であることを、そしてそれらの瞬間に鳥の鳴き声を聞き、空を見ることができるのを知っています。

私は何ヶ月も質問を書いてきましたが、その瞬間が過ぎるとすべて馬鹿げて見えるので、提出しませんでした。

まず、すべての質問は馬鹿げている。私は賢明な質問に出くわしたことがない。どうしたら賢明な質問があり得るだろう？　質問は馬鹿げている。すべての質問は子供っぽい。

西洋の非常に重要なセラピストの一人は、フリッツ・ペルスだった。彼は友人や患者、弟子たちに、子供たちだけが質問をする、とよく言っていた。それは全く真実であるように見える。質問をするのは子供たちだけだ。

あなたは今まで、子供と一緒に歩いたことがあるだろうか？——ちょっと朝の散歩に。見てごらん——彼は全くあなたを歩かせないだろう。千と一つの質問……一歩ごとに質問をもたらす。

「パパ、なぜこの木は緑色なの？」。さて、この木がなぜ緑色なのかを誰が知っているだろう？子供にとってあらゆるものが質問になる。どんなものでも、子どものマインドに入れると質問が出て来る。そのすべての仕組みは質問を産み出すことだ。何でも、どんな小さなことでも——すると子供はすぐに質問にする。

質問は子供っぽい。あなたの成熟期が近づけば近づくほど、成熟期へと成長するほど、質問は消えていく。そこに何の質問もない時、見るという可能性がある。そうでなければ、質問は目とマインドを非常に曇らせている。

これは私の体験だ——私はとても多くの質問に答えることで、質問をした人は、私の答えに決して耳を傾けないのがほとんどだと観察するようになった。

他のみんなは耳を傾ける。彼は自分の質問にとても関心があり、自分の質問をとても気にかけている。他の人たちは耳を傾けてよく理解している。なぜなら彼らは全く関わっていないからだ。これは彼らの問題ではないので、黙って聞くことができる。それについての心配がない。彼らのエゴは全く関わっていない。しかし質問者は非常に関わるようになる。彼のエゴが関わる。彼は横目で見続ける——私は何を言っているのだろう？と。彼は認められるために質問をした。彼は探し求めて質問をした——答えを探し求めてではなく、彼は非常に教養が高いと人々は思うだろう、ということを求めて——ごらん、彼は何という素晴らしい質問をしたのだろう！

もし私が質問に答えないなら……。少数の人々は尋ね続ける。たとえば、マドゥリーだ。彼女は毎日尋ね続けて、私は彼女の質問を却下し続ける。彼女は答えを聞くことよりも、尋ねることに興味がある。それはあなたが尋ねなければならないという質問ではないからだ。誰かの質問はあなたの問題でもある。人間のマインドに起こったどんな問題でも、それはあなたの一部だ。あなたが正しく耳を傾けるなら、それはあなたにとっての多くの問題を解決する。それはあなたに洞察を、明晰さを与える。

だが、ただ自分の質問にだけ興味を持つ人々がいる。私が彼らの質問に答えても、彼らは聞くことができない。なぜなら私が質問に答えていると、彼らは興奮と熱狂状態に引き込まれるからだ。私が彼らの質問に答えないと、彼らは気が抜けて死んだように座っている——「またこの人は私の質問に答えていない」

質問者は苦境に陥っている。質問する努力そのものが少し未熟だ。昔はマスターのところに行って、彼と共にあることが慣習だった、それが伝統だった——何も尋ねることなく、ただ彼と共にあることが。なぜなら尋ねるべき何があるのだろう？　尋ねるためにさえ、人は何かを知らなければならない。なのに人は何も知らない。では何を尋ねるのだろう？　人はただ、マスターと共にいなければならない、彼の実存を吸収するために……ただ彼の現存によって浸されるためにだ。人はスポンジのようでいなければならない。開いていて受容的でいることだ。

これが昔の伝統だった——弟子は待たなければならなかった。マスターが「今お前は尋ねることができる」と言ったら、弟子は尋ねることができた。そしてほとんど常に、こういうことが起こったものだった。マスターが「今お前は尋ねることができる」と言うと、弟子は笑ってこう言った。

「今やそれは遅すぎます。私の質問は終わっています。今尋ねるべきものは何もありません」と。実際マスターが弟子に尋ねるように求めるのは、彼が「今尋ねるべきものは何もありません。今マインドは完全に澄み切っています。マインドには何の疑問符もありません」と言う時だけだ。

疑問符は雲のようなものだ。これらの疑問符の後ろで、あなたの内なる輝きは失われる。質問がない時、すべての雲は消える。空は澄み切っている。日の出は澄み切っている。

答えはあなたの内なる灯明の中にある。答えは外側から来ることはできない。私はあなたに答えることはできない。答えはあなたの中心《センタリング》が定まった特定の状態の中にある。

だから質問者は正しく感じている——すべての質問は馬鹿げている、と。だが私は「尋ねてはいけない」とは言っていない。なぜなら私は、現代のマインドは昔のマインドではないことを知っているからだ。大きな変化が起こっている。今もし誰かに何年も待てと言っても、誰も待つことはできない。現代のマインドはひどく急いでいるので、我慢できない。そして現代のマインドは、尋ねるように訓練されている。現代のマインドは〝在る〟ようには訓練されていない。

だから私はあなた方の質問に答え続ける。あなたの質問に答える価値があるからではなく、答えが必要だからではなく、または私があなたの質問に答えられるからでもない。違う、決してそのようなことではない。私があなたの質問に答え続けるのは、質問することが現代的なマインドの一部になっているからだ。やがて、ようやくあなたは尋ねないことができるようになるだろう。

あなたの質問とその答えを聞くことで、あなたは待つことができる。何もすることなく、単に黙ってそこに座ることでは、あなたは待つことができない。沈黙は手に余り、我慢できないだろう。だから私は、あなたに遊ぶためのいくつかの玩具をただ与えるために、あなたに答え続ける。その間にあなたは成長する――私はそれを待っている。

子供が玩具で遊んでいる間、その間に彼は成長している。私は毎日あなたに玩具を与え続ける。あなたは遊ぶ――だが私の関心はあなたの成長にある。ある日あなたは玩具を超えて行くことを私は知っている、そしてあなたは私のところに来て「感謝します、ＯＳＨＯ。あなたが遊ぶために私たちに与えたすべての玩具に対して。でも、これ以上は必要ありません」と言うだろうということを。

その日、初めてあなたは私と調和するだろう……そして答えは流れ始める。それは言葉の答えではない。それはエネルギーの転移……経典を超えた転移だ。それは伝達、跳躍だ——なぜならその瞬間、あなたは完全に開いているからだ。

質問は疑いを示す。疑いは障壁を作る。質問とは、非常に文明化された衣装を着た疑いに他ならない。それは非常に礼儀正しく見えるが、それは疑いだ。それはまるであなたが原始人を捕まえに行って、彼を床屋に連れて行くようなものだ。そして理髪師は彼の髭を剃ってきれいにし、洗髪をして彼を風呂に入れる。それからあなたは彼を着付け師のところに連れて行って、彼に美しい衣装を着せる——それからあなたは私のところにその原始人を連れて来る。彼は完璧な紳士に見えるが、そうではない。本当は彼は同じ原始人だ。

質問とは、疑ってはいないふりをしている疑いだ。質問とは、非常に礼儀正しい紳士的な疑い方だ。質問が消える時、疑いは消える。あるいは疑いが消える時、質問は消える。その時あなたは私と調子が合っていて、共鳴している。その時私たちは二人ではない。その時私は、あなたの目の中を見ることができる。そしてあなたは私の目の中を見ることができ、ある出会いが……二つの魂の出会いが起こっているのを見ることができる。そして誰がマスターで誰が弟子かを理解することは、非常に困難になる。なぜならエネルギーが出会い、混ざり合って一つになっているからだ。その瞬間に、その親密な瞬間に、本当の答えが聞かれるだろう。

これはパラドックスだ。私が語るのはこのことであり、このパラドックスに要約できる——あなたが尋ねるなら、答えを得ないだろう。あなたが尋ねないなら、答えは手に入れられる。

尋ね続けてごらん。するとあなたは答えを逃し続けるだろう。尋ねることを止めなさい。答えは常に、あなたがそれを受け取るのを待っていた。質問し続けるマインドは決して答えに至らない。そして質問を落とすマインドは答えが常にそこにあり、その人自身の実存の中で輝いていることに突然気づく。あなたはそれを失ったことがなかった。あなたがこう感じることができたのは良い。

私は何ヶ月も質問を書いてきましたが、その瞬間が過ぎるとそれらはすべて馬鹿げて見えるのでそれらを提出しませんでした。時々私は自分が馬鹿であることを、そしてそれらの瞬間に鳥の鳴き声を聞き、空を見ることができるのを知っています。

それをあなたの鍵にしなさい。その時は馬鹿でありなさい。それがあなたの道だ。あなたが馬鹿である時に空を見ることができ、鳥の鳴き声を聞くことができるなら、馬鹿であることがあなたの瞑想だ。それなら馬鹿でありなさい。その時、何かであろうとしてはいけない。なぜならあなたが物知りに、利口に、悪賢く知的になる時はいつでも取り逃すからだ。

空はそこにあり、鳥は歌っている――彼らはいつも歌っていた。永遠の時から、存在は祝祭の中にあった。ダンスは継続する。それは進行中の過程、連続体だ。それは流れ流れて、流れる川だ。川岸に座りなさい――あなたは何をしているだろう？

そう、その瞬間はある。質問者は言う……そして正確に彼は捕まえた。彼はある深い直感に気づいた――彼が馬鹿である時はいつでも、空は存在して鳥は歌っていることを、そして祝祭が感じられることを。彼が知的になる時はいつでも、それは失われる。だから馬鹿でありなさい。

私が馬鹿でありなさいと言う時、それはマインドであってはいけないという意味だ。狡猾で利口であってはいけないという意味だ。打算的であってはいけない。あなたは素晴らしい直感に、洞察に出くわした。それならますます馬鹿のようでありなさい。

フョードル・ドストエフスキーの素晴らしい小説『白痴』がある。それを読んでごらん。それに瞑想してごらん。その小説の主人公は馬鹿だ……。でも聖フランシスのような馬鹿者だ。馬鹿だが、しかし老子や荘子のような馬鹿者だ。彼は堕ちた。あるいは彼には打算的なマインドがない。

もちろん、あなたが馬鹿ならあなたは騙されるだろう。もちろん、あなたが馬鹿ならあなたはこの世界では達成者ではないだろう。あなたが馬鹿ならあなたは貧しいだろう――だがあなたは、神と共に途方もなく豊かでいるだろう。この世界ではあなたは成功しない、それは確実だ。この世界では、計算高くて狡猾な人々だけが成功できる。しかし彼らの成功とは何だろう？

最終的には死が訪れて、彼らのすべての成功は無効になる。それはゼロになる。結局彼らはそれが常に夢であったことがわかる。彼らは自らの狡猾さに騙されたのだ。

あなたが馬鹿なら、あなたは自分の内に神を持つだろう。あなたが馬鹿なら、生のすべての美しさを、生の途方もない豊かさを持つだろう。あなたの全人生は貴重なものになるだろう。誰もあなたからそれを騙し取ることができない。それがあなたの最も内側の核だからだ。誰もそれを奪うことはできない。それを覚えておきなさい――騙すよりも騙されるほうが良いということを。選択肢があるなら、常に騙すよりも騙されるほうを選びなさい。なぜなら物事の最終的な分析においては、騙す者が騙される者であり、騙される者は全く騙されていないからだ。物事の最終的な分析においては、それはまさにイエスが言う通りだ。この世界で最後の者は神の王国で最初の者であり、最初の者は最後の者であるだろう。

最初は最後であり、最後は最初であるだと？　存在の論理は市場の論理とは全く異なる。それが政治と宗教の違いだ。だから私は、政治的な人で宗教的な人を想像できないし、宗教的な人で政治的な人を想像できない。それは不可能だ。それは物事の本質上起こり得ない。

政治家は狡猾でなければならない。政治家は常に、奪ったり騙したりする準備ができていなければならない。もちろん彼を捕えることが非常に困難な方法で、彼は騙したり奪ったりする。まれにニクソンが捕えられるということが起こる。しかしすべての政治家は全く同じだ――捕まるか捕まらないか、それは要点ではない。多分ニクソンは少しやり過ぎたのだ。彼は限度を超えた。ん？そこには限度がある。あなたが百度未満のままなら、蒸発しないだろう。九十九度ならいい。

非常に利口な政治家は、ほぼ九十九度に留まる。彼らは決してそれを超えない。ニクソンは少し自信過剰で、さらに先へ進み、自分を面倒な目に遭わせた。だがすべての政治家は狡猾だ。彼らは政治家でなかったら犯罪者だっただろう。彼らは同じ部類に属する。犯罪者は、どうにかしてよりましな方法で育てられたなら、政治家になっていただろう。マインドの質は同じだ。

宗教的な人は、世界の視点から見れば実質的に愚かな人だ。それを受け入れなさい。そしてあなたは敗者ではない。私はあなたに約束する。あなたは敗者ではない。愚か者でありなさい。そしてそれを楽しみなさい。時には馬鹿であることは知恵であり、賢明であることは馬鹿だ。

そして質問者が言うことは……。その質問はダヤルからのだ。彼には聖フランシスコのようになる途方もない素質がある。彼は非常に純真な男で……非常に単純だ。彼は大きな理解に至った。


時々私は自分が馬鹿であることを、そしてそれらの瞬間に鳥の鳴き声を聞き、空を見ることができるのを知っています。


その時はそこで動かないようにしなさい。それからますますくつろいで、その馬鹿な瞬間があなたのところにますますやって来るようにしなさい。それをあなたの中により深く入らせなさい。あなたが失うものは何もない。失うべき何がそこにあるだろう？　打算と狡猾さを落としなさい。

人々は自分は計算していないと考える。しかし非打算的に計算している少数の人々がいる。彼らは自分は計算していないと考える。

私はある逸話を読んでいた。

マイヤーウィッツ夫人は、アブラモーウィッツ夫人とお茶を楽しんでいた。

「あなたのこのクッキーはとてもおいしいわね」とマイヤーウィッツ夫人は褒めちぎった。

「私はもう五つも食べちゃったわ」

「七つよ」とアブラモーウィッツ夫人は微笑んだ。「でも誰が数えているの?」


人々は側で数え続け、そして考え続ける。「誰が数えているのだ?」

愚か者でありなさい。これに比すべきものはない。イエスは愚か者だ。ブッダは愚か者だ。インドにはブッドゥ *buddhu* という言葉がある――ブッドゥは愚か者を意味する。それはブッダから来ている。人々はブッダは愚か者であると思ったに違いない。だからインドの言語では、愚か者を表わすまさにその言葉がブッドゥになった。

ブッダが光明を得た菩提樹の下で座り始めた時、誰もが彼はブッドゥだと、馬鹿だと思ったに違いない。人々は彼のところに来てこう言ったに違いない。

「あなたは何をしているのだ? 気が狂ったのか? あなたは王になるはずだった」

彼は一人息子だった。彼は王になることになっていた。そこには競争者さえいなかった――彼は簡単に王になることになっていた。彼は計り知れない富の中で生きていたが、突然彼は逃げ出した。この男を何と呼ぶべきだろう?

誰もが彼は馬鹿だと言ったに違いない。人々は彼のところに来て、こう言ったに違いない。

「あなたはここで、馬鹿みたいに座って何をしているのだ？」

彼の名前「ブッダ」は、愚かさに関連付けられた。現在、ブッドゥは馬鹿という意味だ。誰もわざわざ言葉の歴史に入って行こうとしないが、それは途方もなく意味深い。

ブッダは馬鹿だった。あなたは他に何が言えるだろうか？　誰もが王になろうとしているのに、彼は逃げたのだ。彼はまさに瀬戸際に立たされていた。彼には可能な限り美しい女性たちがすべていた。彼の父親は彼のために、王国からすべての美しい少女たちを連れて来た。彼は絶えず美しい少女たちに囲まれていた。美しい宮殿が彼のために建てられた——それぞれの季節のために一つの宮殿が。夏のために彼は一つの宮殿を持っていた。冬のためには別の宮殿を持っていた。雨季のためには別の宮殿を持っていた。そして父親は本当に彼の世話をした——なぜならブッダは父親が非常に年老いた時に生まれたからだ。彼は父親の唯一の希望だった。そして突然ある夜、彼は逃げ出した。すべての実用的な目的にとって彼は愚か者だ。イエスは愚か者だ。フランシスもそうだ。老子もそうだ。荘子もそうだ。

ダヤル、あなたのハートに耳を傾けなさい。そして単純でありなさい。愚か者でありなさい。それをあなたのまさに生のスタイルにしなさい。するとますます神はあなたに浸透するだろう。

共感が生じたり去ったりします。それが去る時、私は変わり果てた姿になります。私は恐怖と憧れでバラバラになっています。憧れはより深くなって、私のはらわたの中でねじれています。でも時々私は自分が馬鹿であることを、そしてそれらの瞬間に鳥の鳴き声を聞き、空を見ることができるのを知っています。

共感が生じる、慈悲、愛が生じる、だがそれはあなたが馬鹿である時にだけ生じる。だから誰もが、愛する人は馬鹿げていて、盲目で、お互いによって催眠をかけられていると考えるのだ。愛は一種の馬鹿げたものだ。お金が唯一の目標のような世界では、名声と名誉が唯一の目標のような世界では、愛は馬鹿げている、瞑想は馬鹿げている、慈悲は馬鹿げている。

だから私は主張する――愚か者でありなさい、と。だから私はあなたを愚か者にするために、あなたに黄土色のローブを与えているのだ。さてあなたが世界に向かうと、誰もがここを狂人が通ると言って笑うだろう。子供たちはあなたの後をついて来て、彼らは笑い、「この男やこの女に何が起こったのだ？」と思うだろう。彼らはあなたを嘲笑するだろう。彼らがあなたを嘲笑する時は、笑いなさい。彼らと一緒に笑い、楽しみなさい。

人々はやって来て私に尋ねる。

「なぜあなたはオレンジ色のローブを着ることを要求するのですか？」

それはあなたが愚か者になるように強いるための策略、方策だ。あなたが自分のいわゆるエゴの観念や体面を、いわゆる社会的評価があなたに与える観念を明け渡す準備ができてさえいれば、あなたはそれを持つことができる。社会はあなたに難色を示すだろう。あなたはよそ者になる。それがすべての目的だ。私はあなたが神の家の客になるように、この世界ではよそ者になって欲しい。あなたがあまりにも世俗的になるなら、神を逃すだろう。

慈悲が生じる。そこにはあなたが流れている瞬間が、何もあなたを捕えていない瞬間が、あなたが開いている瞬間がある。それを許しなさい！　それを楽しむがいい！　それがますます生じるようにしなさい。

あなたのハートを閉じてはいけない。それと共に浮かびなさい。それを流れさせなさい。時期を選ばず、それを流れさせなさい。人々と共に、人々のいないところで、それを流れさせなさい。群衆の中で、独りで、それをあなたから溢れ出させなさい。するとやがてあなたは自分がいなくなっていることがわかるだろう。慈悲がなければ、真実はない。

ブッダは、真実と慈悲は一緒に生じると言っている……同じエネルギーの側面だ。あなたが真実になるなら、あなたは慈悲を持つだろう。あるいはあなたが慈悲を持つなら、あなたは真実になり始める。慈悲の人は、どうやって不真実であり得るだろう？　ちょっと考えてごらん。それは不可能だ。あなたが人を愛するなら、どうしたらあなたは不真実で、虚偽であり得るだろう。どうしたらあなたは見せかけであり得るだろう？　あなたが人を愛するなら、どうしたら仮面を身に付けられるだろう？　あなたが人を愛する時、あなたは露わで裸だ。あなたはすべてのカーテンを落とす。

あなたはどんな仮面も持ち運ばない。あなたはただ単に、あなたの単純さで、あなたの真実で存在する。あなたが誰であろうと、あなたが何であろうと。

慈悲や愛は真実をもたらす。真実は慈悲と愛をもたらす。どこから始めてもいい——目標は同じだ。結果は同じだ。

ダヤルに対して私は言いたいと思う、愚かであることから、そして慈悲的であることから始めなさい。するとあらゆることがあなたに起こるだろう。

その時あなたは心配する必要はない。

質問三

先日私は「地獄は自分自身だ」と感じました。私は地獄にいます。地獄です！　私は至福を見つける前に、地獄を受け入れなければならないのでしょうか？　どうしたらいいのか理解できません。

非常に深く、その質問に耳を傾けなさい。

先日私は「地獄は自分自身だ」と感じました。私は地獄にいます。

違う、あなたは地獄にはいない。あなたが地獄だ。まさにそのエゴが地獄だ。エゴがないなら、地獄はどこにもない。エゴはあなたを惨めにさせる構造物を、あなたの周りに作り出す。エゴは傷のように機能する——それからあらゆるものがそれを傷つけ始める。「私」が地獄だ。

だからブッダは、無自己に達しなさいと言うのだ。自己が地獄だ。無自己は天国だ。在ることは天国にいることではない。在ることは常に地獄にいることだ。

私は至福を見つける前に、地獄を受け入れなければならないのでしょうか?

あなたは地獄を理解しなければならない。あなたが地獄を理解していなければ、決してそれから抜け出せないだろうからだ。そして理解のために、受け入れることは不可欠だ。あなたがそれを否定し続けるなら、何も理解することはできない。

それが私たちがしてきたことだ。私たちは自分たちの存在の一部を否認し続ける。

私たちは否定し続ける——「これは私ではない」、それがジャン=ポール・サルトルが言っていること——「他者は地獄」だ。自分自身の何かを拒否する時、あなたはそれを他人に投影する。投影の仕組みを見てごらん。自分自身の中に否定するものは何でも、あなたはそれを他人に投影する。あなたはそれをどこかに置かなければならない。それはそこにあり、あなたはわかっている。

つい先日の夜、あるサニヤシンが私に、彼女は自分の夫が自分を殺そうとしているのを非常に恐れるようになった、と言った。今、彼女には非常に純真で美しい夫がいる。非常に純真な男だ。とてもそのような純真な人々を見つけることはできない。それはほとんど道理に反している——彼が彼女を殺そうとしているという考えは。

彼女がそう言った時、夫は泣き出した。まさにその考えがとても不条理で、涙が彼の目から落ち始めた。男が泣いているのを見ることは非常に稀だ。男たちは泣かないように訓練されてきたからだ。彼はそれを感じた——どうしたらいい？　その女性は、今にも夫が彼女を窒息死させようとしていると考えている。彼女は暗闇の中で首に彼の手を感じる。さて、何が起こっているのだろう？

それからやがて彼女は、他の事について話した。彼女には子供がいない、彼女はどうしても子供を必要としている。そして彼女は私に、他人の子供を見ると彼らを殺したいと感じる、と話した。今、物事ははっきりしている。今や何もややこしくない。

彼女は子供たちを殺したいと言った。他人の子供たちを、だ。なぜなら彼女には子供がいなくて、彼女は他の誰にも母親であってほしくなかったからだ。さてこの殺人は彼女の中にあり、彼女はそれを受け入れたくない。それは他の誰かに投影されなければならない。彼女は自分の中に殺人本能があることを受け入れられない。それは投影されなければならない。殺人者であることを、または子供を殺すという考えがあることを受け入れるのは、非常に難しい。

今、夫は最も近くにいる人で、投影するためには最も可能で、ほとんどスクリーンのようなものだ——投影できる。今その哀れな男は泣いていて、その女性は彼が自分を殺そうとしていると考えている。深い無意識の中で、彼女は夫を殺す考えすら持っているかもしれない。なぜなら彼女は、内側にこの論理を持っているに違いないからだ——それは、この男のせいで彼女は妊娠していない、というものだ。誰か他の男と一緒にいたなら、彼女は母親になっていただろう。彼女は表面的にはそれを受け入れないだろう。心の底では、この男のせいで、この男が彼女の夫であるために、彼女は母親になれなかった。この男が死ぬなら、彼女は別の男を見つけられるだろうというような影が、またはそのような何かが、無意識のどこかに潜んでいる。そして彼女が他人の子供を殺したいという考え……彼女はそれを投影している。今、あなたは他人にあなたの考えを投影する。そしてあなたは怯えるようになる。その時、この男は殺人者のように見える。

私たちみんながこれをする。もしあなたの存在に拒否され、否認されている部分があるなら、あなたはそれをどこに置くのだろう？　あなたはそれを誰かの上に置かなければならない。だからヒンドゥー教徒はイスラム教徒に投影し続ける。イスラム教徒はヒンドゥー教徒に投影し続ける。イスラム教徒は、ヒンドゥー教徒は非常に狡猾だと考える。ヒンドゥー教徒は、イスラム教徒は非常に危険で、殺人的で暴力的で、悪党だと考え続ける。

インドはパキスタンに投影し続ける。パキスタンはインドに投影し続ける。中国はロシアに投影し続ける。ロシアはアメリカに投影し続ける。アメリカはロシアに投影し続ける。そして彼らはみんな、彼らが自分たちの中にこれらのものを持っていることを否定している。

ちょっと見てごらん！　アメリカは軍備を増強し続ける、ロシアは軍備を増強し続ける。今やその競争は愚かな極端に走っている。それを理解している人たちは言う、「今やより多くの軍備を増強し続けることは全く愚かだ。それは既に、我々が必要とする以上のものを持っているからだ。それは七倍以上だ！　この地球は小さすぎて、我々はこのようにして地球を七つ破壊できる！　我々はすべての人を七回殺すことができる！　もちろんこれは不要だ。一人の人は一回死ぬ。その必要はない。我々には過剰な殺害能力がある」。だが、それでも私たちは続けている。

だから今や問題は、ロシアはその不条理を見ながら、軍備を増強し続けているということだ――今それをどこに、どうやって置いたらいい？　それをどうやって理解しやすくさせたらいい？　彼女（ロシア）は、アメリカを狙っている、アメリカはロシアを破壊する準備をしている、という投影をしている。殺人者はそこにいる――だから私たちは準備しなければならない、用意を整えなければならない。同じことがアメリカで起きている。両者がお互いに投影している。そして彼らは怯えるようになる。

戦争は続いてきた、暴力は続く、紛争は続く……人間が、自分自身の中の何も否定せずに、それを受け入れることを理解するようにならない限りだ。それをあなたの有機的統一性の中に、再吸収しなさい。否定された部分は、あなたにとって多くの問題を作り出すからだ。あなたが否定するものは何でも、あなたはどこか別のところに置かなければならない。あなたは誰かに投影しなければならない。否定された部分は投影になる。そして投影するその目はマーヤの中で、錯覚の中で生きる。その時、彼らは現実的ではない。

ジャン・ポール・サルトルは「他者は地獄だ」と言う。これは理解すべきことだ。あなたは常にそう考える。彼は全く非常に一般的な誤解を述べている。非常に一般的な錯覚を表現している。あなたが惨めなら、他の誰かがあなたを惨めにしていると考える。あなたが怒っているなら、他の誰かがあなたを怒らせていると考える――だが常に他の誰かが、だ。

あなたが怒っているなら、あなたは怒っているのだ。あなたが惨めなら、あなたは惨めなのだ。誰もあなたにそうさせていない。あなたが怒ると決めない限り、誰もあなたを怒らせることはできない。それなら誰でも助けになり得るし、誰でもスクリーンとして使うことができ、あなたは投影することができる。あなたが惨めになろうと決めない限り、誰もあなたを惨めにすることはできない。それなら全世界はあなたを惨めにするのを助ける。

自己が地獄であって、他人ではない。「私は世界から分離している」という考えそのものが地獄だ。分離が地獄だ。エゴを落とせば突然わかるだろう――すべての惨めさは消えている、すべての葛藤は消えている。

私は至福を見つける前に、地獄を受け入れなければならないのでしょうか？

確かに、絶対にだ。受け入れて理解しなければならない。その受け入れと理解において、地獄の部分は統一したものに再び吸収されるだろう。あなたの葛藤は解消する、あなたの緊張は解消する。あなたはより一体になり、よりまとまるだろう。そしてあなたがまとまっている時、全くエゴについての考えはない。

エゴは非-安楽だ。あなたが引き離される時、分裂して生きる時……同時に相反する多くの次元に、多くの方向に動く時……あなたが矛盾の中で生きる時、その時にエゴが生じる。

あなたはこれまで、頭痛を感じずに自分の頭を感じたことがあるだろうか？　頭痛がある時、あなたは頭があると感じる。すべての頭痛が消えると頭は消える。あなたはそれを決して感じないだろう——それがそこにあることを。病気の時、あなたは身体を感じる。健康な時、あなたは身体を感じない。完全な健康とは身体の無い状態だ。あなたは身体を全く感じない。あなたは身体を忘れられる。それを覚えておくことは何もない。完全に健康な人は身体に気づかない人だ。彼は自分に身体があることがわからない。

子供は完全に健康だ。彼は身体を持っていない。老人は大きな身体を持っている。人は年老いるようになればなるほど、疾病、病気、葛藤が居座る。その時身体は、それが機能しなければならないようには機能しない、それは調和の中にないし、協調していない。その時、人は身体を感じる。

すべての若い文化は身体を受け入れる。古い文化は身体を否定する。古い文化は古いマインドを、老人のマインドを反映する。若い文化は若者のマインドを反映する。たとえばインドでは——それは最古の文化の一つだ――身体は否定される。あなた方のいわゆる僧侶、仙人、聖人、サドゥ――彼らは反‐身体だ。彼らは身体と敵対関係にある。彼らは身体に対して老人の態度を取る。アメリカでは――それは非常に若い国だ――身体は受け入れられ、楽しまれる。国が若い時、身体は楽しまれる。国が古い時、身体は敵になる。それは単に老人の態度を示している。

頭痛はあなたが頭に気づくようにさせ、病気はあなたが身体に気づくようにさせる、というこの単純な現象を理解するなら、あなたが自己に気づくようにさせるものは、あなたの魂の病気のような何かであるに違いない。そうでなければ、完全に健康な魂には少しの自己もない。それがブッダが言うことだ――自己はない、アートマンはない、アナッタがある。非自己……それは天国のような状態だ。あなたはとても健康で調和しているので、それを覚えておく必要がない。

しかし、普通私たちはエゴを養い続ける。一方で私たちは惨めでいないように試み続け、他方で私たちはエゴを養い続ける。私たちのすべてのやり方は矛盾している。

私は聞いたことがある。

傲慢な社交界の名士が死んで、天国の門に到着した。
「ようこそ、お入りください」が聖ピエトロの挨拶だった。
「私はそのつもりはない」と気取り屋は冷笑した。
「あなたが予約なしで誰かをただ入れるのなら、これは私の考える天国ではない」

もしエゴイストが、偶然であっても天国の門に到達するなら、彼は入らないだろう。これは彼の考える天国ではない――予約なしで？　誰でも歓迎される？　それでは何の意味があるだろう？　特に選ばれた人たちだけが、非常に少数の、稀な人たちだけが許可されるべきだ。それならエゴは天国に入ることができる。実際、エゴは天国に入ることができない。それは地獄に入ることができるだけだ。エゴはどこへ行ってもそれ自身の地獄を持ち運ぶ、と言ったほうが良いだろう。

それは起こった。

ムラ・ナスルディンは田舎で汚水溜に落ちて、這い出ることができなかった。そこで彼はそこに立って「火事だ！　火事だ！」と叫び声を上げ、そして消防士が二時間後にやっと到着した。「ここに火はないぞ！」と消防長は叫んだ。「あんたは何のために『火事』と叫んでいるのだ？」「あんたは俺に何と叫んで欲しかったのだ？」とムラは問いただした。「糞ったれか？」

エゴとは、たとえ地獄にいても、それを受け入れないほどのものだ。エゴは地獄を受け入れない。エゴはそれ自身を飾り続ける。

あなたは私に尋ねている。

私は至福を見つけられる前に、地獄を受け入れなければならないのでしょうか？

他に方法はない。受け入れなければならないだけではない。あなたは理解して侵入しなければならない。それが何であるかに完全に気づくようになるために、その苦しみと痛みを経験しなければならない。それが何であるかを知る時にだけ、あなたは自分がそれをどのように作っているかを知ることができる。そしてそれを作る方法を知る時にだけ、あなたがこれ以上それを作りたいかどうかはあなたに委ねられる。その時、それはあなたの選択だ。

私は理解できません。どうしたらいいのでしょう？

そう、地獄を受け入れるのは難しい。私たちのすべての努力は否定することにある。だからあなたは内側では泣いているかもしれないが、外側では笑い続けるのだ。あなたは悲しいかもしれないが、幸せなふりをし続ける。あなたが惨めであるのを受け入れることは辛い。だがそれを否定し続けるなら、それはやがてあなたの気づきから切り離されるようになる。

それが、私たちが何かが無意識になったと言う時に起こることだ。それは意識から切り離されたことを意味する。あなたはそれをとても長く否定してきたので、それはあなたの生の影の部分へと後退している。それは地下に移動した。あなたは決してそれに出くわさないが、それはそこから働きかけ、あなたに影響を与え、あなたの実存を毒し続ける。

あなたが惨めなら、微笑むことはできるが、その微笑みは偽りだ。これは単なる唇の運動に過ぎない。あなたの実存とは何の関係もない。あなたは微笑むことができる。あなたは微笑みで女性が恋に落ちるように口説くことができる。だが覚えておきなさい――彼女は同じことをしている。彼女も微笑んでいて、そして彼女も惨めだ。彼女もまた偽っている。だから二つの偽りの微笑みが、私たちが愛と呼ぶ状況を作っている。しかし、どれだけ長く微笑み続けられるだろう？　あなたはくつろがなければならない。数時間後にはくつろぐ必要がある。

あなたに鋭い目があるなら見ることができる――ある人と三時間一緒に過ごすと、あなたは彼の現実を見ることができる。なぜなら三時間でさえ、偽ることは非常に難しいからだ。微笑みが少しもあなたから生じていないのなら、どうやって三時間も微笑み続けられるだろう？　あなたは何度も忘れる。そしてあなたの惨めな顔が現れるだろう。

ちょっとの間なら欺くことができる。そのようにして私たちはお互いを欺く。そして私たちは自分たちが非常に幸福な人たちであることを約束するが、実際にはそうではない。同じことが他人によって為される。その時すべての恋愛は惨めになり、すべての友情は惨めになる。

あなたは自分の惨めさを隠すことで、それから抜け出すことはない――あなたはより多くの惨めさを作るだろう。まずはそれに遭遇することだ。自分の現実に遭遇しない限り、決して動いてはいけない。そして決して他の誰かのふりをしてはいけない。それは幸せが起こる方法ではないからだ。

ただ、あなた自身でありなさい。

あなたが惨めなら、惨めでいなさい。何も悪いことなど起ころうとはしていない。あなたは多くの面倒な事を免れるだろう。もちろん誰もあなたと恋に落ちることはないだろう。オーケーだ——あなたは多くの面倒な事を免れるだろう。あなたは一人のままだろう。だが一人でいることに何も間違いはない。それに直面しなさい。その中へ深く入って行きなさい。それを取り出しなさい。無意識からそれを根こそぎにして、それを意識にもたらしなさい。

それは辛い作業だが、それは報われる——それは途方もなく報われる。報酬は計り知れない。いったんあなたがそれを見たら、あなたは簡単にそれを投げ捨てることができる。それは目に見えずに存在する。それは無意識の中にだけ、暗闇の中にだけ存在する。いったんあなたがそれを明るみに出すなら、それは枯れ始める。

あなたのすべてのマインドを明るみに出しなさい。するとあなたはわかるだろう——惨めなものはすべて死に始め、美しくて喜びに満ちているものはすべて発芽し始める。意識の光の中では、残るものが善で、死ぬものが悪だ。それが私の罪と徳の定義だ。徳とは絶対的な気づきによって成長できるものだ。そこには何の困難もない。罪とは、気づきと共にでは成長できないものだ。罪が成長するには、気づきのなさが必要だ。気づきのなさは罪にとって必要なのだ。

質問四

約一年前、私は大韓民国の光明を得た仏教のマスターを知り、最寄りの町から彼の寺院に三日間通いました。彼は九十四歳で、子供のような顔をして、赤ん坊のように微笑み、そして最も慈悲深い目をしていました。彼の最初の質問は「道はないのに、あなたはどうやってここに着いたのだ？」でした。私はしばしばここに座って、どうやって私はあなたの、ＯＳＨＯのところに着いたのか不思議に思います……道はないのに。

道の必要はない——なぜならあなたのマスターは、あなたがいるところだからだ。

あなたが旅を止める時にだけ、すべての道 *path* や道筋 *way* や道路 *road* から外れる時にだけ、あなたは私のところに来ることができる。あなたが単にそこにいる時、あなたがいるところに、あなたは私と一緒にいる。それが私と一緒にいる唯一の方法だ。道 *path* は必要ない。すべての道は惑わせる。我が家に帰るためには、道は必要ない。あちらこちらを旅することや、急ぐことを止めなければならない。その老人は、本当に美しい質問をあなたにした。

「道はないのに、あなたはどうやってここに着いたのだ？」

彼は禅のやり方で話していた。禅には、ある男がガチョウを持っているという公案がある。ガチョウが非常に小さかった時に、彼はそれを壷の中に入れた。それからガチョウは成長し始めた。彼は壷の中のガチョウに餌を与え続けた。それからガチョウは大きくなりすぎた。壷の口は非常に小さくて、出てこれないほど大きくなった。

さて問題がある——壷を壊してはいけないし、ガチョウは取り出さなければならない。そうしなければ死んでしまう。今や成長するための空間はないのに、ガチョウは成長している。壷は守らなければならない——それは非常に貴重なものだ——そしてガチョウは取り出さなければならないのに、その口は出られないほど小さい。どうする？

これが禅の公案だ。公案はそれについて瞑想するために、弟子たちに与えられる。さてそれは不条理だ。あなたは何ができるだろう？ あなたが何をしても、何度も何度も同じ問題になる。壷を壊してはいけない。それがガチョウを外に出すための唯一の方法のようだ。そしてガチョウをこれ以上中に置くことはできない。今や残された空間はなく、死んでしまうからだ。さてどうする？ 問題は切迫している。そして、弟子はできるだけ強烈に瞑想するように告げられる。

弟子は二十四時間瞑想する。それから彼はマスターのところに来る。彼は何かの方法を見つける——しかしどんな方法を見つけられるだろう？ すべての方法は不可能だ。他に方法はなく、これは唯一の選択肢になる。そして弟子は絶望的に、より絶望的になり、彼は考え、瞑想し、彼のマインドはよろめき始める。彼は眠れない。なぜならマスターがこう告げるからだ。

「問題は非常に切迫している。命は守らなければならない。ガチョウは死にかけている——それなのに、お前はそこに座って何をしているのだ？ もっと強烈でありなさい、もっと油断なくありなさい、そして解決策を見つけ出しなさい」

そしてマスターは棒を持って歩き回っていて、あなたはくつろげないし眠れない。睡眠中でさえ弟子は壷やガチョウのことだけを考えている。そしてそれは続く——明けても暮れても。

そしてある日、それは起こる。弟子は静かに座ってくつろいでいる。そこに心配事はない。そしてマスターは来て言う。「それで、それは起こったのか?」

弟子は言う。

「はい、ガチョウは出ています……なぜなら、それは決して入ったことがないからです」

だが、これは知的な答えではない。私はそれをあなたに与えてきた。あなたは禅マスターを欺くことはできない。あなたが欺こうとするなら、彼はあなたを激しく打つだろう。あなたの全存在がそれを示さなければならないからだ……。あなたのまさに実存が、あなたの静寂、あなたの沈黙、あなたのくつろぎがそれを示さなければならない。それはあなたが答えなければならないという問題ではない。

弟子は考えに考え、考え続ける。そして考えることは、ほとんど狂ったようになる。彼のすべてのマインドは動きに動き、動いている。これ以上思考が可能でない地点に至る。彼はそれのまさに最後に来た。あらゆる緊張は、あなたがもうこれ以上行けない地点に来なければならない。拳を握り、それをできるだけ緊張させることで試してごらん。それをもっともっと緊張させ続けなさい。一瞬、突然あなたは拳が開いているのを見るだろう。あなたはもうそれ以上緊張させることはできない。そしてあなたは、それを開くことはできない。それを握ることはできない。これは単にひとりでに開いている。なぜなら開いたままでいることが自然だからだ。極端に達する時、くつろぎが居座る。

同じことがマインドに起こる。心配が最高潮に、頂点に行く、するとその時突然、すべての思考が脱落して、弟子は蓮の花の上のそこに座っている。まるで蓮の花の上にいるかのように……心配はなく問題はない、公案はない、何もない。ガチョウは出ている――なぜなら弟子が出ているからだ。その絶え間ない思考こそが、人が閉じ込められた瓶だった。今ガチョウが出ているのは、弟子が出ているからだ。

その老人は禅の公案のように「道はないのに、あなたはどうやってここに着いたのだ?」とあなたに尋ねたに違いない。実際、神に達するための道はない。あなたがいるところに神がいるからだ。ガチョウは既に出ている。神は決して見失われたことはない。

そして今、あなたは尋ねる。

私はしばしばここに座って、どうやってあなたのところに着いたのか不思議に思います。

あなたは私を忘れてしまったのかもしれないが、私は常にそこにいた。私はあなたから離れていない。もし私が離れているなら、私には価値がない。もし私があなたから離れていて、あなたが私のところに来なければならないなら、そしてあなたを私に結びつける道があるなら、あなたは決して私に達しないだろう。それなら私は蜃気楼のようなものだ。あなたは何度も来るだろうが、決して私に達しない。

ある日、あなたは理解するだろう、あなたはただここに座って何もしない、するとあなたは私の中にいて、私はあなたの中にいることを。それは生の全く新しい次元の始まりだ。

その時、神はあなたの中にあり、あなたは神の中にいる。そして世界はあなたの中にあり、あなたは世界の中にいる。その時あなたは雲とともに浮いていて、雲はあなたの内側で浮いている。その時あなたは花々の中で開花していて、花々はあなたの中で開花している。その時分割は消える。その時、一つだけがある。ガチョウは出ている。それへの道はない。壷を壊すことはない。壷は存在しない。壷は幻想だ。壷は単なる信念だ。あなたが遠く離れていることと、あなたが旅をしなければならないことは、単なる信念だ。あなたは決してどこにも行ったことがないし、あなたは常に我が家にいたということが真実だ。

小さな逸話がある。

ある旅人が、自宅から数百マイルのところ、平らで特色のない砂漠を歩いていた。それは彼が最後のオアシスを去ってから、十二時間が過ぎた頃だった。彼は道に迷い、すぐに夜が来ることに一抹の不安を感じ始めていた。

ずっと遠くに、ほとんど見えないたなびく砂塵を見て、それが近づいているので彼はほっとして見守っていた。ついに彼に向かって歩いている人物を認識して、彼らが近づいてきた時に、彼は叫んだ。「最も近いオアシスまでどれくらいあるのだ?」。すると近づいてくる人物は応答しなかった。「最も近いオアシスまでどれくらいあるのだ?」。彼はその男が彼の側を通り過ぎた時に叫んだが、それでも返事はなかった。「最も近いオアシスまでどれくらいあるのだ?」。埃っぽい衣をまとった人物が吹きさらしの砂の雲の中に消えた時に、彼はほとんどヒステリックに大声で叫んだが、それでも答えるそぶりや、あるいは彼が聞いたというそぶりさえなかった。

彼は歩き続けた。五分後、彼は遠くから聞こえる音を聞いた。振り向くと、彼はその人物が、夜の風の中で非常に弱々しく、「二時間だ」と叫んでいるのを聞いた。

「なぜあなたは、前に言ってくれなかったのだ?」

「私はあなたがどれくらい速く歩くのか、知らなかったからだ」

それは一概には言えない。

だがこの旅はちょうど正反対の旅だ。あなたが非常に速く歩くなら、決して私に達しないだろう。あなたが全く歩かないなら、自分の内側に単に座るなら、あなたは到着している。実際あなたは一度も出発したことがなかったのだ。

第七章

虚空の反映

Reflections of Emptiness

ブッダは言った。
熱情を持つ人は決して道に気づかない。
それは澄んだ水を手でかき混ぜるようなものだからだ。
人々は自分の顔の反映を見つけることを望んでそこに来るかもしれない。
けれども彼らは決してそれを見ないだろう。
熱情に悩まされて苛立っているマインドは不純だ。
そしてそのためにそれは決して道を見ない。
おお僧侶たちよ、熱情を排除せよ。
熱情の汚れが取り除かれる時、道は顕われるだろう。

ブッダは言った。
道を見ることとは、松明を持って暗い部屋に入るようなものだ。
光だけが残り、闇は直ちに立ち去る。
道が達成されて真実が見えた時、無知は消滅して光明は永遠にとどまる。

ブッダとは誰だろう？　あるいはブッダの境地とは何だろう？　あなたがそれについて明確な概念を持たない限り、ブッダの説話を理解するのは難しい。これらの説話を理解するためには、それが生じたところから、その由来を理解しなければならない。花を理解するためには、根を理解しなければならない。あなたが根を理解しない限り、花を鑑賞することはできるが、それを理解することはできないだろう。

ブッダとは誰だろう？　あるいはブッダの境地とは何だろう？　「ブッダ」という言葉は純粋な覚醒、絶対的な覚醒の状態を意味する。ブッダとは人ではなく状態——究極の状態、究極の開花だ。ブッダはゴータマブッダとは何の関係もない。ゴータマブッダの前には多くのブッダたちがいたことがあり、ゴータマブッダの後にも多くのブッダたちがいた。ゴータマブッダは、その究極の意識に到達した一人に過ぎない。

「ブッダ」という言葉はちょうどキリストのようなものだ。イエスはキリスト——究極の開花に達した人々の一人に過ぎない。多くのキリストがいたことがあり、多くのキリストがいるだろう。それを覚えておきなさい——ブッダの境地は、ゴータマブッダによって何ら制限されないことを。彼はブッダの境地が何であるかのほんの一例に過ぎない。

あなたは一つのバラの花を見る。それはバラの花ではない。それは数あるバラの花の一つに過ぎない。数多くのものがそれ以前に存在していた。数多くのものが今まさに存在している。数多くのものが未来に存在するだろう。これは単に代表的なものだ。このバラの花は、これまで在ったことがあり、今在り、これから在るであろうすべてのバラの花の単なる代表だ。

ブッダは彼の人格によって規定されない。人格を超えている彼の実存の究極の状態によって、規定される。そしてブッダが話す時、他の人のように話すことはない。彼は究極の覚醒を通して話す。実のところ「彼は話す」という言い方は良くないし、正しくない。話をする者は誰もいない。話をする彼の中に自己は存在しない。そして実際に、彼には何も言うことがない。彼は単に応答するだけだ。ちょうど、谷へ行って歌い始めると谷が応答するように。谷は単にあなたの言葉を繰り返す。

あなたがブッダのところに来る時、彼はあなたを単純に映し出す。彼が話すことは、何でもただの反映だ。それがあなたへの答えだが、彼自身には何も言うべきことはない。もし別のブッダが彼のところに来るなら、彼らは両方とも完全に沈黙したままだろう、二つの鏡が互いに向き合う……何も反映されない。鏡はお互いを映すが、何も反映されない。二つの鏡を――ちょっと互いに向き合う二つの鏡を考えてごらん。キリストがブッダに会いに来るなら、あるいはブッダが生の道のどこかで老子に出くわすなら、彼らは完全に沈黙するだろう――そこに反響は存在しない。

だからブッダが話している時は、それを覚えていなさい。彼は特に何も言っていない。彼は単に人々を反映しているだけだ。だからブッダは、決して首尾一貫できないのだ。哲学者は全く首尾一貫していられる。彼には言うべき何かがある。彼はそれを覚えていてそれにしがみつき、それに反することは決して何も言わない……。彼は管理する。ブッダが矛盾せざるを得ないのは、毎回誰かが彼に対面するたびに、他の何かが生じるからだ。それは彼に対面する人に依る。

それはちょうど鏡のようなものだ。あなたが鏡の前に来るなら、それはあなたの顔になる。他の誰かが来る、その時は彼の顔になる。顔は変化し続ける。あなたは鏡にこう言うことはできない。「あなたは非常に矛盾している。時にはあなたは女性の顔を、時には男性の顔を、そして時には美しい顔を、時には醜い顔を見せるではないか」

鏡はただ静かなままでいるだけだ。彼に何ができるだろう？　彼は単純に反映する。状況が何であれ反映する。

だから仏教の説話は非常に矛盾しているのだ。イエスは矛盾している、ブッダは矛盾している、クリシュナは矛盾している、老子は途方もなく矛盾している。ヘーゲルは矛盾しない、カントは矛盾しない、ラッセルは矛盾しない、孔子は矛盾しない、マヌは矛盾しない。彼らは特定の教義を持っている。彼らはあなたを反映しない。彼らには言うべき何かがある。彼らは語り続ける。彼らは鏡のようではない、彼らは写真のようなものだ。それはあなたが誰であるかを気にしない。それは同じままだ。それは死んでいる。それには明快な定義と形式がある。

ブッダの境地とは、形式なき覚醒だ。それを覚えておきなさい。そうでなければ何度も矛盾に出くわすだろうし、何が起こっているかを理解できないだろう。

ブッダが入滅した時、すぐに多くの論争があり、信奉者たちは多くの学派に分かれた。なぜなら、ある人はブッダはこれを語ったと聞いていたし、ある人は完全にそれに矛盾する何かを聞いていたからだ。だから可能性はなかった。どうやって一人の人間が、それらすべてを話せるだろう？　だから誰かが嘘をついているに違いない……。それで人々は選別し始めた。彼らは多くの異なる宗派に組織化した。ブッダは切断された。誰かは彼の手を、誰かは彼の頭を、誰かは彼の足を持ち運んだ――しかし、彼はもはや生きた現象ではなかった。

今、これらの哲学は非常に一貫している……実に一貫性があり、とても論理的だ――だが死んでいる。ブッダは哲学者ではない。体系化する人ではない。ブッダはどんな意味においても論理的ではない。彼は単に生きていて、在るものすべてを映し出す。

だからあなたがブッダのところに来る時、彼はあなたに答える。彼にはあなたに与える決まった答えはない。彼はあなたに答える。彼には一般的な顔がない。彼のすべての顔は個人的なものであり、それらはあなた次第だ。彼のところに美しい顔を持ってくるなら、あなたは映し出された自分の顔を見るだろう。そしてあなたがどんな顔もなしに来れば……純粋で、鏡のようであれば……何も反映されないだろう。その時ブッダは消える。彼には何も言うことはない。

ブッダと共に生きた人々は知っていた。彼らが彼ら自身のマインドを持っていた時、彼らのマインドはブッダの中に反映された。マインドを落とした時、彼らは本当に瞑想者になった。

そして彼らがブッダを見た時、そこには誰もいなかった……ただ虚空、谷、純粋な沈黙、原初の無垢だけ――だが誰もいない。

これらの説話は特定の学派によって集められ、編集されている。それらは非常に一貫している。多くの説話で明らかに矛盾していたものは削除されてきた。あいまいだった多くの言葉は含まれなかった。これらの説話は特定の学派によって集められた。後ほど私は、他の源泉について論じるつもりだ。すると何度もあなたは矛盾に出くわすだろう。それを覚えておきなさい。

そして私の近くにいる人々は、これを絶対にはっきりと理解しなければならない。なぜなら私は毎日、自分自身に矛盾するだろうからだ。それは気候しだいだ。それは左右される……天候が非常に曇っているなら、私は曇っている。太陽が明るく晴れやかに輝いているなら、私はそのようになる。

あなたは質問を持って私のところに来るだけではない。あなたは答えを持って来てもいる。おそらく答えはあなたに知られていない。おそらく答えは、あなたの無意識の中に隠されている、あなたの魂の闇のどこかに潜んでいる。質問は意識的で、答えは無意識だ。私の役目はあなたの答えをあなたにはっきりと明らかにさせること、それを明るみに出すことだ。私は矛盾せざるを得ない。

私は公的な人間ではない。私は群衆には興味がない。私は弟子と帰依者にだけ興味がある。それは私が、親密な関係性にだけ興味があるという意味だ。私はあなたに興味がある。そして私があなたに話すことは何でもあなたに対して言ったことであり、他人には無関係だ。私が個人的に話をする時、私は特定の人と話をしている。他の人にとっては適切ではないかもしれない。同じ人に対してさえ、明日それは適切ではないかもしれない。なぜなら彼は変化するだろうからだ。生は連続的な変化だ。そして私は生と調和しているだけで、それ以外の何でもない。だから私は矛盾せざるを得ない。だから時々あなたが矛盾に出くわしても、急いではいけない。そしてどうにかして把握しようとしてはいけないし、固執しようとしてもいけない。それらをあるがままにさせなさい。

ブッダのような人は、矛盾していなければならない。彼は人類のあらゆる可能性を含んでいるため、すべての矛盾を含んでいなければならない。彼は可能なすべての疑問と、可能なすべての答えを含んでいる。彼は可能なすべての面と、可能なすべての位相を含んでいる。彼は人類の過去、現在、そして未来全体を含んでいる。

それが、ブッダがこう言う時に意味していることだ。

「あなたが我が家に帰った時、あなたの最も内側の実存が輝く時、すべてが知られるだろう——過去であったもの、現在そして未来のすべてが。何も未知のままにはならない。その聡明な光においてすべては明らかにされる」

しかしすべては……物事は一貫していない。

それが世界の美しさだ——物事は一貫していないということが。物事は異なる質を、異なる個性がある。すべてのものは独自の方法で存在していて、ブッダは単に反映している……反射、鏡だ。

これらの説話は常に「ブッダは言った」、によって始まる。それを覚えておきなさい。

「ブッダは言った」と言われる時、それは単に彼には何も言うべきことがないという意味だ。彼は反映した。彼はあなたを反映した。彼は単にあなたが誰であるかを示した。彼はあなた自身をあなたに明らかにした。彼はあなたを、あなた独自の中心に連れて来た。


熱情を持つ人は決して道に気づかない。

それは澄んだ水を手でかき混ぜるようなものだからだ。

人々は自分の顔の反映を見つけることを望んでそこに来るかもしれない。

けれども彼らは決してそれを見ないだろう。

熱情に悩まされて苛立っているマインドは不純だ。

そしてそのためにそれは決して道を見ない。

おお僧侶たちよ、熱情を排除せよ。

熱情の汚れが取り除かれる時、道は顕われるだろう。


途方もなく重要な多くのことが、この経文で言われている。

まずブッダは言う、熱情を持つ人は決して道に気づかない、と。

熱情とは何だろう？　熱情とは一種の熱病、あなたの実存の震えのようなもの、内側の揺らめきのようなものだ。熱情とは、あなたがあるがままの自分に満足していないという意味だ。あなたは他の何かでありたい、あなたはより以上の何かでありたい、あなたは異なるパターンの生でいたい、異なるスタイルでいたいと思う。その時あなたは、自分が幸せで満足するだろうと考える。

熱情に満ちたマインドとは、現在に対して不満に満ちているマインドだ。熱情を持ったマインドは望み、希望を抱くが、決して生きない。それは延期する。それは明日と、いつも明日と言う。それは決して〝今とここ〟ではない。熱情に満ちたマインドは、常に現在を逃し続ける――そして現在は存在する唯一の現実だ。だから熱情に満ちたマインドは、現実を逃し続ける。それは在るものを反映できないし、真実を反映できない。それはダンマを、道を反映することはできない。あなたを取り囲んでいる現実を反映できない。なぜならあなたは、決してここにいないからだ。

あなたのマインドを見守りなさい。願望があるといつでも、あなたは道に迷ってしまう。あなたは未来にいることはできない、それを覚えておきなさい。あなたは過去にいることはできない、それを覚えておきなさい。それは不可能だ。物事はそんな風には起こらない。それは単に起こらない。あなたは過去にいることはできない。過去はもうない。どうやって過去にいられるだろう？　だが多かれ少なかれ、あなたは常に過去にいる。あなたは過去の記憶の中にいる。それは存在しない方法だ。それは存在する方法ではない。それは存在しない方法だ。あるいは、あなたは不可能な未来にいるが、それが不可能なのは未来はまだ存在しないからだ。あなたはどうやって、まだ存在しない家の中で生きられるだろう？　だがあなたはそこで生きる。

人間は奇跡を行ない続ける。これらは本当に奇跡だ。彼はもはやない過去に生き続け、そしてまだない未来に生き続ける。あなたはまだ見つけていない女性を愛する。あるいは死んでいる女性を愛し続ける。マインドは、過去か未来のどちらかにしがみついている。これは存在しない方法だ。これが私たちが存在を逃す方法だ。これがやがて私たちが幻に、影に、幽霊になる方法だ。あなた自身を見守ってごらん。私が人々を見る限り、数多くの人々は幽霊の生の中に留まっている。

ある女性がほんの数日前にここにいて、彼女は幽霊を非常に恐れていると言った。それで私は言った、「これは無視できないことだ。なぜなら時々幽霊が私のところに来て、彼らがあなたを非常に恐れていると言うからだ。あなたも幽霊なのだよ。なぜあなたは幽霊を恐れなければならないのだ？」

私は彼女の顔を覗き込んだ。それは過去のものであり、未来についての何かがあったが、現在に関する具体的な内容はなかった。

記憶の中に生きることや想像の中に生きること――それが熱情の道だ。熱情は揺れている――左へ、または右へと。だが決して中間にはいない。そして中間が真実だ。現在が真実……現実《リアリティ》への扉だ。

ブッダは言う。

熱情を持つ人は決して道に気づかない。

私たちは常に道の上にいる――他に在るべき方法はない。しかし私たちは、自分たちが常に道と共にあることに決して気づかない。私たちは常に神の中にいるが、決して神に気づかない。神はとても明白だ。しかし私たちは神以外のすべてに気づき、そして彼はあなたを取り囲んでいる……内側と外側を。彼はすべてのものの中で脈動している。ただ彼だけがある……だがあなたが彼を見ることができないのは、あなたが決して現実の中にいないからだ。あなたは非現実だ。では非現実はどうやって現実と出会ったらいいのだろう？　熱情に満ちたマインドは現実と出会うことはできない。そしてこれが続く。

子供たちは熱情に満ちている。人は理解できる――彼らは子供っぽい、彼らはまだ人生を知らない。若者は熱情に満ちている。人は彼らを許すこともできる。彼らはまだ若すぎる。それは彼らがまだあまりにも愚かだという意味だ――彼らは学ばなければならないだろう。だが死の床にいて、死につつある老いた人々でさえ……それでもやはり熱情に満ちている。その時はそれは手に余る。老人は許すことはできない。

子供はオーケーだ。若者はまだ許せる。が、老人は？――許すことは不可能だ。彼はその全人生を生きてきたが、単純な事実を理解するには至らなかった――未来の中にいることはできないし、過去の中にいることはできない、ということを。彼は全人生を生きて、生のそれぞれの瞬間、挫折してきた。それにも関わらず期待し続ける。彼はその全人生を、望みに望み続けて生きた。それでも何もそれから生じていない。死はやって来ているが、生はまだ到着していない。彼はそれのためにただ待って、準備してきただけだった……それは起こらなかった。それでも彼は――より以上の生を切望し続ける。

私が多くの人々を見る限り……私は死につつある人々を見守ってきた――人が熱情なしで死ぬことは非常に稀だ。人が熱情なしで死ぬ時、その死は美しい。それには途方もない意義がある。それには本来備わっている価値がある。しかし人々は醜い死に方をする。死でさえ、彼らから夢と熱情と熱病を振り払うことはできない。死でさえ、彼らに何が起こっているのかを理解させることはできない。私は非常に美しい逸話を聞いたことがある。

売春宿があった。呼び鈴が鳴って女将はそれに答えたが、誰にも会わなかった。それから階下を見ると、腕や脚がなくて台車の上に座っている男を見た。彼女はその男に言った。「あなたはここで何かお望みですか?」

男は彼女を見上げて、微笑んで言った。「俺は呼び鈴を鳴らさなかったっけ?」

今やそれで充分だ。最後まで……死につつあっても、人々はセックスについて考える。そこには何らかの相互関連がある。なぜならセックスは誕生を意味するからだ。だから死とセックスは実に深く繫がっている。もしあなたが充分に生きていた間にそれを処理できなかったら、あなたが死にかけている間にそれを処理することは非常に困難だろう。なぜなら死が訪れると、その正反対のものも、その影ももたらすからだ。

生はセックスで始まる。生は死で終わる。そして死がやって来る時、性エネルギーは最後のひと仕事をする。それは閃光になる。そのまさに閃光が、あなたをもう一つの生に導く……車輪は再び動き始める。性的な、熱情的なマインドを持って死ぬと、あなたは再び新しい生を、新しい誕生を作り出している。あなたは子宮を求め始めている。セックスとは、子宮の探索が始まったことを意味する。まだあなたは死んでいないが、探索は始まっている。あなたの魂は、すでに別の子宮に飛び込むための準備をしている。

ブッダは言う、もしあなたが熱情なしで死ぬことができるなら、あなたは欲望を壊してしまったのだ、と。あなたは二度と生まれないかもしれない。あるいはたとえ生まれても、それは一回だけになるだろう。おそらく少しのカルマは残されるかもしれない、清算されなければならないだろう、物事は終らせなければならないだろう――しかし基本的にあなたは自由だ。

マインドが熱情から解放される時、マインドは自由だ。自由とは熱情からの解放を意味する。そしてただ自由なマインドだけが、何が現実であるかを見ることができる。ただ自由なマインドだけが――熱情から解放されたマインドだけが、ここにあるものを見ることができる。

熱情を持つ人は決して道に気づかない。
それは澄んだ水を手でかき混ぜるようなものだからだ。

あなたは時々見たことがあるだろうか？　満月の夜に湖に行ってごらん——すべてが沈黙している……湖の表面にはさざ波さえない……そして月はとても美しく反映される。水を震動させたり、手で水にいくつかのさざ波を作るなら、月はばらばらに分割される……その反映は消える。あなたは湖上に銀色に光るものを見るかもしれないが、月を見ることはできない。断片につぐ断片……その全体は壊れている、統合はなくなっている。

人間の意識にもまた二つの状態があり得る。一つの状態は熱情の状態だ——未来のどこかのある岸辺を切望していたり、あるいは、過去の岸辺にしがみついている多くのさざ波や波がまだある時だ。だが湖はかき乱される。表面は穏やかではないし、静かでも落ち着いてもいない。表面は現実を反映できない。それは歪む。熱情に満ちたマインドは歪みのための装置《メカニズム》だ。あなたが見るものは何でも、歪みを通して見る。

満月の夜に湖に行って、湖でこれら二つのことを見てごらん。まずすべてが静かで穏やかなのを見てごらん、反映された月、途方もない美しさ、すべてはとても静かだ——まるで時間が止まったかのように。そしてすべては在る*present*——まるでただ現在*present*だけがあるかのように。それからさざ波が作られるのを、あるいは風が来て歪むのを待ってごらん。その時、すべての反映は無くなるか乱される。それからあなたは見続ける――あなたは月を見つけられない。月がどのようなものか把握できない。あなたは反映からそれを作り出せない。

これらはマインドの二つの状態でもある。どんな思考も欲望も、熱情もないマインドは静かだ……湖のように静かだ。その時、あるがままのすべてが反映される。そして在るものを知ることは神を知ることであり、真実を知ることだ。それはすべてあなたの周りにある。ただあなたがそれを反映する状態にいないだけだ。

あなたの熱情が落ちる時、やがて物事はまとまり始め、統合されるようになる。そして反映が完全にきれいな時、あなたは解放される。真実は解放される。他の何も解放しない。在るものを知ることは自由になること、絶対的に自由になることだ。

教義はあなたを解放できない。信条はあなたを解放できない。教会はあなたを解放できない。ただ真実だけが解放する。そして在るものが映されるという状況を自身の中に作るようにならない限り、真実を見つける方法はない。

熱情を持つ人は決して道に気づかない。

あなたの意識は、具体的な内容が消えるようになるといい。それが熱情的でないという意味だ。

あなたがいる時、ただ単にあなたはいる。私はそれを原初の無垢と呼ぶ。あなたはどんなものも切望していないし、欲していない。あなたはまさにこの瞬間に、絶対的に、今とここにいる。大きな満足があなたの実存に生じる。途方もない充足があなたの実存に生じる。あなたは祝福されていると感じる。

実際のところ、それがあなたが求めているものだ。あなたの欲望のすべてにおいて、あなたは満足の状態を求めている。しかし、欲望はそれをもたらすことはできない。欲望はあなたの湖により多くのさざ波を作る。欲望はあなたの中に、さらに落ち着きのなさを作る。あなたはたった一つのことだけを――どのようにして、すべてがただ満足な状態に至るかを望んでいる。どこにも行くところはない……人はただ単に喜ぶ。ただ在ることで、人は喜びに満ちる。ただ在ることで、人は踊り歌うことができる。

それこそがあなたの求めているものだ。あなたの願望、あなたの欲望、あなたの性欲、あなたの野心においてさえ、それが正確にあなたが求めているものだ――だがあなたは間違った方向に求めている。それはそのようには起こらない。これまでそのように起こったことがない。これは一つの道だけで起こる――ブッダの道で、クリシュナやキリストの道で。その道は同じだ。それは誰にも属さない。その道は、まさに今ここであなたに利用可能だ……まさにあなたは、ここでそれに会いに来なければならない。あなたは他のどこかへ逃げている。あなたは決してあなたの家では見つからない。あなたが示す住所がどこであれ、あなたは決してそこでは見つからない。あなたは常に、他の場所にいる。

神はあなたを探し求めに来る。もちろん彼はあなたを信頼していて、あなたの住所と呼ばれるところに来るが、あなたは決してそこにはいない。彼は扉を叩くが部屋は空で、家は空だ。彼は家に入ってあらゆるところを見るが、あなたはいない。あなたは他の場所にいる。あなたは常に他の場所にいる。他の場所があなたの家になっている。

普通、人々は神を探し求めなければならないと考える。真実はまさに正反対だ――神があなたを探し求めているのだが、あなたは決して見つからない。

ブッダが言うことは、もしあなたに熱情がなければあなたは見つかるだろう、ということだ。あなたはすぐに見つかる。なぜならあなたは〝現在の瞬間〟に座っているからだ。あなたのマインドは揺れていない。あなたの炎は絶対に揺れていない。瞑想のまさにその瞬間にあなたは神に出会う、あなたは真実に出会う。あなたは自由になる。

熱情を持つ人は決して道に気づかない。

しかし、一つのことを覚えていなければならない。あなたは世俗的な熱情を落とすことはできる――多くの人々がそれをする。彼らは修行者《サドゥ》に、僧侶になる。彼らは修道院に移る。だが、彼らはそれほど熱情を落としてはいない。今、彼らは神について考え始める。今、彼らは別の世界で達成する方法を考え始める。彼らの達成者のマインドはまだ続いている。ただ彼らの言語が変わっただけだ。今、彼らはもうお金を望んでいない、彼らはもう銀行の預金残高を望んでいない、だがそれでも彼らは安心を望んでいる――神の手の中の安心を。

あなたが銀行の預金残高を求めている時、あるいは保険をかけるために保険会社に行く時、これらは安心を深く探求するための単なる言語に過ぎない。あなたはそれらから離れる。それからあなたはキリスト教徒やヒンドゥー教徒になる。キリスト教徒になることで何を求めているのだろう？あなたは再び安心を求めている。あなたはこう考える。

「この人イエスは神のひとり息子だ。私は彼と一緒でより安心だ」

あるいはあなたは、ヒンドゥー教徒になることを求める。あなたはこう考える。

「これらのヒンドゥー教徒たち、彼らは宗教という業界に最も長くいた。彼らは知っているに違いない。業界のすべての秘密を知っているに違いない。彼らは鍵を持っているに違いない。多くの文明が来ては去っていったが、これらのヒンドゥー教徒には何らかの秘訣がある――彼らは続いている。バビロンはもはやない。アッシリアは単なる廃墟だ。エジプトの古代文明はただ博物館の中だけにある。多くの文明がこの地球上に存在しては去っている。ただ宝物があちこちに残っているに過ぎない。しかしヒンドゥー教徒は大したものだ。彼らは存続してきた。時代によって破壊されなかった。彼らにはある特定の永遠の質がある。何らかの秘密を知っているに違いない。ヒンドゥー教徒になればいい」。だがあなたは安心を求めている。

あなたが安心を求めているなら、あなたのマインドはまだ同じ熱情、欲望、恐怖を持ち運んでいる。あなたはこの世界に興味がないかもしれない。

私のところに来る多くの人々がいて、彼らはこう言う。「これは一時的、束の間だ。この世界は価値がない。私たちは永続する至福のような何かを求めている」

だから、何も変わらない。実のところ、彼らは普通の人々よりも貪欲に見える。

普通の人々は、束の間のもので満たされている。これらの人々は非常に不満そうに見える。彼らは束の間のものに満足していない——美しい家と庭、美しい車、美しい女性、そして夫、妻と子供たち、彼らは満足していない。彼らは言う、「これらはすべて束の間だ。遅かれ早かれそれらは取り去られるだろう。私たちは取り去られない何かを求めている」と。これらの人々はより貪欲だ。彼らの熱情には限りがない。彼らは自分のことを宗教的だと考える。彼らはそうではない。

宗教的な人とはすべての熱情を、熱情それ自体を落とした人だ。単に言語を変更することによっては、何も変わらない。

私は聞いたことがある。

ムラ・ナスルディンは彼の友人に言った。

「俺は君を売女の息子と呼んだことは決してないぞ」

「いや、君はそう呼んだ！」。友人は非常に怒っていた。彼は主張した。「いや、君はそう呼んだ！」

「いや、俺はそう呼ばなかった！」。ムラは繰り返した。
「俺が言ったことのすべては、『家に帰ったら君の母親に骨を投げてやれ』だったのだ」

だがそれは同じだ。単にあなたの言語を変えることでは、何も変わらない。いわゆる宗教的な人は世俗的な人々と同じくらい世俗的で、時にはそれ以上でさえある。私は多くの宗教的な人々に、多くのジャイナ教僧侶たちに出くわしてきた――彼らは彼らの信奉者たちよりも、より世俗的に私には見える。なぜなら世俗とはこの世という意味ではないからだ。世俗とは単純に熱情、欲望、貪欲を意味する。彼らは解脱《モクシャ》を、あの世、天国、楽園を切望している。彼らの夢は未来で一杯だ。

あなたの夢も未来に満ちているが、あなたの未来はそれほど大きくない。ん？　あなたはほんのわずか数日後しか、またはせいぜい数ヶ月先しか考えない。あなたが極めて想像力豊かなら、せいぜい数年くらい、それがすべてだ。あなたの熱情はそれほど強くない。彼らの熱情は狂っているようだ。彼らは数年先を考えているだけではない。彼らは数生先を、あの世を考えている。彼らの欲望は凶暴な状態になっている。彼らは狂人だ。彼らは世界から去ってそれを放棄することはできるが、その放棄は偽りだ。彼らは、よりよい世界のために放棄しているからだ。あなたがより良い何かのために放棄する時、それは取引だ。それは放棄ではない。

あなたは映画を観に行く。もちろん五ルピーを放棄しなければならない。あなたはすぐに五ルピーを犠牲にしなければならない。しかしそれは……誰もそれを放棄とは呼ばない。それは取引だ。もしあなたが天国に、楽園に住みたいなら、あなたはそのために支払わなければならない。

これを覚えておきなさい——あなたが何かのために何かを支払う時はいつでも、それは放棄ではないことを。支払うというまさにその考えが、それは欲望の世界に属していることを直ちに明らかにする。なぜなら生は無料であり、誰も支払う必要はないからだ。それを繰り返そう。生は絶対的に無料だ。誰も支払う必要はない。あなたがそれのために支払い始める瞬間、それは生ではない。それは市場での商品のような何かであるに違いない——おそらく宗教的な市場でだが、何らかの商品であるに違いない。

誰かがあなたに、それが得るための方法だという理由で放棄を要求するなら、その時彼はあなたにそのために支払うことを、そのために犠牲にすることを要求している。彼は経済学を話しているのであって宗教ではない。彼は財政学を話している。彼はあなたにこう言っている。

「これくらいは支払わなければならない。あなたが神の楽園にいたいなら、これらのものを支払わなければならない。あなたは犠牲にしなければならない」

そしてもちろん、それはあなたの心に訴える。あなたはその論理を知っているからだ。無料でどうやって何かを得られるだろう？　あなたは支払わなければならない。するとあなたが神を見る時は、途方もなく支払わなければならない。あなたは代償として、自分のすべての楽しみを失わなければならない。あなたは凍ったようにならなければ、死ななければならない。生を放棄しなければならない。そこであなたは「良い子」に、「素敵な子」になる。そして今、神はとても幸せに感じている。

「見てごらん、この人は私のためにすべてを放棄してきた。今、彼は許されるべきだ」

神はあなたからどんな犠牲も決して要求しない。どうやって、あなたから何かの犠牲を要求できるだろう？　これは市場ではない。楽園は獲得されるべきものではない。そのために支払う必要はない。あなたはそれを楽しむことを学ばなければならないだけだ。それがすべてだ。それを楽しむ方法を知っていたら、今すぐにそれは手に入る。あなたはそのために支払う必要はない。

だが私たちのすべてのマインド全体は、経済学者や政治家によって訓練されてきた。彼らは、あなたは支払わなければならないと言う。若い時に美しい家や、家族、尊敬、立派な仕事を持てるように、教育の中で子供時代を犠牲にしなさい、あなたはそのために支払わなければならない——そこであなたは、若い時に世界のすべての楽しみを持つために、子供時代を犠牲にする。

それからあなたが若い時、あなたの妻はこう言う。

「保険に入りましょう。なぜなら子供たちが成長しているし、彼らには必要となるから。そして私たちは老いていくでしょう……では老後は？　あなたはどうするつもりなの？」

老後に引退して快適でいられるように、あなたの青年期を老後のために犠牲にする。

そこであなたは、自分の老後のために青年期を犠牲にする。それからあなたが引退した時、あなたはどうするのだろう？　今や一生が過ぎ去った。常に他の何かのために準備することだけで――。そして準備をすればするほど、あなたは準備をするのが上手くなる。それだけだ。そしてあなたはより多く準備することができる。準備をするのが上手くなる人は、決して生きる準備ができていない。彼は準備のために、もっと準備ができているようになる。それだけだ。

そのようにして、すべての生は取り逃される。それから老年期に彼らはこう言う。

「今、あの世のために準備をしなさい。あなたは何をしているのだ？　祈りなさい、瞑想しなさい、教会に行きなさい。今、宗教的になりなさい。あなたは何をしている？　死が来ているのだぞ。来世のために準備しなさい」

さて、この論理全体が馬鹿げている。子供時代は青年期のために犠牲にされ、青年期は老年期のために犠牲にされ、老年期は来世のために犠牲にされる。だからすべてはただ犠牲だけだ。いつ楽しむ時間が来るのだろう？　言わせてほしい――もしあなたが楽しみたいなら、決して準備してはいけない！　あなたが楽しみたいなら、楽しみなさい！　それを今すぐにしなさい。なぜなら他に方法はないからだ。

そしてあなたが偉大な準備者になるなら――準備において偉大で熟練した、能率的な人になるなら、常に準備するだろうが決してどんな旅にも行かないだろう。あなたは準備することに、荷造りしたり荷解きすることにとても熟練するようになるので、旅に行く方法を知らないだろう。あなたは荷造りして再び荷解きする方法だけを知る。

それが、人々が生の中でしていることだ。生は自由だ。それは贈り物……神の贈り物だ。それを楽しみなさい。これをあなたのハートの中に、できるだけ深く進ませなさい。この秘密を今、もはや秘密ではないようにさせなさい。生は贈り物だ。路上に踊りをもたらしなさい。

準備する必要はない。準備は常に熱情の影だ。あなたが未来を望む時、もちろんあなたはそのために準備しなければならない。現在においては何の準備も必要ない。現在は既に到着している。木々は既に緑だ、バラは開花している、鳥はあなたを呼んでいる。準備する意味はどこにある?

準備するというこの狂気の様は全く人間的だ。あなたはそれをどこにも見つけないだろう。あなたは今まで、何かのために準備する動物を少しでも見たことがあるだろうか? 何かのために準備する木を、何かのために準備する星を少しでも見たことがあるだろうか? 彼らはみんな笑っているに違いない。人間はとてもおかしな動物だ。彼らはみんな笑っているに違いない。何かが間違ってしまった。彼らは楽しんでいる。たった今、彼らは楽しんでいる。

現実は人間よりも動物に、鳥に、岩によりはっきりと反映されているに違いない。人間のマインドはさざ波で一杯だ。これらのさざ波は落とすべきだ。

人間は非常に奇妙な状況にいる。人間より下位にあるものは自然で——全く無意識で至福に満ちている。人間より上位にあるのがブッダたち——全く意識的で至福に満ちている。人間はちょうど中間にある——通路、橋……二つの永遠なるものの間に張り渡されたロープだ。人間は庭にいるカッコウほど幸せでもないし、いや、ブッダほど幸せでもない。彼はまさに中間にいる――張り詰め、緊張し、両方の方向へ一緒に進むことを望んでいる……ますます分裂するようになる。

だから私は、精神分裂症は特殊な病気ではないと言うのだ。それは非常に一般的な現象だ。それは異常ではない。誰もが精神分裂症だ。そう在らざるを得ない。人類の状況そのものが精神分裂症だ。人間は無意識ではないので、木のように在ることはできない――準備なしに楽しむことはできない。そして彼はまだブッダのようではないので、準備なしに楽しむことができない。彼は現在にいない。彼はちょうど真ん中にいる。

だが何も心配することはない。今あなたは、木のように幸せになることは決してできない。後戻りする方法はない――その世界は失われている。それが、アダムのエデンの園からの追放の意味だ――彼はもはや無意識の至福の一部ではない。彼は知識の木の実を食べることによって、意識的になった。彼は人間になった。

アダムは人間であり、すべての人間はアダムのようなものだ。すべての子供時代はエデンの園にある。すべての子供は動物のように幸せで、原始人のように幸せで、木のように幸せだ。あなたは子供が木々の中を、浜辺を走っているのを見たことがあるだろうか？――彼はまだ人間ではない。彼の目はまだ澄んでいるが、無意識だ。彼はエデンの園から出てこなければならない。

それは、アダムがかつて追放された、ということではない――すべてのアダムは、何度も何度も追放されなければならない。すべての子供は、神の園の外に投げ出されなければならない。それは成長の一部だ。痛みは成長のそれだ。人はそれを再び得るために、それを意識的に得るために、それを失わなければならない。それが人間の重荷と運命であり、彼の苦悩と自由であり、人間の問題と人間の壮大さだ——その両方がある。

ブッダとは、再びエデンの園に戻って入るアダムに他ならない。だが今、彼は充分な覚醒を持ってやって来る。今や円は完結している。彼は踊りながらやって来る。彼は全く至福に満ちてやって来る。彼はどんな木とも同じくらい至福に満ちているが、無意識ではない。彼は意識を得た。彼は意識に向かって上昇している。今、彼はただ至福に満ちているだけではない——彼は自分が至福に満ちていることに気づいている。新しい質が入ってきたのだ。

それこそが、あなたの中に入ろうとしているものだ——それはあらゆる所から、あなたの頭を叩いている。それこそが、私が神はあなたを探していると言う意味だ。意識はあなたに起こることを望んでいる、と私が言う意味だ。それを起こらせなさい。神があなたを探していることを認識しなさい。手放しなさい。彼と調和するようになりなさい。それこそが、ブッダがダンマと呼ぶものだ——自然と調和すること……充分に、完全に調和すること、だが気づいていなさい。

そして待ってはいけない。すべての人類が気づいて、熱情がなくなるような時代を待ってはいけない。それは非常に無駄に待つことになる。あなたは虚しく待つだろう。

私は聞いたことがある。

酔っぱらいが家路についていた時、彼は通りの真ん中に大きな穴を掘っていたグループに出くわした。「お前ら、何してんだ？」と彼は尋ねた。

「我々は地下鉄を造っている」と答えが返って来た。

「それをいつ終わらせるつもりなんだ？」と彼は尋ねた。

「ああ、約八年かかるよ」

その酔っぱらいはしばらく考えて、それから叫び返した。

「ああ、それはやってられないな。俺ならタクシーを利用するぞ」


人類は、いつか集団的に意識的になるだろう——その可能性は存在する——だがその時がいつかは誰も知らない。無数の年月が過ぎるだろうが、それが起こり得る前に、無数の個人たちがブッダにならなければならない。そしてある日、ブッダの境地が自然な現象になる可能性がある。

しかしその前に、あなた方は個々に努力しなければならない。そしてあなたはそれを待つことはできない。待つことは非常に自殺的だ。誰もがそれを待つなら、それは決して起こらないだろう。なぜならそれが起こるためには、ある程度の個々の魂たちがブッダになる必要があるからだ。


今、いくつかの実験が瞑想について為されている。こういうことがわかっている。

もしある村で、四百人の小さな村で、瞑想者の数が少なくとも一％に上昇するなら……たとえば、五百人の村で五人が瞑想を始めるなら、村の犯罪率はすぐに低下する。犯罪はさらに減る。村の一パーセントが瞑想しているという理由だけで、だ。それはすべての意識に影響を与える——ほんの一パーセントが。そしてただ瞑想することでだ——彼らはブッダではない。

もし人類の一パーセントがブッダになるなら、すべての質は変わる。意識的であることは、より簡単になるだろう。それはほとんど自然で、自発的になるかもしれない。

だから、もしあなたが待っているのなら、あなたは無駄に待っている。そしてあなたが待っていて、誰もが待ち続けるなら、それは決して起こることはない。それについて何かをしなさい。なぜならそれについて何かをすることで、それが他の人たちに起こることがますます容易になる状況を作るからだ。

熱情を持つ人は決して道に気づかない。
それは澄んだ水を手でかき混ぜるようなものだからだ。
人々は自分の顔の反映を見つけることを望んでそこに来るかもしれない。
けれども彼らは決してそれを見ないだろう。

だからあなたは、自分が誰なのかを知らないのだ。あなたは自分のマインドの中に、自分の顔を見ることはできなかった。他のことについては何を言うべきだろう？　神の顔については何を言うべきだろう？　あなたは自分のマインドの中に、自分の顔を見ることができなかった。それくらいの反映さえ不可能だ。その顔は現実にならない。ただ断片だけをあなたは見る。なぜならマインドは絶え間なく震え、揺れているからだ。

炎は決して途方もない静止状態にはならないので、すべてはちらついている。時にはあなたは自分の片目を見る。時には自分の鼻を見る。時には自分の片手を見る。時には自分の顔の一部を見る。だが、すべてはごちゃごちゃになっている。そしてそれを把握したいなら、ピカソの絵になる。あなたは何が何だかわからない。

私は、ピカソが友人の肖像画を描いた話を聞いたことがある。

友人がやって来た。彼はあらゆる角度から肖像画を見た。彼は言った。「いいね、美しいよ。だが鼻が好きではない。少なくともそれだけは描き直さなければならないね」

ピカソは「わかった、一ヶ月後に来てくれ」と言った。

彼は言った。「一ヶ月だと！　そんなに長くかかるものなのか？」

ピカソは言った。「私は一ヶ月でそれを描けるかどうかさえ確信できない」

「どういう意味だ？」と彼は言った。

ピカソは言った。「今、無理に本当のことを言わせないでくれ。実のところ、鼻をどこに描いたのかわからないのだ。私はそれを探してそれに瞑想しなければならない。私は確かに、どこかにあなたの鼻を描いたはずだが、どこにある？」

あなたが自分自身について見るなら、あなたはピカソの絵だ。すべてがめちゃくちゃで、乱雑になっている。あなたは自分の正体《アイデンティティー》を、自分が誰であるかを知らない。だからあなたは外側の助けに、支えにしがみつく――あなたの名前、父親の名前、あなたの姓、大学からの証明書、あなたの学位など。これらは外側の支えだ。それらは、あなたは誰かという考えを何らかの形で与える役に立つ。しかし本当は、あなたは自分が誰なのかを知らない。なぜなら、あなたが自分は医者だと、あるいはエンジニアや配管工だと知っているなら、どうやって自分自身を知ることができるのだろう？　それがあなたの実存とどんな関係があるのだ？

あなたは配管工でいるかもしれない。医者でいるかもしれない。エンジニアでいるかもしれない――それはあなたの本質的な実存とは何の関係もない。これらはすべて付随的な事だ。あなたは白人でいるかもしれないし黒人でいるかもしれないが、それはあなたの本質的な実存とは何の関係もない。これらは単なる付随的な事で、本質的なことは何もない。白人と黒人の違いは、ほんの少しの色素 *pigment* の違いだ。市場に行ってみるなら、顔料 *pigment* は四アナ（インドの古い通貨）より高くはないだろう。それが黒人と白人の間の唯一の違いだ。全く非本質的だが、ものすごく重要になってきている。

金持ちと貧しい人の違いは何だろう?……単に付随的な事だ。成功した人と失敗した人の違いは?……単に付随的な事だ。それらはあなたを本当に定義していない。しかし私たちは他の方法で定義する方法を知らないので、この断片に執着し続けて、それから何かを作り続ける。

あなたの実存の真実性《リアリティ》はあなたの内側にある。あなたにはほんの少し静かなマインドが必要なだけだ。それは反映されるだろう。あなたは自分が誰かを知るだろう。そしてそれがこの真実性《リアリティ》とは何かを知るあなたの最初の一歩になる。このゲーム全体は何なのか? この魔法のような世界は何なのか? 自分自身を知ることで、あなたは神を知る最初の一歩を踏み出している。自分自身を完全に知ることで、あなたは神を知る最後の一歩を踏み出している。自分自身を知ることで、あなたは神とは何かを知る。他に方法はない——というのもあなたが神だからだ。しかしあなたは、自分の顔を見ることができていない。

熱情に悩まされて苛立っているマインドは不純だ。
そしてそのためにそれは決して道を見ない。
おお僧侶たちよ、熱情を排除せよ。
熱情の汚れが取り除かれる時、道は顕われるだろう。

道は顕われるだろう。それを発見する必要はない。必要なことのすべては、無垢で純粋なマインドを持つべきだ、ということだ。そしてブッダが純粋と言う時、道徳的なマインドを意味しているのではない。宗教的なマインドのことではない。彼の純粋の定義はもっと科学的なものだ。彼は思考のないマインドのことを言っている。

道徳的な人が道徳的なのは、彼に道徳的な考えがあるからだ。不道徳な人が不道徳なのは、彼に不道徳的な考えがあるからだ。マインドに関する限り、どちらも思考に満ちている。世俗的な人には世俗的な考えがある、宗教的な人には宗教的な考えがある。最新の映画の歌を歌っていようが、宗教的な祈りを唱えていようが何の違いもない。あなたのマインドは揺らいでいる。あなたのマインドは静かではない。

だから、純粋と言う時にブッダは道徳を意味しているのではない。違う、彼は単に内容がないマインドを意味している。すべての内容は不純性をもたらす。その内容が何であれ、それは不純だ。彼は何らかを非難する意味において不純と言うのではない。彼は非常に科学的な意味においてのみそれを言う――異質なものは何でも、相容れないものは何でも、マインドを不純にする。

マインドとは単なる純粋な反射、反映させる能力だ。マインドがそれ自身に何かの考えを持っているなら、その考えはその反映を純粋にさせないだろう。その時投影が始まって反映は破壊される。だからあなたが宗教的な考えを持っていようが非宗教的な考えを持っていようが、共産主義者であろうが民主主義者であろうが、何の違いもない。キリスト教徒、イスラム教徒、ヒンドゥー教徒、シーク教徒――それには何の違いもない。あなたに考えがあるなら、あなたのマインドは不純だ。

意識に満ちたマインドには中身が全くない。彼はキリスト教徒でもヒンドゥー教徒でもユダヤ教徒でもない。彼は道徳的な人間でも不道徳な人間でもない。彼はただ単に在る。その存在、その在る状態が純粋性だ。それが私が原初の無垢と呼ぶものだ。その時すべての埃は洗浄されて、あなたは単なる反映する力になる。

おお僧侶たちよ、熱情を排除せよ。
熱情の汚れが取り除かれる時、道は顕われるだろう。

するとその時、突然あなたは見る──道は常に〝今とここ〟にあった。ただあなたが、それを見逃していただけだったのだ。道を失うことは不可能だ。神を失うことは不可能だ。やってみるがい──それがあなたがしてきたことだ。あなたはやってみることができる。そして束の間、自分が成功したと信じることもできる。だが実際のところそれは決して起こらない。

あなたは道を失うことはできない。道を失う方法はない。道に迷う方法はない。あなたは夢の中で、道に迷うことができると信じるだけだ。しかし現実にはあなたは迷うことはできない。目覚める時はいつでも、あなたは単に笑うだろう──自分が遠く離れて行ったと思ってきたことを。あなたはこれまで家から出たことさえなかった……あなたはいつもここに住んでいた。ただ目を閉じることで、あなたは果てしなく夢を見続ける。

夢の中では好きなだけ遠くに行けるが、現実においては神以外のどこにも行く方法はない。なぜならあなたがどこにいようとも、そこが現実だからだ。あなたは現実の一部であり、現実の有機的な部分としてのみ存在している。あなたは離れて行くことはできない。あなたは自分自身から分離できない。あなたは存在と混在している。あなたは存在に織り込まれている。私たちは従属的ではない。私たちは独立していない。相互に依存している。私たちはお互いの一員だ。どこにも行く道はない。

だからマインドが純粋な時、熱情の汚れが取り除かれる時、道は顕われるだろう。

突然あなたは見る――神があなたの前に立っているのを。突然あなたは認識する、自分が常に扉に、戸口に立っていたことを。あなたは笑い始めるだろう。ゲーム全体がとても馬鹿げていた。

本当に宗教的な人は、決してユーモアの感覚を失わない。そしてもしユーモアの感覚がない宗教的な人を見るなら、彼がまだ我が家に帰っていないのをあなたは確信できる。なぜなら宗教的な人は……理解すればするほどそのゲームの馬鹿らしさがわかり、笑い始めるからだ。それは一体どうして可能になったのだろう？　どうやって私は夢を見ていたのだろう？　どれだけ長く私は夢の中にいたのだろう？――そしてそれらの夢はとても本物に見えていた。

ブッダは言った。

道を見ることは、松明を持って暗い部屋に入るようなものだ。
光だけが残り、闇は直ちに立ち去る。
道が達成されて真実が見えた時、無知は消滅して光明は永遠にとどまる。

覚えておくべき素晴らしい説話だ。道を見ることは、松明を持って暗い部屋に入るようなものだ。あなたが松明を持って、ランプを持って暗い部屋に入るなら、闇は直ぐに消える――直ぐにだ。ブッダは直ちにと言う。それは時間を要しない。それは、あなたが光をもたらすと闇は少しの間長引き、去るべきかどうかを決め、少し時間をかけてから去る、ということではない。違う、時間が必要ないのは、闇が本物ではないからだ。

もしそれが本物だったら、それは少し時間がかかるだろう――多分ほんの一瞬だが、それは出て行くのに少し時間がかかるだろう。それは移動しなければならない。移動には時間がかかる。時にはそれは怠惰な闇であるかもしれない。それは少し時間がかかるかもしれない。時にはそれは速い走者であるかもしれない。それなら、それは速くなるだろう。だがとにかく、もし本物ならそれは時間がかかる。

あなたが光をもたらす時、まさに光をもたらすことが消失になる。闇はない、ただ光だけがある。闇がある時、実際には何もない。それは光の不在に過ぎない。それがすべてだ。闇には肯定的な実存はない。それは単なる光の不在だ。だからあなたが存在をもたらすと、不在はもうそこにはない。

ブッダは、この世界はまるで闇のようだと言う。いったんあなたがそれに光をもたらすなら、あなたが気づくようになるなら、熱情を落として瞑想的になるなら、マインドが瞑想の純粋性に達するなら、突然光が存在する。闇は消える。即座に、直ちに、瞬時に消える。

道を見ることは、松明を持って暗い部屋に入るようなものだ。
光だけが残り、闇は直ちに立ち去る。
道が達成されて真実が見えた時、無知は消滅して光明は永遠にとどまる。

光明は常にそうだった。光明は常に存在していた。あなたは気づいていなかった。あなたはぐっすり眠っていた。それはあなたが目覚めるのを待って、あなたの側にただ座っていた。光明はあなたの本性だ。それはあなたの実存そのものだ。最初からそれは存在していた。それはたった今、そこにある。もしあなたが覚醒の中で燃え上がることができるなら、あなたはそれをすぐに達成することができる。それは突然の灯明《イルミネーション》だ。

だがもし望むなら、あなたは時間をかけることができる。ゆっくりと、徐々に動くことができる。寝返りを打って再び眠り、もう少し待つことができる。だがあなたが目を開く時はいつでも、それを見つけるだろう。それは常にあった。ただ求めることで、それはいつでも達成されただろう。それは決して難しくなかった。それが難しく見えるのは、あなたが眠っているからだ。いったん目覚めたなら、あなたは笑うだろう。それはどうして難しかったのだろう？　なぜ難しかったのだろう？　それは存在していたものだった。ただあなたがそれを要求しなければならなかっただけだった。

道はある。波は来ては去る……海はある。マインドは来ては去る……無心《ノーマインド》はある。役割は来ては去る……ブッダはいる。ブッダとはあなたの本来の面目、あなたの独自性、あなたのまさに実存だ。

おお僧侶たちよ、熱情を排除せよ。

欲望を落としなさい。私たちの欲望は、あらゆるものを頂点に到達させる。私たちの欲望は、あらゆるものについての解釈になる。望めば望むほど、あなたは惨めになるだろう。なぜなら望めば望むほど、あなたの期待は増すからだ。望めば望むほど、あなたは感謝しなくなるだろう。なぜなら望めば望むほど、事を計るのは人間でも、事を成すのは神次第であるのを感じるからだ。望まなければ望まないほど、あなたは感謝するようになる。なぜなら望まなければ望まないほど、望むことなく、求めることなくどれほど多くのものが与えられているかを見るからだ。もし全く望まないなら、あなたは途方もない感謝の気持ちを持つだろう。とても多くのものが既に与えられているからだ。生は大変な贈り物だ……だが私たちは自分のマインドを働かせ続ける。

私は聞いたことがある。

国の中で最も怠け者だと思われている男がいて、彼は当然、ほとんどの時間眠っていた。彼はとても非活動的でとても役立たずだったため、一度町の人々は、彼が死んでいようが生きていようが、彼を埋葬するのが良い考えだろうと思った。

彼らはボロの棺を作り、彼の家にそれを持って来て、彼の家族からの何の抗議もなしに彼をその中に入れ、老いた牛に運ばせて墓地へ出発した。もちろん彼からの抵抗は少しもなかった。彼はとても怠惰だった。彼は「わかった」と言った。あるいはそれさえ言わなかったかもしれない。彼はどうなっていくのかを、ただ見ていたのかもしれない。

だが墓地に着く前に、彼らはその残忍な成り行きについて聞いた見知らぬ人によって止められた。彼らは見知らぬ人に言った、その男が働かないこと、そして彼の場所には少しのトウモロコシもなかったこと、町は彼に食べ物を提供するのに嫌気がさしていたことを。

「もういいかげんにしてくれ」と彼らは言った。「我々はうんざりしている」

「もしあなた方みんながそれを延期するなら、私は喜んでその男に荷馬車一台分のトウモロコシを与えよう」と見知らぬ人は言った。町の人々が返答する前に、棺から頭が起き上がり、ほとんど死んでいた者が尋ねた。「そのトウモロコシは皮が剥かれたものか?」

その怠け者はトウモロコシを心配している――その皮が剥かれているかどうかを。彼は死ぬ準備ができているが、もし彼がトウモロコシの皮を剥かなければならないなら、それはあまりに大変な努力だ。怠惰さに囲まれている人は、彼の怠惰を通してすべてのものを見る。彼の怠惰は物事についての彼の解釈になる。

あなたが眠いなら、当然、あなたは眠い目で生を見る。そしてあなたが生を取り逃すのであれば、それは当然だ――生とは、あなたの目が充分に生き生きしていれば、あなたの目が生で輝いていればこそ可能だからだ。あなたが生き生きした目で生を見るなら、そこには出会いが、交感《コミュニオン》がある。私たちは欲望の雲に囲まれて生きている。その時、これらの欲望は私たちの解釈になる。それから私たちは、それらの欲望に従って考え続ける。

それは起こった。

ダムでの仕事の志願者は、筆記試験を受けなければならなかった。それの最初の問題は、流体力学の意味とは何か、だった。

仕事の応募者の一人であるムラ・ナスルディンは、これを見て、それから試験用紙に書いた。その意味は、俺は仕事に就けないということだ、と。

私たちが生に与える意味が何であれ、私たちはそれを生に与える。

そしてブッダは言う、あなたが生の本当の意味を知りたいなら、それに意味を与えることをすべて落とさなければならない、と。その時、道が現われる。その時、生はその神秘の扉を開く。あなたはそれに意味を与えることを止める——あなたの欲望はそれに意味を与えている。欲望は定義できないものを定義している。そしてあなたが自分の欲望で曇ったままでいるなら、あなたが知るものは何であれ、あなた自身の夢見に他ならない。だから私たちはインドで、この生は、欲望を通して生きるこのいわゆる生はマーヤだと、それは魔法のようなものだと言うのだ。あなたはそれを創り出す。あなたは魔術師だ。それはあなたのマーヤ、あなたの魔法だ。

私たちは同じ世界に生きているのではない。覚えておきなさい。私たちは別々の世界に生きている。私たちは同じ欲望を抱いて生きているのではないからだ。あなたはあなたの欲望を投影し、あなたの隣人は彼の欲望を投影している。だからあなたがある人に会って、その人と、女性と、または男性と、または友人と一緒に生きることを望む時に、困難が生じるのだ。それは二つの世界の衝突だ。

誰でも一人だと問題がない。一緒では、何かがうまくいかない。私はこれまで間違った人に出くわしたことはないが、間違った関係性には毎日出くわす、私はそれを見守り、見て、観察しなければならない。私は決して間違った人には出くわさないが、間違った関係性には毎日出くわす。ほとんどすべての関係性が間違っているように見える。なぜなら二人は二つの欲望の世界に生きているからだ。彼らは独自の魔法の世界を持っている。彼らが一緒になる時、それらの世界はぶつかり合う。それは起こった。

ある夜ムラ・ナスルディンは焚火の一方の側に座っていて、もう一方には彼の妻が座っていた。彼らの間には猫と犬が横たわり、けだるく焚火をちらちら見ていた。妻は思い切ってこんなことを言った。

「ねえあなた、ちょっとその猫と犬を見てごらんなさい。何て平和で静かに、一緒にうまくやっているのでしょうね。なぜ私たちはそうできないの?」

「それはそうだな」とナスルディンは言った。

「でもちょっと君が、彼らを一緒に繋ぐと何が起こるかがわかるよ」

二人を一緒に繋ぐ——それこそが結婚というものだ——そして何が起こるかを見てごらん。突然二つの世界が……。あなたが愛する女性を理解するのは、ほとんど不可能に見える。それはそうであるに違いない——あなたは彼女を愛している——だが理解するのは不可能に見える。あなたが愛する男性を理解するのは不可能に見える。それはそうあるべきではない——あなたは彼を愛している——だが理解するのは不可能に見える。

他人を理解することは非常に簡単だ。とても近くにいる人々を理解することは非常に難しい。あなたの母親、父親、兄弟、姉妹、友人を理解するのは非常に難しい。あなたが近くにいればいるほど、より困難になる——その世界がぶつかり合っているからだ。

これらの世界は、微妙なオーラのようにあなたを囲んでいる。あなたが養い続けるこの魔法のような創造を落とさない限り、あなたは対立したままだろう。あなたは人々と対立したままだろう。あなたは神と対立したままだろう。なぜなら彼には彼独自の世界があり、あなたにはあなた独自の個人的な世界があるからだ。彼らは決して調和することはない。あなたは個人的な精神状態を落とさなければならない。

精神状態 *mentation* を落とすことが、瞑想 *meditation* についてのすべてだ。自分の思考を、欲望を落とさなければならない。あなたはただ存在しなければならない。すると突然すべてが有機的な全体となり、調和する。

そしてこれらの欲望が、あなたを囲んでいる闇の根源だ。これらの欲望はあなたを囲んでいる闇の支え、基礎だ。これらの欲望は、あなたを注意深くさせない障害物だ。これらの欲望に用心しなさい。そして覚えておきなさい――「用心」という言葉は気づきを意味する。それが唯一の方法だ。あなたが本当にこれらの欲望を取り除きたいなら、それらと戦い始めてはいけない。そうでないと、あなたは再び取り逃すだろう。あなたが欲望と戦い始めるなら、それはあなたが新しい欲望――無欲であるべきだ、という欲望――を作り出していることを意味するからだ。今やこの欲望は他の欲望とぶつかり合う。これは言語を変えることであり、あなたは同じままだ。

欲望と戦い始めてはいけない。ブッダが、熱情を排除せよ、おお僧侶たちよ、と言う時、彼は熱情と戦うことを意味しているのではない。なぜなら、そこに報酬がある場合にだけ、あなたが何かを達成しようとしている場合にだけ、あなたは戦うことができるからだ。その時再び欲望が生じている――新しい姿、新しい形、だが同じ古い欲望だ。戦ってはいけない。ただ気づいていなさい。欲望に用心しなさい。もっと注意深くなりなさい、もっと油断なくありなさい。するとあなたはわかるだろう――あなたが油断なくあればあるほど、欲望は少なくなる。さざ波は静まり始める、波は消え始める。そしてある日、突然……どんな瞬間にもそれは起こり得る。なぜならすべての瞬間には、他のどんな瞬間とも同じくらいの可能性があるからだ。それが起こるための吉兆の瞬間などない。それはどんな通常の瞬間にも起こる。なぜならすべての通常の瞬間が吉兆だからだ。それは菩提樹の下で起こる必要などない。それはどんな木の下でも、木なしでさえも起こる。それはあなたの家の屋根の下で起こる。それはどこでも起こる……なぜなら神はどこにでもいるからだ。

しかし、やがて気づくようになりなさい。気づきをもっともっと作り出しなさい。気づきをもっともっと集めなさい。気づきがそのような点に達するある日、エネルギーはそれが簡単に爆発するほど多くなる。

そしてその爆発において、闇は消えて光がある。すぐに闇は消える、即座に闇は消える――そして光がある。その光はあなた自身の明るさだ。だから、あなたはそれを失うことがない。いったん知るなら、それはあなたの永遠の宝になる。

第八章

遠い星

A Distant Star

質問一

生そのものがとても満たされ、溢れ出ていて、喜びに満ちているのなら、何が人間を惨めにさせるのでしょうか？

生は溢れ出ている。生は喜びに満ちている。だが、人間は生との触れ合いを失ってしまった。人間はあまりにも自意識が強くなっている。自意識は障壁として機能する。そして人は生きたままではいるが、本当に生きてはいない。自意識は病気だ。

鳥たちは幸せで、木々は幸せで、雲や川は幸せだが、彼らに自意識はない。彼らはただ単に幸せだ。彼らは自分が幸せであることを知らない。

ブッダは幸せで、クリシュナは幸せで、キリストは幸せだが、彼らは純粋な意識だ。彼らは幸せだが、自分がそうであることを知らない。

無意識の自然と超意識の存在には類似性がある。無意識の自然には自己がない。超意識の存在にも自己はない。人間はちょうど中間にいる。彼はもはや動物ではなく、もはや木ではなくもはや岩ではなく、それでもまだブッダではない。中間にぶら下がっていることがその惨めさだ。

つい先日、西洋からの新しい探求者が私宛に書いた手紙の中でこう言っている。
「OSHO、私はサニヤシンになりたくありません。私は超人——ブッダやキリストになりたくありません。私はただ人間らしくなりたいのです。ただ人間的になるように助けてください」

さて、これはあまりにも野心的であり、それは不可能だ。ただ人間的であることは不可能だ。それを理解しようとしてごらん。なぜならそれはあなたが「私をただその過程のままで、中間にいさせてください」と言う意味だからだ。人間的とは一つの状態ではない。人間的とは過程に過ぎない。たとえば子供が、「僕は若者になりたくない、僕は老いたくない。僕をただ子供のままにさせてほしい」と言うなら、それは可能だろうか？

彼は既に若者になりつつある。その途上にいる。子供時代とはひとつの状態ではない。あなたはそこに留まることはできないし、そこで動けなくなることはできない。それは過程だ。子供時代は既に過ぎ去っている、青年期は既に来ている。そして青年期も過ぎ去る。一生懸命若いままでいようとどのように試みても、あなたの努力は失敗する運命にある。なぜなら青年期は既に老年期に変化しているからだ。

ただ人間的であることをあなたは求めている。あなたは不可能を求めている。あなたはあまりに野心的だ。あなたはブッダになることができる。その方がより簡単だ。あなたは神になることができる。その方がより簡単だ。しかし、ただ人間的なままでいたいと求めることは不可能だ。なぜなら人間的とはただの通路、航海、旅、巡礼に過ぎないからだ。それは過程であって状態ではない。あなたは人間的なままでいることはできない。もし人間的なままでいようとあまりにも一生懸命試みるなら、非人間的になるだろう。あなたは堕落し始める。前方に進まないなら、後方に滑り落ち始める。だがあなたは、どこかに行かなければならない。静止したままでいることはできない。

人間的であるということは、単に神になる途上にいるという意味であり、それ以外の何でもない。神が目的地《ゴール》だ。人間的であることは旅、道だ。道は決して永続的ではあり得ない。それは永遠にはなれない。そうでなければ非常に疲れるだろう。それならゴールには決して到着しない。そしてあなたはただ旅に次ぐ旅の、そのまた旅の途上にいるに過ぎない。

望むことは人間的だ。しかし望むということは、超えて行くことを望むという意味だ。望むということは超えたものを望むという意味だ。望むということは超えることを、超越することを望むという意味だ。これが本当の人間的な状態だ——それは、彼は常に超えている、先へ先へと進んでいる……ゴールはどこか別のところにある、ということだ。

それを尋ねてきた人は素晴らしい人であるに違いない。実際、サニヤスの準備ができている——だが彼は、自分が何を言っているのか理解していない。

人間が惨めなのは、人間は惨めでなければならないからだ。それはあなたの過失でも何でもない。それはあなたが間違っているということではない。人間的であることが、惨めでいることなのだ。

なぜなら人間的であることは中間にいることだからだ――ここでもなくそこでもなく……どっちつかずの状態にぶら下がっている。苦悩は緊張のせいで起こる。

一つの家が失われている――いまでも鳥たちが歌っていて、いまでも動物たちが動いていて、いまでも木々が開花している家が――エデンの園が失われている。その一つの家が失われている。アダムは追い出された。アダムは人間になった。

アダムがエデンの園にいた頃、彼は動物だった。彼はアダムではなく、人間ではなかった。神は庭園から彼を追放した。そのまさに追放が人類になった。

人間は別の家を――より大きくてより高く、より深く、より優れた別の家を探せるように、一つの家から追放された。一つの家は失われる。そこに懐かしさがある。人間は動物になりたいと思っている。エデンの園を忘れることは非常に難しい。それはとても美しかった。そして私たちは動物のようになる瞬間がある――深い怒りの中で、暴力において、戦争で、私たちは動物のようになる。それは怒ることの楽しみだ。

なぜあなたは、怒ることにとても幸せを感じるのだろう？　なぜあなたは何かを破壊することにそれほどの激しいエネルギーを感じるのだろう？　なぜ戦争時の人々はより輝いて、より健康で、より鋭くてより知的に見えるのだろう？――まるで、生はもはや退屈なものではないかのようだ。何が起こっているのだろう？　人間は逆戻りする。ほんの数日であれ数ヶ月であれ、人間は再び動物になる。その時、彼は法律を知らない、彼は人間らしさを知らない、彼は神を知らない。その時彼は単純に動く……自意識を落とし無意識になる。殺人、殺し、強姦——すべては戦争において許される。

だから人間は、絶え間なく戦争を必要とするのだ。十年ごとに大きな戦争が必要となり、小さな戦争は絶え間なく継続されなければならない。そうでなければ、人間にとって生きることは困難になる。

人は大酒飲みに、麻薬中毒になる。化学薬品を通して、人は失われた家を、失われた楽園を取り戻そうとする。あなたがＬＳＤの影響下にある時、あなたはエデンの園に戻っている——裏口から。ＬＳＤはエデンの園の裏口だ。再び生はサイケデリックに、色鮮やかに見える。再び木は輝いて見える。アダムとイヴに見えていたもののように、それらがまさに今、カッコウや虎や猿にとってそう在るに違いないように。緑はその中に光輝を持っている。すべてがとても美しく見える。あなたはもはや人間的ではない。あなたは後退している。あなたは無理に自分の存在を後退させた。そのために、途方もない魅力がアルコール飲料に存在するのだ。

人類の歴史のまさに初まりから、人間はドラッグを追い求めてきた。ヴェーダではそれをソーマと呼んだ。今彼らはそれをＬＳＤと呼ぶ。だが違うものではない。ある時それは大麻、インド大麻《バング》だった。今、それはマリファナや他のものだが、同じ古いゲームだ。

化学的には後退することは可能だが、あなたは本当に戻ることはできない。戻ることはない。時間がそれを許さない。人はただ前方に進まなければならない。

あなたは時間の中で退歩することはできない。バックギアは存在しない。フォードが彼の最初の車を作った時、それにはバックギアがなかった。ただ後になってから、彼らは家に帰ることは非常に難しいと考えた。運転者は遠回りをして、不必要な長い距離を走行しなければならなかった。それから戻ってくることができた。そしてバックギアは、後に考えた時に付け加えられた。しかし時間においては、神はまだバックギアを付け加えていない。あなたは戻れない。

人間はそれについて夢見てきて、それについて夢想してきた。人は時間の中で戻れるという科学小説がある。H・G・ウェルズはタイムマシンという考えを持っている。ん？　あなたは機械の中に座ってギアをバックに入れる。するとあなたは後方に移動し始める。あなたは若くなり、子供になる、それから幼児になり、そして子宮の中にいる。後方にあなたは移動し始める。だがタイムマシンは存在しない。それは詩人の心の中に、空想の中にだけ存在する。

戻ることは無理だ。そこにはたった一つの可能性しかない――前方に進むしかない。

人は苦悩したままでいなければならない。そこにはたった二つの道しかない――戻ることを可能にするか、人間らしさを超えて行くかだ。人間らしさとはひとつの橋だ。あなたはその上に家を造ることはできない。それは通過しなければならない。それは住むべきところではない。

イスラム王朝のムガール帝国のアクバルが、特別な都市であるファティープル・シークリーを造った時に、その街を世界に繋ぐ橋の上に掲げるような、何か格言のようなものを見つけるようにと賢者たちに要求した。彼らは調べ、探して、そしてイエスの言葉を見つけた。それは聖書には存在しない。それは他の源から、スーフィーから来たものに違いない。アクバルの宮廷には多くのスーフィーたちがいた。

その格言とは『世界は橋のようなものだ――そこにあなたの家を造ってはいけない』

今でもその橋の上にはその格言がある。それは美しい。それは事実だ。

人間らしさとはひとつの橋だ。ただ人間的であろうとしてはいけない。そうでなければ、あなたは非人間的になるだろう。超人間的になろうとしなさい。それが人間的であるための唯一の道だ。神になろうとしなさい。それが人間的であるための唯一の道だ。他に道はない。星々のどこかにあなたのゴールを持ちなさい。ただその時だけあなたは成長する。

そして人間とは成長する現象、過程だ。もしあなたにどんなゴールもないなら、成長は止まる。その時あなたは動けなくなる。あなたは停滞し、生気がなくなる。それが世界で無数の人々に起こってきたことだ。彼らの顔を見てごらん――ゾンビのように見える、まるで彼らは眠っているか、薬漬けになっているか、酔っ払っているかのようだ。

これらの人々のハートに何が起こっているのだろう？　彼らはどんな新鮮さも、生き生きとした状態も、生命のほとばしりも、一つの炎も示していない……鈍い。彼らに何が起こっているのだろう？　彼らは何かを見逃してきた。彼らには何かが欠けている。彼らは自らを作るということをしていない。満たさなければならない運命を満たしていない。

人間は超人間になるためにここにいる。超人間をあなたのゴールにしなさい。その時だけあなたは人間でいることができ、くつろげるだろう。

あなたが超人間に変容すればするほど、あなたは自分が苦悶していないのが、不安の中にいないのがわかるだろう。芽はすぐに生えてくる、そこには大きな喜びがあるだろう。すぐに開花がある。あなたは待つことができ、望むことができ、夢を見ることができる。

あなたがどこにも行かない時、ただ人間的であろうとする時、川は流れを止めてしまう。その時川は海に向かって流れていない。海に行くことは、海になることを望むという意味だからだ。でなければなぜ海に向かうのだろう。海に向かうことは、海の中に溶ける、海になるという意味だ。

神がゴールだ。あなたが神になるためのすべての努力を、あらゆる可能な努力を続ける時にのみ、あなたは人間的であることができる。これらの非常な努力において、あなたの人間らしさは輝き始めるだろう。これらの非常な努力において、あなたは生き生きするようになる。

生そのものがとても満たされているなら……

生は満たされているが、あなたは生に接していない。古い接触は失われていて、新しい接触はなされていない。あなたは通過中だ。そのためあなたはそのように活気がなく、そのため生はとても凡庸に、悲しく退屈に見える——無駄にさえ見える。

ジャン・ポール・サルトルは言う。人間とは無益な熱情だ——無駄で無力な熱情であり、生について不必要に大騒ぎをするが、そこには何もない……生は無意味だ、と。あなたが自己の中に閉じ込められるようになればなるほど、生は無意味になる。その時あなたは惨めだ。その時、惨めさは何か他の結末を持つことになる。

あなたが幸せならあなたは普通だ。幸せでいることは、ただ自然なことだからだ。惨めでいることは並外れたものになることだ。幸せでいることに何も特別なものはない——木々は幸せだ、鳥たちは幸せだし動物たちは幸せだ、子供たちは幸せだ。それの何が特別だろう？　それは存在においては普通の事だ。存在は幸福と呼ばれるもので成り立っている。ちょっと見なさい！——あなたはこれらの木々を見ることができないのかね？……とても幸せだ。あなたは鳥が歌うのを見ることができないのかね？……とても幸せそうに歌う。幸福はその中に特別なものを何も持っていない。幸福とは非常に普通のことだ。

喜びに満ちていることは全く普通のことだ。自己、エゴはそれを許さない。だから人々は、自分の惨めさについて非常に沢山話をするのだ。彼らは単に自分の惨めさを話すことで特別になる。人々は自分の病気、頭痛、気分、あれやこれやについて話し続ける。人々はみんなどうにかして、自分を病気だと思ってくよくよしている。そしてもし誰かがあなたの惨めさを信じないなら、あなたは気分を害する。誰かがあなたに同情して、あなたの惨めさを――それについてあなたが誇張した脚色でさえ信じるなら、あなたは非常に幸せを感じる。これは愚かなことだが、理解されなければならない。

惨めさはあなたを特別にする。惨めさはあなたをより利己的にする。惨めな人は、幸せな人よりも強いエゴを持つことができる。幸せな人は本当にエゴを持つことができない。なぜなら人は全くエゴがない時にだけ、幸せになるからだ。エゴがなければないほど幸せだ。幸せであればあるほどエゴはより少ない。あなたは幸せの中に溶け入る。あなたは幸せと一緒に存在することはできない。あなたは惨めさがある時にだけ存在する。幸福の中では、そこには溶解がある。

あなたは今まで、何か幸せな瞬間を見たことがあるだろうか？　それを見守ったことがあるだろうか？　幸せの中では、あなたはいない。あなたが愛の中にいる時、あなたはいない。もし愛が今まであなたのハートの中にその居所を作ってきたなら、それがわずかな瞬間であっても、あなたはいない。あなたが美しい日の出を見る時、または満月の夜を、静かな湖を、蓮の花を見る時、突然あなたはいない。そこに美がある時、あなたはいない。そこに愛がある時、あなたはいない。

誰かの話を聞いていて、そこに真実があると感じるなら、あなたは単にその瞬間に消える。あなたはいなくて真実がある。彼方のものがある時はいつでも、あなたはいない。あなたはそのための空間を作らなければならない。あなたがいるのは惨めさがある時だけだ。あなたは嘘がある時にだけいる。何か間違ったものがある時にだけあなたはいる。あなたがいるのは靴が合わない時だけだ。靴が完全に合えば、あなたはいない。靴が完全に合うとあなたは足を忘れ、あなたは靴を忘れる。頭痛がない時は頭はない。あなたが自分の頭を感じたいなら、頭痛が必要だ。それが唯一の方法だ。在ることは惨めでいることだ。幸せでいることは、いないことだ。

だからブッダは自己はないと言うのだ。彼はあなたが全く喜びに満ちるようになるために、路を作っている。彼は、自己はないのであなたはそれを落とすことができる、と言う。自己がないならそれを落とすのは簡単だ。自己はない、自己は単なる想像だと理解するなら、それを落とすのは簡単だ。

ムラ・ナスルディンはある日、居酒屋で友人に自分の家族について話していた。

「九人の男の子がいるんだ」と彼は言った。

「そしてアブドゥルを除いてはみんな良い子だ。彼は読むことを学んだのでね」

さて人が読むことを学ぶ時、困難が生じる。今や自己が生じる。村では、人々はより幸せだ。彼らは大都市にいる人よりも動物に近い――彼らは遠く離れている。原始社会では、原住民はより幸せだ。彼らはロンドンや東京、ボンベイ、ニューヨークの人々よりも木々や自然に近い。木々は消えてしまい、ただアスファルトの道路だけが――全く偽りの――コンクリートの建物、すべて人間が作り出したものだ。

実際、もし突然、宇宙空間から誰かがボンベイ、ニューヨーク、東京、ロンドンに来るなら、彼はそこに神のどんな署名も見つけないだろう。すべては人工物だ。東京やボンベイを見ると、人は人間が世界を創ったと思うだろう。これらのコンクリートの建物、これらのアスファルトの道路、この科学技術――すべては人工物だ。あなたが自然から遠く離れて行けば行くほど、幸福から遠く離れて行く……ますますあなたは読むことを学ぶ。

神がアダムを追放したのは、彼が知識の木から食べたからだ――彼は読むことを学び始めた。神は彼を追い出した――彼は物知りになった。人間は、より物知りであると、より惨めにならざるを得ない。惨めさは常に、あなたの博識と正確に釣りあっている。

博識は知ることではない。知ることは無垢だ。博識とは狡猾さだ。教育を受けた人が狡猾でいないことは非常に難しい。ほとんど不可能だ。なぜならすべての訓練が狡猾なものだからだ。その訓練は論理のものであって愛のものではない。そして訓練は疑うためのものであり、信頼のためのものではない。その訓練とは疑い深くあることであり、信頼することではない。誰もがあなたを欺そうとすることが訓練だ。だから気づいていなさい。そして他の誰かがあなたを騙そうとする前に、騙しなさい――それが守るための唯一の方法だからだ。

マキャベリは言う、自分を守るための最善の方法は攻撃的になることだ、と。知っての通り、世界のすべての政府は彼らの軍事組織、軍隊を「防衛」と呼ぶ。それらはすべて攻撃のための装備だ――彼らはそれを「防衛」と呼ぶ。ヒトラーでさえ彼の軍隊を「防衛」と呼んだ。大昔からこれまで「私は攻撃している」と言った者は誰もいなかった。彼らは言う、「私たちは防衛している」と。彼らはみんなマキャベリに従う。彼らはみんなマハーヴィーラ、モハメッド、モーゼを尊敬するが、それでも彼らはみんなマキャベリに従う。尊敬に関する限り、寺院に行き、聖書を読む。だが実際の生活に関する限り、『君主論』を読み、マキャベリを読み、チャーナキヤを読む。（※訳註：チャーナキヤ……古代インドのマガダ国王の宰相であり軍師であった人物）

政治家たちが住むインドの首都デリーでは、彼らはそれをチャーナキヤ・プーリー――マキャベリの都市と呼ぶ。チャーナキヤはインドにおけるマキャベリに対応する人物で、マキャベリよりもさらに危険だ。人は教育を受けるようになればなるほど、マキャベリ的に、狡猾になる。

マキャベリの本『君主論』が出版された時、彼はヨーロッパのすべての王が彼を招待するだろうと、そしてある王の顧問として高い地位に配属されるだろうと考えていた。だが誰も彼を呼ばなかった。その本は読まれた。その本は理解された。だが誰もマキャベリを呼ばなかった。彼は驚いて尋ねた。それから彼は、彼らが彼の本を読んで彼を恐れるようになったのを知った。彼はとても狡猾だったので、彼に大きな地位を与えることは危険だったのだ。もし彼が彼自身の本に従ったなら、彼は滅ぼしただろう、王を追い出しただろう。遅かれ早かれ、彼は王になっただろう。彼は貧しい人生を生きた。彼は決してどんな重要な地位にも着けなかった。

教育はあなたをより狡猾にする。もちろん、教育はあなたをより惨めにする。宗教的であることは、こうしたナンセンスを一掃することだ。宗教的であることはどのように学ばないかを、再びあなた自身を無学にする方法を学ぶことを意味する。世界があなたに条件付けてきたものが何であろうと、あなたはその条件付けを外さなければならない。そうしなければあなたは網にかかっている。人間が惨めなのは、人間が彼自身の網にかかっているからだ。彼はそこから出てこなければならない――それには遠く離れた星だけが役に立つ。

おそらく神はいないだろう。私はそれについては心配していない。しかしあなたがその方向に動くためには神が、遠い星が必要だ。おそらくあなたがそこに到達する頃までに、あなたが神を見つけることはないだろう。だがその時までにあなたは神になっている。その星に到達することで、あなたは成長する。

人間が惨めなのは、惨めになるためのコツを学んだからだ。エゴはそれの基盤だ。人間が惨めなのは、至福や幸福があまりにも当たり前に手に入れられるからだ。それが面倒事を引き起こす。

私がムラ・ナスルディンに初めて会った時は、このように起こった。私は湖で釣りをしている彼を見た。私は彼について聞いたことがなかった。私は彼を見守った。時間は過ぎ去ったが、一匹の魚も釣れていない。私は彼に尋ねた。「あなたはここで何をしているのだ？　ちょうどすぐ近くに別の湖があるのに、あなたは知らないのか？　そこには魚がたくさんいるのだよ」

彼は言った。「知っているよ。その湖にはとても多くの魚がいて、彼らが泳ぐことさえ困難なほどだ。その湖には魚がいっぱいいる」

「しかし、それならなぜあなたはここに座っているのだ？　私には魚が見えないが」

彼は言った。「だから俺はここに座っているのだ。他の湖で釣りをすることに何の意味があるのだ？　どんな馬鹿でもそれができる。ここで釣りをすることは大した事なのだ！」


エゴは魚のいない湖で釣りをし続ける。明白なもの、入手可能なものは魅力的ではない。だから私たちは神を見逃すのだ。神は入手可能だ。神はまさにあなたを取り囲んでいる。彼は私たちが息を吸ったり吐いたりする空気そのものだ。彼は私たちの生そのものだ。彼は私たちが生きて、生まれて、そして溶け入る海だ。しかし彼はとても近くにいて、全く隔たりはない。どうやって彼を感じればいい？

あなた自身の生の中でそれを見守ってごらん。あなたが持っているものは何であれ、あなたには関心がない。あなたは美しい家を持っている。それはただあなたの隣人にとって美しいだけであって、あなたにとってではない。あなたは美しい車を持っている。それは車を持っていない他人にとって美しいだけであって、あなたにとって美しいのではない。あなたには美しい女性や美しい男性がいる――それにはどんな魅力もない。あなたはそれを持っている。それは充分なものだ。人々は自分が持っていないものにだけ魅了される。存在しないものは魅了する。

私は聞いたことがある。


「言ってくれ、ラモン」とムラ・ナスルディンは、ある日通りで出会った時に言った。

「俺は君に、ある事を尋ねようと思っていたのだ」

「言ってみろ、ムラ」と彼の友人は言った。

「俺の妻は一種の肥満だ。実際、彼女が夜にガードルを脱ぐ時、彼女はひとつの巨大な塊だ。君の妻はそんな感じかい？」とナスルディンは質問した。

「ああ、違うな。俺の妻は素晴らしい体形をしている。実際、彼女はとてもすらっとしていて下着は何も身に付けていない。それにすごい美人だ」とラモンは答えた。

「そうか」とナスルディンは続けた。「俺の妻はとても醜いので、就寝時にはクリームやカーラーで顔を覆っているのだ。君の妻はそうしないのか？」

「ああ、しないね。俺の妻はどんなクリームや化粧も必要ないし、彼女の髪は見事だ」と友人は答えた。

「そうか、ラモン、俺にはもう一つ質問がある。君が俺の妻を追いかけているのはどうしてだ？」

とナスルディンは尋ねた。

それがエゴのやり方だ――誰か他の人の妻をいつも追いかける、あなたが持っていない何かをいつも追いかける。いったんあなたが持つなら、すべての関心は失われる。

だからエゴイストは惨めなままなのだ。なぜなら幸せでいるためには、人は自分が持っているものに満足しなければならないからだ。あなたは自分が持っていないものに満足はできない。あなたは不満を抱くしかない。あなたは持っているものにだけ満足できる。自分が持っていないものにどうやって満足できるだろう？　だがエゴは、いつも自分が持っていないものにだけ関心がある。

あなたは一万ルピーを持っている――エゴはそれにはもう興味がない。それは二万ルピーに興味がある。あなたが二万ルピーを持つ頃までには、エゴはもう興味がない。それは三万ルピーにだけ興味がある。それは枚挙に暇がない……それは続く。

エゴはあなたにただ目標《ゴール》を与えるだけだが、これらのゴールに到着する時はいつでも、それはあなたに祝うことを許さない。人はますます惨めになる！　人生が過ぎると共に、私たちは惨めさを集め続ける。惨めさを積み上げ続ける。これに気づくことは非常に難しい――あなたが自分自身の惨めさを引き起こしているのだと知ることは――。それはエゴに反している。だからあなたは他人に責任を負わせるのだ。

あなたが惨めなら、あなたは社会がそのようなものだと、親が間違っていたのだと考える。フロイト派の人たちに耳を傾けると、それはあなたの親のせいだ、あなたの親の条件付けが原因だと言うだろう。マルクス主義者たちに耳を傾けると、それは社会構造が原因だ、社会のせいだと言うだろう。政治家に耳を傾けると、それは間違ったタイプの政府のためだと言う。教育者に耳を傾けると、別の形式の教育が必要とされているからだと言う。

誰もあなたに責任があるとは言わない——責任は他人に擦り付けられる。それなら幸せでいることは不可能だ。なぜなら、もし他の人たちがあなたを惨めにしているのなら、幸せでいることはあなたの手を超えているからだ——全世界があなたに従って変えられない限りは……。

今やあなたの親を選ぶことは難しい。それは既に起こってしまった。どうする？

誰かがマーク・トウェインに尋ねた。「本当に幸せになるために必要なこととは何ですか？」彼は言った。「まず第一に、人は自分の親を正しく選ぶべきだ」

今やそれは不可能だ。それは既に起こってしまった。あなたは今、親を選ぶことはできない。人は正しい社会を選ぶべきだ。だがあなたは既に社会の中にいる。あなたがそれを選ぶのではない。あなたは常にそのど真ん中にいる。もしあなたが心ゆくまでそれを作りたいなら、あなたの全人生は浪費されるだろう。それが決して変えられないのは、それがそれほど大きな現象で、あなたはとても小さいからだ。

何らかの変容のための唯一の希望は、あなたは自分自身を変えられるということだ。それが唯一の希望だ。他に希望はない。

しかしエゴは責任を負いたくない。それは他人に責任を負わせ続ける。他人に責任を負わせる際に、覚えておきなさい、あなたは自分の自由も投げ捨てているのだ。責任を負うことは自由でいることだ。他の誰かに責任を負わすことは囚人でいることだ。

それが宗教的な観点だ。宗教はあなたに責任があると言う。だからマルクスは、そんなにも宗教に反対したのだ。彼の論法は明快だ。彼はそれを完璧によく知っていた――宗教か共産主義のどちらかが世界に存在し得るということを。両方は共存できない。そして彼は正しい。両方は共存できない。私も彼に同意する。

私たちの選択肢は異なっている。私は宗教が存在して欲しいと思う、彼は共産主義が存在して欲しいと思う、だが私たちは両方が共存できないことには同意する。なぜなら共産主義の観点は、あなたの惨めさの責任は他人にあるということだからだ。そして宗教的な観点とは、あなたを除いて他の誰にも責任はないということだ。共産主義者は、幸せな世界のために社会革命が必要だと言う。宗教的な人は、幸せな人であるために個人的な革命が必要だと言う。

世界は決して幸せになることはない。それはこれまでそうではなかったし、それは決してそうあることはない。世界は不幸なままであらざるを得ない。個人だけが幸せでいることができる。それは個人的な何かだ。

幸せになるためには意識が必要だ。幸せになるためには強烈さが必要だ。幸せになるためには気づきが必要だ。世界が決して幸せであることができないのは、気づきがないからだ。社会は魂を全く持っていない。人間だけが持っている。だがこれを受け入れることはエゴにとって非常に難しい。

それは起こった。


ムラ・ナスルディンは、自分は絶対に正しいと信じていたため、彼の同僚の人生を非常に困難にした。ついに彼の労働者の一人が意見を述べた。「ナスルディン」と彼は言った。

「君は確かにずっと正しかったわけではなかったね？」と言った。

「俺は間違った時が一回あった」とムラは認めた。

「それはいつだ？」と驚いた労働者は尋ねた。

彼はナスルディンが、一回でさえこれまで自分が間違っていたことを認めるだろうとは信じられなかった。彼は自分の耳が信じられなかった。彼は言った。「それはいつだ？」

「その一回とは」とムラ・ナスルディンは思い起こした。

「俺が自分は間違っていたと考えた時だ。だが俺は本当は間違っていなかった」


エゴは途方もなく防御的だ。エゴは決して間違っていない、そのためあなたは惨めになる。エゴは常に絶対に正しい、そのためあなたは惨めになる。

抜け穴を覗き始めなさい。あなたのエゴを誤りやすくさせなさい――するとそれは落ちて消えるだろう。それを支え続けてはいけない。そうしなければ、あなたは自分自身の惨めさを支えている。

だが私たちはそれを支え続ける。良い意味でも悪い意味でも、私たちはそれを支え続ける。

あなたは誰かを良い人、道徳的な人、非常に立派な人と呼ぶ。彼は自分のエゴのための、彼独自のつっかい棒を持っている。彼は毎日寺院に行き、教会に行き、聖書やギーターを読み、社会の規則に従う。しかし彼は単に、自分のエゴ——彼は宗教的な人、立派な人、道徳的な人だ、というエゴ——を支えるものを見つけようとしているに過ぎない。

それから社会の規則に決して従わない——決して教会に行かない他の人たちがいる。どんな規則であれ、それを破る何らかの機会を彼が見つける時はいつでも、彼はそれを楽しむ。彼は別の種類のエゴ——犯罪者のエゴ、不道徳な人のエゴを楽しんでいる。彼は「私は気にしない」と言う。しかし、両方とも同じ惨めなことのための支えを見つけている。両方とも惨めになる。

マルドゥーンが通りを歩いている時、彼は見知らぬ女性のお尻をつねり、宝石店の窓にレンガを投げつけ、気の毒な老婦人を罵った。「そんなものでいいだろう！」と彼は独り言を言った。

「私が罪を告白する時は、話すべきことが充分にある」

人々は懺悔に行く時でさえ、小さな罪を告白したくない——それらは告白する価値はない。これは多くの宗教の、多くの聖職者たちの経験による——人々は自分の罪を誇張する。告白しに来る時、彼らは大げさに言う。彼らは蟻を殺したのかもしれないが、自分は象を殺したのだと考える。彼らは大げさに言う。なぜならそのような小さな事をすることは、エゴが満足しないからだ。

エゴのやり方は非常に微妙だ。刑務所に行って収監されている人々の話に耳を傾けると、あなたは驚くだろう。彼らはみんな、何度も強盗をしてきたことを、大勢の人々を殺してきたことを自慢し続ける。彼らはそうした犯罪を全然しなかったかもしれないが、そこでは——それがエゴのやり方だ。その時あなたは惨めであり、あなたは心配するようになる。なぜだろう？　あなたは、あなたと生の間に障壁を作る。エゴは障壁に他ならない。

私がエゴを落としなさいと言う時は、すべての境界線を落としなさいということだ。あなたは生から分離していない。あなたはその一部だ……波のように、あなたは海の一部だ。あなたは全く分離していない。あなたは聖人として分離しているのでもないし、罪人として分離しているのでもない。あなたは全く分離していない。あなたは生と一つだ。あなたは生に依存してもいないし、生から独立してもいない——あなたは相互依存している。

あなたが私たちはみんな相互依存していることを、お互いに結びついていることを理解する時……生は一つであり、私たちは単なる現われにすぎない……。その時あなたは喜びに満ちるようになり始める。それなら、至福からあなたを妨げられる人は誰もいない。

至福は非常に明白だ。至福は非常に近くにある。至福はとても自然でとても近くにあるので、マインドはそれを忘れる傾向にある。すべての子供は至福の状態で生まれ、そしてすべての人は——ほとんどすべての人は——途方もない惨めさの中で死ぬ。極めて稀に、ある人——ブッダ、イエスが至福の状態で死ぬ。何が起こるのだろう？　何がうまくいかないのだろう？

子供が生まれる時、彼は分離していない。子供が母親の胎内にいる時、彼は母親の一部だ。彼は別々に存在していない。それから彼は生まれる――その時も彼は母親の一部のままだ。彼は母親に栄養を与えられ続ける。そして彼は母親にまとわりつき続ける。やがて彼は成長する。

この成長は二つのタイプのものになり得る。普通の人々が成長するように成長するなら、彼はエゴへと成長する。彼は厳しくなる。彼は自分自身の周りに硬い殻を集める。それは彼を惨めにする。それは成長する正しい方法ではない。何かが不快になってしまい、何かが間違ってしまった。

私にとって、もし母親が宗教的なら、父親が宗教的なら、家族が宗教的なら……そして私が宗教的と言う時、私は彼らがキリスト教徒やヒンドゥー教徒、イスラム教徒、ジャイナ教徒、あるいは仏教徒であると言うのではない――それは宗教とは何の関係もない。実際、これらのものはすべて決して宗教を進化させない。もし子供がある教義に、教義上の観念形態に押し込められるなら、その時エゴが蓄積されるだろう。その時エゴはキリスト教徒になり、そしてエゴはヒンドゥー教に反対し、イスラム教に反対するだろう。それからエゴはヒンドゥー教徒になり、そしてキリスト教に反対し、イスラム教に反対するだろう。

だが家に住む人たちが本当に宗教的なら――宗教と言う時、私は瞑想的であること、愛情があることを意味する――彼らは子供が存在するのを助けるが、エゴなしで在るように援助する。彼らは子供がますます存在との親和性を、単一性を感じるのを助ける。子供は援助されなければならない。彼は無力だ、彼は自分がどこにいるのか知らない、彼は自分がどこへ行くのか知らない。もし彼が愛されて、家族の中に瞑想的なリズムがあり、家族が沈黙と理解で振動しているなら、子供はより自然に成長し始めるだろう。彼は分離感を持つことはないだろう。彼は一部になる方法を学び始めるだろう。

それは起こっていない。私はそれについて、何らかの恨みを持つようにとあなたに言うのではない――が、あなたは今すぐにそれをすることができる。あなたは自分のエゴを助けるのを止めることができるし、その重荷を落とし始めることができる。あなたが何かと一つであると感じられるどんな機会をも逃さないようにしなさい。満月の夜なら、月夜と一つであるのを感じなさい。流れさせなさい……それと共に流れなさい、踊りなさい、歌いなさい……そしてあなたのエゴを落としなさい。

エゴを落とすためには、踊りに勝るものはない。そのため私はすべての瞑想者は踊るべきだと強調するのだ。もしあなたが本当に旋風の中に入るなら、あなたが本当にエネルギーの旋回する貯水池であるなら、あなたが本当に踊りの中にいるなら、踊り手は失われるからだ。踊りの中では踊り手は常に失われる。それが失われていないなら、あなたは踊っていない。その時あなたは演じているのかもしれない。あなたは操っているのかもしれない。あなたは何らかの身体の運動をしているのかもしれないが、あなたは踊っていない。

踊ることは深く没頭すること、酔っぱらうことを意味する——そして踊りによって作られたエネルギーを楽しむことを意味する。やがてあなたは、自分の身体がもう以前ほど硬くないのがわかるだろう。やがてあなたは自分が溶けているのがわかるだろう。境界はその鋭さを失い、それは少し曖昧になってきている。あなたはどこで自分が終わり、どこで世界が始まるのかを正確に感じることができない。踊り手はそのような渦巻の中にいる。彼はそれほどの振動になるので、全人生は一つのリズムのように感じられる。

だからあなたが時間、場所、状況を見つけられる時はいつでも——あなたが誰かと恋をしている時はいつでも——この機会を逃してはいけない。つまらないことを話してはいけない。あなたのエゴや自慢を持ってきてはいけない。それを落としなさい！　愛は途方もなく神聖だ。神があなたの扉を叩いたのだ。自分を失いなさい。あなたの女性と、またはあなたの男性と、または友人と手を繋ぎなさい。自分を失いなさい！　一緒に歌いなさい、あるいは一緒に踊りなさい——でも自分を失いなさい。あるいは一緒に座りなさい——でも自分を失いなさい！　あなたはもはや個人ではないことを感じなさい。木のそばに座って、自分を失いなさい。

そのようにして、それはブッダに起こった。その瞬間に菩提樹とブッダは一つになった。ブッダ以降五百年間、ブッダの彫像は建てられなかった。その代わりに、ただ菩提樹の絵だけが礼拝された。それは途方もなく美しかった。それらの人々は理解していたに違いない。菩提樹だけを礼拝した。仏教寺院には菩提樹の象徴だけがあった。なぜならその瞬間に、ブッダは完全に消えたからだ。

彼はそこにいなかった、ただ菩提樹だけがあった。彼は完全に失われた。

消えることで、あなたは現われる。非存在が本当に存在するためのあなたの道だ。

これは普通の生活の中で起こり得る。ヒマラヤや僧院に行く必要はない。普通の生活の中には数多くのチャンスが、これが起こり得る数多くの重要な状況がある。あなたはその機会を利用するためにただ少し注意深く、少し勇敢でいなければならない。ひとたびあなたがそれらを利用し始めると、ますます状況が訪れる。それは常に来ていたが、あなたが気づいていなかったのでそれを逃していたのだ。

日光浴をしながら浜辺に座り、太陽に溶けなさい。それはエネルギーの経験だ。突然あなたは自分が太陽エネルギー以外の何ものでもないのがわかる。太陽に溶け、太陽と出会い、ヒンドゥー教徒たちは太陽を崇拝するようになった。彼らは「太陽は神だ」と言い、「月は神だ」と言った。彼らは木々を神のように崇拝した。彼らは川を、山を崇拝した。

これは非常に意義深い。彼らが神との出会いが起こったところはどこでも……川の側に座り、川の美しい音楽に耳を傾け、さざ波の美しい模様を見ながら、彼らが溶けて消えたなら、川は神になった。それはそこで起こった。人里離れた山の上に座って彼らは溶解し、そして消えた——その山は彼らの神になった。

神は数限りない方法であなたのところに来るが、エゴは決してあなたに彼を見させようとしない。

そして彼は普通の方法でやって来るので、あなたは見逃す。神は大きな行列を伴う君主のように、大きな楽団と騒音と空騒ぎと共に来ることは決してない。彼は決してそのようには来ない。ただ愚かな人々だけがそれをする。神は非常に静かに来る——彼は決して叫びながら来ることはない。彼はささやきながら来る。彼のメッセージを理解するためには、あなたは非常に静かでいなければならない。それは愛のささやきだ。そして人間は自然を忘れる傾向にある。

私は非常に美しいジョークを聞いたことがある。

非常に単純なアメリカ人がパリに行った時、愛を交わす方法の数についてフランスのユダヤ人と議論になった。

「愛を交わす方法は六十九あります、ムッシュ」とフランスのユダヤ人は言った。

「私はたった一つだけだと思っていました——女性の上に男性、という方法だけだと」とアメリカ人は言った。

ユダヤ人は謝った。「ムッシュ、」と彼は言った。

「非常に申し訳ありません。私は計算違いをしていました。愛を交わす方法は七十あります」

さて、最も単純な、最も自然なものをマインドは忘れる傾向にある。マインドは常に非凡なものに興味がある——それがエゴの関心事だからだ。エゴはありふれたものに興味はない——そして神は非常にありふれている。エゴは単純なものに興味はない――そして神は非常に単純だ。エゴは近いものに興味はない――そして神は非常に近い。それが、あなたが至福を見逃し続けて惨めになる方法だ。

それを変えるのはあなた次第だ。それはあなたの選択だ。生の各瞬間はあなたに二つの選択肢をもたらす。惨めでいるべきか、幸せでいるべきか。それはあなたの選択次第だ。何であれあなたが選ぶものにあなたはなる。

スーフィーの神秘家バヤジッドについて、彼は途方もなく幸せな人だった、ほとんど恍惚としていた、ということが伝わっている。誰も不幸な彼を見たことがなかった。誰も悲しい彼を見たことがなかった。誰もぶつぶつ不平を言うような、愚痴をこぼすような彼を見たことがなかった。たとえ何があっても――彼は幸せだった。それは必ずしも良いことではなかった。それは他の人たちにとって必ずしも正しくはなかった。時には食べ物がなかったが、彼は幸せだった。時には何日も食べ物なしで生きたが、彼は幸せだった。時には服がなかったが、彼は幸せだった。時には彼は空の下で寝なければならなかったが、彼は幸せだった。彼の幸せは乱されないままだった。それは無条件だった。

彼は何度も何度も尋ねられたが、彼は笑っていて、決して言わなかった。彼が死にかけていた時に誰かが尋ねた。

「バヤジッド、今、私たちにあなたの鍵を、あなたの秘密を教えてほしい。あなたはすぐに去るだろう。あなたの秘密は何だったのだ？」

彼は言った。「秘密のようなものは何もない。それは単純なことだった。毎朝私が目を開ける時、神は私に二つの選択肢を与えるのだ。彼は『バヤジッド、お前は幸せでいたいのか、それとも不幸でいたいのか？』と言う。私は『神よ、幸せでいたいです』と言う。そして幸せでいることを選び、私は幸せなままなのだ。それは単純な選択だ。そこに秘密はない」

それを試してごらん。毎朝あなたが起き上がる時、まず最初に、決めなさい。もしあなたが不幸でいることに決めるなら、その中に何も間違いはない。それはあなたの決定だ。しかしその時はあくまでもやり通しなさい。何が起ころうとも不幸なままでいなさい。たとえ宝くじに当たったとしても、心配してはいけない――不幸なままでいなさい。たとえあなたが首相や大統領として選ばれても、不幸なままでいなさい。あなたの選択に固執しなさい。するとあなたはわかるだろう――あなたが選ぶならあなたは不幸なままでいられる。同じことが幸せについても言える。あなたが選ぶなら、あなたは幸せなままでいられる。

幸せでいるか不幸でいるかは自分の決定であるとあなたが決める日、あなたは自分の手に自分の生を収めている――あなたは主人になっている。今やあなたは、他の誰かがあなたを不幸にしているとは決して言わないだろう。それは奴隷でいるという宣言だ。

ブッダが通り過ぎていた。数人が集まり、彼らはブッダを非常に侮辱した。彼はとても熱心に、非常に愛を込めて彼らの言うことを聞いた。彼らが終わった時、彼は言った。

「あなたが言いたかったことをすべて言ったなら、私は今行っていいだろうか？　私は日没の時間までに、他の村に到着しなければならないからだ。あなたにまだもっと言うべきことがあるなら、私は数日後に再び戻って来る。あなたはその時に私に言えばいい」

だが彼は全く平静だった。彼の沈黙、彼の幸福、彼の波動は同じままだった。

その人々は困惑して言った、「お前は俺たちに怒っていないのか？　俺たちはお前を侮辱していたのだ、俺たちはお前の悪口を言っていたのだぞ」

ブッダは言った。「あなた方は困惑したままでいなければならないだろう。あなた方は少し遅れて来てしまった。あなた方は十年前に来るべきだった――その時なら、あなた方は私を動揺させることに成功しただろう。その時は、私は自分の主人ではなかった。今、私を侮辱することはあなたの自由であり、それを受け取るかどうかは私の自由だ。私はそれを受け取らない。あなたは私を本当に侮辱する。それはあなたの決定だ。私はそれを受け取るか受け取らないかに対して自由でいる。そして私はそれを受け取らないと言っている。あなたはそれをどうするつもりなのだろう？　私も困惑している――なぜならその前の村で人々が菓子を持ってやって来たのに、私がそれらは必要ないと言ったので、彼らはそれらを持ち帰らなければならなかったからだ。私はあなた方に尋ねる、彼らはその菓子をどうしなければならなかっただろうか？」
その人々は言った。「彼らは村でそれを分配しなければならなかったか、彼ら自身でそれを食べなければならなかった」
ブッダは言った。「さてあなたについて考えてみるがいい。あなたはこれらの侮辱を持ってやって来て、そして私は『もう充分だ。私はこれについては終わっている。無駄だ』と言う。あなたはどうするつもりなのだろう？　あなたはそれらを受け取らなければならない。私はあなたに対して大変申し訳ないと思う」

それはあなたの決定だ。生はあなたの決定、あなたの自由だ。だから私は私のサニヤシンを「スワミ」と呼ぶのだ。「スワミ」は主人を意味する。それはこの瞬間から、あなたは奴隷であるよりも主人であろうとする単なる指標だ。

質問二
あなたは、まさに今、ただここに在ることが、私たちが真実を知るために必要なことのすべてだ、と言います。なぜ私はそうするのは最も難しいことだと思うのでしょうか？
そしてもし私がそれをするなら、誰がここにいるのですか？

真実は、あなたがそのためにすべきことは何もない、ということだ。あなたはただ在らなければならない。真実は既にそこにある。あなたがそれを発明するのではない。あなたはただ、それを発見しなければならないだけだ。その言葉さえ正しくない、というのも真実は覆われていないからだ——あなたの実存が覆われているのだ。

それはまるで太陽は昇っているのに、あなたは目を閉じて座っているようなものだ。太陽は覆われていない。ただあなたの目だけが覆われている。目を開くと光はそこにある。あなたが暗闇の中にいるなら、それはあなたが自分の目を閉じたままにしているからだ。

私がただ在りなさいと言う時、「開いていなさい」という意味だ。私は、何か他のものであろうとしてはいけない、と言う。他の誰かであろうとするまさにその努力において、あなたは緊張し、張り詰め、ストレスを受け、閉じたままでいるからだ。あなたは自分が何であろうと、それを受け入れる時にだけ開くことができる。

バラが蓮になろうとするなら、それはバラであるために可能ではないだろう。すべての努力はそれをとても緊張させる。バラはバラだ。だからそれは開いてバラになるのだ。それについて問題はない。あなた以外の何か別のものになろうとしてはいけない。理想的な何かになろうとしてはいけない。それが、私が「ただ在りなさい」と言う時に意味していることだ。

在ることとは、途方もなく開いている、計り知れない沈黙の、欲望のない、努力のない状態だ。

あなたはただここに存在している。あなたはまさに現存だ。その現存の中ですべてが起こる——その現存の中ではあなたはとても注意深いので、何もあなたを迂回しないからだ。その沈黙の中で、あなたは神に耳を傾け始める、あなたは神を見始める。その沈黙の中でビジョンが開き、未知の扉が開く。神秘は明らかになる。しかしあなたは、その状態の中にいなければならない。それが「ただ在る」という瞑想についてのすべてだ。

あなたは尋ねている。

あなたは言います。まさに今ただここに在ることが、私たちが真実を知るために必要なことのすべてだ、と……。

そうだ、私はそれを再び繰り返す。

なぜ私はそうするのは最も難しいことだと思うのでしょうか?

あなたが他の誰かになるように自分自身を訓練してきたのが、あなたの全人生だからだ。全人生であなたは頭の中に何らかのイデオロギーを抱えてきた。それは機械的なパターンになっている。あなたはもっと美しくありたい、もっと知的でありたい、これでありたい、あれでありたいと望む。

あなたは自分の中に大きな政治を抱えている。あなたは野心的だ——その野心があなたを緊張させている。

覚えておきなさい。これが生の二つの次元だ。政治的であること、あるいは宗教的であること。政治的であることは競争、闘争、戦いを意味する。あなたは自分が大物であることを証明しなければならない。だからすべての政治家は微妙に愚かなのだ。彼らはそう在らなければならない。

私は聞いたことがある。

ムラ・ナスルディンと彼の妻は、愛情を込めて彼らの子供の揺り篭を覗き込んだ。

「俺はこいつが政治家になるだろうと思う」とムラは言った。

「あら、どうしてあなたはそう言えるの?」と妻は尋ねた。

「まあ、こいつは俺が今まで見た他のどの人間よりも、聞こえは良いが絶対に何の意味もない事をより多く言うからな。こいつは政治家になるだろう」

政治家はめちゃくちゃだ。彼は常に自分が大物であることを証明しようと努力している。それは彼が劣等感に苦しんでいるに違いないという意味だ。すべての政治家は劣等感に苦しんでいる。より良い世界では、彼らは首都にはいないだろう。彼らは精神科のソファーの上にいるだろう。彼らは精神病院に入れるべきだ。狂った人々はそんなに危険ではない。彼らはこれまで間違った事は何もしなかった。

あなたは今まで、何か間違った事をする狂人について聞いたことがあるだろうか？　たとえばアドルフ・ヒトラーやスターリン、ティムールやジンギスカン、あるいは毛沢東のように――狂った人々はこれまで間違った事は何もしたことがない。

だが政治家は……。「私は大物だ」と証明するための彼らのまさに努力が、内心では彼らが劣等感に苦しんでいることを示している――彼らは自分が何者でもないことを感じている。彼らは証明して演じなければならない。もし彼らが強大な権力的地位にいないなら、彼らは自分は何者でもないと感じる。彼らに人々を破滅させたり破壊する力がないなら、彼らは自分は何者でもないと感じる。これは優越感を求めている深い劣等感だ。

宗教的な人とは非常に満足している人だ。

「私は在る――演じる必要はない、証明する必要はない」と言う人だ。

宗教的な人とは「生があって私は在る。なぜ楽しまないのか？　なぜそれを喜ばないのか？　なぜ祝わないのか？」と言う人だ。宗教的な人とは「神があって私は在る。ではなぜ彼の手を握って踊らないのか？　なぜちょっとしたパーティーを催さないのか？　あなたと存在の間に深いオーガズムを在らしめなさい」と言う人だ。

それが、私が「ただ、ここと今に在りなさい」と言う時に意味することだ。これが在るための唯一の時だ――他に時間はない。これが在るための唯一の場所だ――他に場所はない。これまで起こってきたことはすべて、今とここで起こっている。今が唯一の時であり、ここが唯一の空間だ。その時やそこについて考えてはいけない。

政治家はその時やそこについて考える。彼は言う。「そう、ある日私は楽しむつもりだ。だが待ってくれ。まず私に取り決めさせてくれ」。彼は準備する。彼は準備マニアだ。彼は準備し続ける、準備し続ける。

私は数多くの本を集めた男について聞いたことがある。収集に多くの時間を要したため、彼には読む時間がなかった。彼は集めに集めた——彼の書庫は世界で最高のものになった——だが彼は何も読んでいなかった。それから彼の死が訪れて、医師は言った。

「あなたは一週間以上生き延びることはないでしょう」

彼は言った、「しかしこれは不当だ！　私は一生の間集めてきて、ある日引退して読むことを待っていたのだが、今や時間がない。どうしたらいいのだ？」

誰かが提案した。「あなたは学者を雇えばいい。彼らはすべての本を、それも要約した形で読むことができる。あなたが死ぬ前に、彼らはあなたにその要旨を伝えることができる」

そこで学者たちが集まり、彼らはすべての本を読み、短いメモを用意した。しかしそれでも、それはあまりに長大だった。もはや聖書のようなものだった。そしてその男は死にかけていた。

七日目に彼らはその本を持って来た。彼は言った。

「あなたは狂っているのか？　時間がないのだ！　それをもっと短くしてくれ！」

夕方までに彼らは来た。彼らはそれをたった一文に短縮してきたが、男性は意識不明になっていた。そこで彼らは言った。「待ってくれ！　我々はそれを短縮してきたのだ！」

しかし彼はそこにいなかった。彼は再び意識不明に陥っていた。彼はたった一冊の本も楽しむことなく死んだ。

これは単なる比喩だと考えてはいけない。これは数多くの人々の話だ。あなたは集め続ける。私はお金を集めるが、決してそれを楽しまない裕福な人々を見てきた。貧しい人々でさえ時にはそれほど貧しくはない。裕福な人々は非常に貧しい。彼らは決して楽しまない。

彼らは言う。「もう少しだ。まず我々に充分集めさせてくれ」だがそれは決して充分ではない。それは決して充分ではあり得ない。マインドは決して「もういい」とは言わない。それは「もう少し、もう少し、もう少し」と言う。それはますます要求し続ける。それは狂った要求だ。

あなたはお金を集めることができる。あなたがそれを楽しまない限り、それはあなたを豊かにしないだろう。あなたは数多くの本を持つことができる。あなたがそれを楽しまない限り、それはあなたを博学にしないだろう。あなたは数多くの花を持つことができる。それはあなたに美のセンスを与えないだろう――あなたがそれらと一緒に空気に包まれて、風の中で、雨の中で踊らない限り……あなたがそれらとちょっとでも踊らない限り。

生はある、神はある、至福はある。神は決して過去形になることはない。「神はあった」と言うことはできない。神は決して未来形になることはない。「神はあるだろう」と言うことはできない。神はただ現在形の中にだけある――神はある、生はある、至福はある、真実はある。今、あなたもある。すぐにそこには出会いがあるだろう。すぐにあなたは彼に向き合う、あなたは彼に遭遇する。ほんの一瞬でさえ無駄にする必要はない。

だが私はあなたの困難を知っている。一生あなたは訓練されてきた。それもあなたは、決して起こらない何かのために自分を訓練してきた。あなたは在るもののための準備ができていない。あなたは常に、在るべきものの準備をしている。あなたは「べきだ」と呼ばれる病気に苦しんでいる。まさに子供時代から、母親、父親、社会、教育、聖職者、政治家――彼らはいつも言う、「あなたはこのようにあるべきだ」と。誰もこうは言わない、「あなたは既に在るものだ――喜びなさい！」と。時々イエスが人々のところに来て、「喜びなさい！　神はある！」と言うことを除いては。

あなたは常に何かになるように、何かを――あなたには価値があることを証明するように言われてきた。奮闘せよ、野心的であれ、と。そしてもちろん心の底には、それに対するあなたの憤慨がある。しかしそれでもあなたがそれに従わなければならないのは、他にどうしたらいいのかわからないからだ。あなたは単純に「喜びなさい！」と言う人に出くわすことは決してない。その声は世界から、人類の世界から、人間の世界からほとんどなくなっている。あなたは腹を立てるが、それでもあなたはやり続ける。

人々は私のところに来て言う、「私たちは規律に憤慨しています。私たちは誰かが私たちに『これをしろ！』と言うことに憤慨しています」

それでも次の瞬間、彼らは私に尋ねる。

「OSHO、言ってください。私たちは何をすべきなのですか？」

さて、これらの人々をどうすべきだろう。彼らは腹を立てて、そしてこう言う、誰かが彼らに命じるのだ、と。それにも関わらず、彼らは私のところに来て尋ねる。

「OSHO、どうすべきなのですか？」

あなたは訓練されてきた。それであなたは腹を立て続ける。あなたは従いたくない。それでもあなたは尋ね続ける、「何をすべきなのですか？　何に従うべきなのですか？　誰に従うべきなのですか？　どこへ行くべきなのですか？　理想は何ですか？」

あなたは独自《オリジナル》である、カーボンコピーである必要はないとは決して教えられてこなかった。習慣は、あなたが反逆したい時でさえ、誰かがあなたに反逆する方法を教えてもらいたくなるほど、根深くなり得る。

それは起こった。

ムラ・ナスルディンは一度自分の信仰を失い、そして鍛えぬかれた無神論者になった。さてそれはイスラム教徒にとっては非常に困難だ。非常に難しい。だが彼は無神論者になった。彼の新しい信条は——彼は私のところに来て、そして言った。「これが俺の新しい信条だ。神はいない——そしてマホメットは彼の預言者である」


古い習慣は——神がいてもいなくても、マホメットは預言者でいなければならない。

あなたは私のところに来て言う、「私たちは規律に憤慨します……そしてＯＳＨＯ、私たちに何をすべきかを告げてください」

マホメットはあなたの預言者であり、そして神はいない。今もしあなたが常に争いの中にいるなら、理解するのは簡単だ。

それは起こった。


二人の七歳児が映画を観ていた。彼らの一人は大きな音で鼻をすすり続けた。近くの女性はついに苛立った声で、鼻をかむようにと彼に助言した。子供は再び鼻をすすった。

「彼女の言うようにしたほうがいいよ」と彼の仲間は助言した。

「だって彼女は君の母親じゃないのだから」

彼の言うことに耳を傾けてごらん。

「だって彼女は君の母親じゃない。君は彼女の言うようにしたほうがいい！」

誰が母親に耳を傾ける気になるだろう？　誰が父親に耳を傾ける気になるだろう？　人は単に耳を傾けるふりをする。だがそれでも、その見せかけにおいてさえ、毒はあなたの中に入っている。あなたは常に自分自身ではないようにと、他の誰かであるようにと教えられてきた。ブッダでありなさい、クリシュナでありなさい、イエスでありなさい――決して自分自身であってはいけない、と。だがあなたは見守ったことがあるだろうか？　イエスは決して繰り返されない、二度と現われない。ブッダは決して繰り返されない。クリシュナも繰り返されない。神はそれほど創意に富んだ創造者だ。彼は決して繰り返さない。彼は常に新しい人々を創造する。彼は新しい存在で地球を満たす。彼はあなたが他の誰かになることを期待していない。彼はあなたになることを、あなたに期待している。


ハシッドのファキール、ヨシュアが死にかけていた。誰かが言った。

「ヨシュア、あなたはモーセと和解したのか？」

彼はユダヤ人、ハシッドだった。ヨシュアは目を開いて言った。

「馬鹿な話は止めろ。もういいかげんにしてくれ！　なぜ私がモーセと和解しなければならないのだ？　実際のところ、私は自分が神の御前に行く時の事を内心では心配していたのだ。それにすぐ私は彼の御前に参列するだろうし……。彼は私に『ヨシュア、なぜあなたはモーセのようではなかったのだ？』と尋ねたりはしないだろう。彼は私に『ヨシュア、なぜあなたはヨシュアではなかったのだ？』と尋ねるだろう。それが私の悩みだ。私は自分であることを取り逃してきた。他の誰かであろうとして、私は自分のゴールを見逃してきたのだ」

あなたはただ自分自身であることができるだけで、決して他のどんな人にもなれない。あなたは独自の人であって、カーボンコピーではない。私が在りなさいと言う時、私はまさにあなた自身で在ること、あなた自身を愛すること、あなた自身を受け入れることを意味している。あなた自身を否定し続けてはいけない。あなた自身を憎み続けてはいけない。もしあなた自身を憎むなら、あなたは決して、誰をも愛することができないだろう。あなた自身を愛しなさい、と私はあなたに言う。私はあなた自身を尊重しなさいと言う。あなたがそのままのあなたであることを喜びなさい。神があなたを創ったままのあなたであることを、神に感謝しなさい。不平を言ってはいけない。

それが宗教的な次元によって私が意味していることだ。政治的であってはいけない。野心的であってはいけない。競争的であってはいけない。あなたのような人はあなただけだ。あなたのような人は唯一の人だ。あなたは比類のない存在だ。愚かであってはいけない。競争的であってはいけない。

カクテル・パーティーで、政治家はムラ・ナスルディンに言った。

「私はあなたが『馬鹿』という言葉を使うのを聞き続けている。あなたは私を指しているわけではないだろうね？」

「そんなにうぬぼれてはいけないよ」とムラは言った。

「まるで世界には他に馬鹿がいないかのように、ね」

私はもう一つのジョークを思い出す。それは政治家が法廷で男を訴えたという事件だった。彼は「ホテルで、この男は私を馬鹿と呼んだのです」と言った。ムラ・ナスルディンは政治家を支持するためにそこにいた。「はい、彼は正しいです。この男は彼を馬鹿と呼んだのです」

インドでは指導者、政治指導者はネタルジと呼ばれている。かつてそれは尊敬に値する言葉だった。一九四七年以前、解放のための戦争の時代、ネタルジ——指導者——は非常に立派な言葉だった。それからそれは悪化した。今やそれは駄目になった。今誰かを「ネタルジ」と呼ぶことは彼を侮辱することだ。今やネタルジは何らかのペテン師、詐欺師、狡猾な輩を意味する。

誰かがネタルジを、指導者を、馬鹿と呼んでいた。治安判事はムラ・ナスルディンに尋ねた。「ホテルには非常に多くの人々がいた——どうしてあなたはこの男が、ネタルジを馬鹿と呼んだと言えるのだ？　そこにはとても多くの人々がいた——彼は誰か他の人を馬鹿と呼んでいたかもしれないではないか。あなたはどうやって証明できるのだ？」

ナスルディンは言った。「絶対にそれを証明できる。ホテル内にはほぼ二百人がいた。俺はそれを知っているが、この男がネタルジを馬鹿と呼んだのだ」

治安判事は言った。「我々に言いなさい——あなたの証拠は何なのだ?」
ムラ・ナスルディンは言った。「なぜならその時には他に馬鹿がいなかったからだ」

愚かであってはいけない。ただあなた自身でありなさい。するとあなたは知的になるだろう。それが私の言いたいことだ。あなたがただあなた自身であるなら、あなたは知的な存在になるだろう。あなたがあなた自身であるなら、完全にあなた自身を受け入れるなら——受け入れるだけでなく歓迎するなら、ただそのままのあなたで在ることに幸せで、感謝するなら——あなたの知性は開花し始める。あなたが競争しているなら、あなたは愚かになる、平凡になる——なぜならあなたは本性に逆らっているからだ。あなたが競争して他の誰かになろうとするなら、あなたは自分の内的な自発性を破壊するだろう。それこそが愚かさというものだ。あなたは停滞するだろう。

宗教的でありなさい。決して政治的であってはいけない。そして私が決して政治的であってはいけないと言う時、それは政党の一員であってはいけないという意味だけではない。政治ということで私が意味しているのは、野心的であってはいけないということだ。すべての野心は政治的だ。一番であるためのすべての奮闘は政治的だ。奮闘しない、争わないマインドは宗教的だ。

ただ在りなさい。あなたはそう教えられてこなかった。私は知っている。今、古い習慣を捨て去ることは難しい——だがそれらは捨て去ることができる。学んだことは何であれ、捨て去ることができる。それは難しいが、不可能ではない。

あなたは言います。まさに今ただここに在ることが、私たちが真実を知るために必要なことのすべてだ、と。なぜ私はそうするのは最も難しいことだと思うのでしょうか？

誰もがそう思う。あなたのすべての条件付けがそれに反対するから、あなたのすべての習慣がそれに反対するからだ。それは厳しく、難しいが、不可能ではない。そして、一度あなたがその要点を理解するなら、それは簡単になる。そしていったんあなたが自分の本性を流れさせるなら、そう在るなら、それは世界で最も簡単なものになるだろう。

実のところ、他の誰かであることは最も難しいことだ。他の誰かであるためには、途方もない努力が必要だ。そしてまた、失敗は確実だ。人は他の誰かであることには決して成功しない。それが惨めさだ。だからいたるところに、とても多くの失敗があるのだ。木々に、鳥たちに、動物にそんなに多くの失敗を見ないのは、彼らが政治的ではないからだ。

あるいは時にはブッダに、マハーヴィーラ、モーセ、マホメットに、あなたは実存の自然な開花を見る……自発的で、動物のような無垢を。ただ在りなさい――神は既にそこにいてあなたを待っている。少し落ち着きなさい。どこか別の場所に行くためにそんなに急いではいけない。この瞬間を、この途方もない至福の瞬間を見逃してはいけない――それを楽しみなさい。喜びなさい！　そしてあなたの喜びをあなたの祈りにしなさい。そしてただ在りなさい。静かに、沈黙しなさい。ただ在ることをあなたの瞑想にしなさい……すると神はあなたに向かって急いで来るだろう。

誰も神を捜す必要はない。神があなたを捜している。ただあなたは沈黙し、静かにしている。そうすれば、彼はあなたを見つけることができる。あなたは急いで走っている。そして神はあなたを見つけようと試み続ける。だがあなたは決して見つからない。なぜならあなたは、決して現在にいないからだ。野心的なマインドは未来に生きる。宗教的なマインドは現在に生きる。宗教的なマインドは他のどんな時間も知らない。彼の唯一の時間は今だ、彼の唯一の空間はここだ。今とここだ！

——それをあなたのマントラにさせなさい。

あなたが今を見逃すなら、あなたは常に見逃すだろう。あなたがここを見逃すなら、あなたはそこを見逃すだろう。今とここをあなたのすべてのマントラにしなさい。これがあなたのマントラでないなら、神はどこにもいない。

スワミ・ラムは無神論者に関する単純な話をしたものだった。彼は教授で、非常に論理的で学者だった。そして彼は神に非常に反対した。彼は神を否定する短い文章『神はどこにもいない。*god is no-where*』を彼の壁に書いた。それから彼に子供が生まれた。小さな子供で、その子は読むことを学んでいた。「どこにもない *Nowhere*」は彼にとってあまりに大きな言葉だった。そこで彼はその言葉を二つに分けた。彼は「神は *God is*」を読んでいた……「どこにもいない *nowhere*」を彼は読めなかった。それは大きすぎる言葉だった。そこで彼はこう読んだ、「神は今ここにいる。*God is now-here.*」と。

その子供でありなさい。神は今ここにいる。もしあなたがその子供でないなら、神はどこにもいない。そうだ、イエスがこう言う時、彼は正しい。

「小さな子供のような人だけが、彼らだけが私の神の王国に入ることができるだろう」

第九章

規律を超えた規律

The Discipline Beyond Discipline

ブッダは言った。


私の教義は、考えられない考えを考えること、行なっていない行為を実践すること、言い表わせない話を話すこと、そして規律を超えた規律の中で訓練されることだ。

これを理解する人たちは近くにいる。

混乱する人たちは遠くにいる。

道は言葉や表現を超えている。

それは世俗的なものには縛られない。

厳密にそれを見失うか、一瞬でもそれを見逃すなら、私たちは未来永劫それから離れる。


この経文はブッダのメッセージの最も重要なものの一つ、まさに骨格となるものの一つだ。彼のメッセージのまさに本質が、種子のようにそこにある。その中へ私と一緒に辛抱強く入って行き、それを理解しようとしてごらん。なぜならもしこの経文を理解するなら、ブッダがあなたに理解してもらいたいすべてを理解することになるからだ。

もしこの経文を逃すなら、あなたはすべてを逃す。

ブッダは言った。

私の教義は、考えられない考えを考えること、行なっていない行為を実践すること、言い表わせない話を話すこと、そして規律を超えた規律の中で訓練されることだ。

「教義」という言葉の選択は適切ではないが、そこには翻訳の難しさがある。ブッダはシッダーンタという言葉を使っていたはずだ。それは完全に異なる意味を持つ。普通それは「教義」と翻訳される。それはそのように翻訳すべきではない。だが問題は、シッダーンタに相当するものが英語に存在しないということだ。だから私は、それを説明しなければならない。

教義とは一貫した論理的理論だ。

シッダーンタは論理、理論、一貫性とは何の関係もない。シッダーンタは実現、シッダーンタは体験だ。教義は知的だ。シッダーンタは実存的だ。あなたはそれによって変容されることなく教義を作れる。あなたはそれに触れられることさえなく、偉大な教義を作ることができる。だがシッダーンタを成就したいなら、あなたは完全に変容されなければならないだろう。なぜならそれは、全く異なる人間のビジョンだからだ。

シッダーンタという言葉は、シッダになった人、成就した人、到着した人の言明、彼の声明を意味する。あなたは偉大な哲学者であることができる。多くの物事を知的に把握することができる。推論を体系化することができる。そしてあなたは、ほとんど真実のように見えるが、真実ではない非常に一貫性のある論理的な三段論法を作ることができる。それはあなたのマインドによって製造されてきた。教義は人工物だ。シッダーンタは人と人の努力とは何の関係もない。シッダーンタはビジョンだ――あなたはそれに出会う。

たとえば、盲目の人は光について考えることができるし、それがどんなものかを把握しようとすることができる。彼はさらに光に関する重大な論文に耳を傾けることができるし、それについての――それが何であるかの、特定の考えを作ることができる。しかし彼は、以前と同じように光から遠く離れている。彼はさらに、光に関する教義を詳しく説明ができる。その物理学を説明ができる。その構造を説明できる。光の成分を深く調べることができる。彼はそれについて話ができる。彼はそれについて博士号論文を書くことができる。彼は大学から博士と宣言され得る。なぜなら彼は教義を提議したからだ――だがそれでも、彼は光が何であるか知らない。彼は見るための目を持っていない。

シッダーンタとは、あなたが見てきたもの、あなたに明らかにされてきたもの、あなた自身の体験になったもの、あなたが遭遇したものだ。教義とはほとんど想像上のもので、本物ではない。教義はほとんど常に借り物だ。あなたは多くのやり方で自分の借り物を隠すことができる。微妙な、狡猾なやり方で――。あなたは再構築ができ、多くの源泉から入手できる。そしてすべてを再編成できるが、教義は借りものだ。その中に独自《オリジナル》のものは何もない。

シッダーンタは全く独自《オリジナル》で新しい。それはあなたの本物の体験だ。あなたは、現実とは何かがわかるようになる。それは直接の認識、祝福、恩恵、それは神の恵み、贈り物だ。あなたは到着し、そして真実とは何かがわかった。認識の声明がシッダーンタだ。教義を提議することは一つの事柄であり、シッダーンタを表わすことは全く異なるものだ。

私は聞いたことがある。

かつてムラ・ナスルディンは数人の友人たちと話をしていた。彼は自分が家族と一緒にアメリカで過ごしたばかりの素晴らしい休暇について、仲間に話していた。

「それは素晴らしい国だ」と彼は叫んだ。「世界のどこにも、見知らぬ人をそんなに良くもてなすところはない。通りを歩くと、沢山のドルを持った身なりのよい輩に出会う。彼は帽子をちょっと上げてあなたに微笑み、そしてあなたは一緒に話す。彼はあなたを大きな車に招待し、そしてあなたに町を見せる。彼はあなたに素晴らしい夕食を奢り、それからあなたを劇場に連れて行く。あなたはたっぷりと素晴らしい料理や飲み物を頂き、そして彼はあなたを家に招待して、あなたは一晩中快く眠る。翌朝は……」

「何だと、ナスルディン」と聞いていた者は言った。

「これはみんな、本当に君に起こったことなのか?」

「いや、正確には違う。でもそれはみんな俺の妻に起こったのだ」とナスルディンは言った。

教義とは他の誰かに起こったことだ。あなたはそれについて聞いたことがある。それはあなたには起こらなかった――それは借りもので、汚く醜い。シッダーンタは純潔だ。

教義とは売春婦だ。それは多くの思考《マインド》を通って、多くの手を経て動いてきた。それは汚れた通貨のようなものだ。それはその所有者を変え続ける。

シッダーンタは全く新鮮なものだ。それは以前には起こったことがない。それは二度と起こることはない。それはあなたに起こった。シッダーンタは完全に個々のもので、それは現実の個人的なビジョンだ。

ブッダに起こったことはシッダーンタで、仏教徒が提議するものは教義だ。キリストに起こったことはシッダーンタで、キリスト教徒が話すことは教義だ。クリシュナに起こったことはシッダーンタで、ヒンドゥー教徒が自慢し続けるものは教義だ。

私があなたに話すことはシッダーンタだ――もしあなたがそれを繰り返してしまうなら、それは教義になる。だからブッダの言葉を借りて話すことは、非常に不運な選択になる、と私は言うのだ。

私の教義は、考えられない考えを考えること……。いやそれを、私のシッダーンタは考えられない考えを考えること、私の成就はそれを考えること、私自身の理解はそれを考えること、と言い換えよう。ブッダは理論を提案しているのではない。単純に体験を表現している。

私たちが経文に入る前に、さらにいくつかのことを話そう。

シッダーンタは、そのまさに本性において逆説的だ――それはそうでなければならない。なぜなら生が逆説的だからだ。あなたが本当にそれを体験しているなら、あなたが見たり言ったりすることは何でも逆説的になるだろう。生は矛盾から成っている。私たちはそれを矛盾と呼ぶ。生はそれを矛盾と呼ばない。それらは補足するものだ。昼と夜は一緒に踊る、生と死は一緒に踊る、愛と憎しみは手を繋いで動く。私たちはそれらを矛盾と呼ぶ――生の中ではそうではない。生は大きくて広大で、計り知れない。その中にすべての矛盾を内包する。それらは補足するものだ。

ある人が成就した時、彼が言うことは何であれ逆説の味を持つことになる。だからすべての偉大な宗教的表明は逆説的なのだ。それらはヴェーダに、ウパニシャッドに、コーランに、聖書に、道徳経にあるかもしれない。真実が見つかるところがどこであれ、それがいつであれ、あなたはそれを逆説的だと思うだろう――なぜなら真実は全一《トータル》でなければならないし、全面性《トータリティ》は逆説的だからだ。

教義は決して逆説的ではない。教義は途方もなく一貫している――なぜなら教義は現実について心配していないからだ。教義は一貫性のあることを心配する。それは現実を知らない。それはマインドのゲームであり、マインドは極めて論理的だ。マインドは、その中にどんな矛盾も許してはならないと言う。マインドは、もしあなたが光について話すなら、闇について話してはいけない、なぜならそれは一貫性がないからだと言う。闇については忘れることだ。マインドは、生には矛盾がないことを証明しようとする、それがマインドの選択だからだ。

マインドは矛盾を非常に恐れていて、矛盾に出くわす時は非常に不安定になる。それは独自のパターンを主張する。マインドは論理的だが、生は違う。だから非常に論理的な何かを見つけたら、用心しなさい——何かが間違っているに違いない。それは生の一部ではないはずだ、それは人工のものであるに違いない。

神が作ったあらゆるものは矛盾している。だから人々は神について議論し続けるのだ。なぜだ？神がそれほど人間を愛しているなら、なぜ神は死を作ったのだ？　マインドは、神が生を作り、そして死も作ったという考えを受け入れるのは非常に難しいことに気づく。それがあなたに委ねられたなら、あなたが世界の製作者だったなら、マインドが創造者だったなら、あなたは決してそうしなかっただろう。

しかし、死が存在しない生について考えてごらん。それは全く退屈になる。それは飽き飽きしたものになる。考えてごらん——もし死が不可能なら、あなたは絶えず地獄の中にいるだろう。もしマインドが世界を創造したなら、そこにはただ愛だけがあって憎しみはなかっただろう。しかし愛だけが存在する世界について考えてごらん。それは甘すぎる——吐き気を催させるほどの甘さだ。それはすべての味を失うことになる。すべての色を失うことになる。それはつまらないものになるだろう。愛が美しいのは憎しみの可能性のためだ。

マインドが世界を創造することになれば、あるいはアリストテレスが世界を創造するように頼まれたなら、そこには昼だけがあって夜はないだろう。ただ仕事だけがあって遊びはないだろう。その時、何が起こるかを考えてごらん。神は彼の慈悲において、アリストテレスからのどんな助言も決して受け入れなかった。そしておそらくそれが、神がまさに最後に人間を創造した理由だ。まず他の物を創造した——そうでなければ、人間は助言を与え始めていただろう。

それは問題になっていた——なぜ彼は最後に人間を創造したのか？　まず彼は木々や大地、空や星、動物や鳥、そして全体を創造した——それから彼は待ちに待った。そして人間を創造した。そしてまず男を創造し、それから女を創造した。なぜなら男は、ただ礼儀上、静かにしていたかもしれないが、女は静かにしていられないからだ。神は恐れたに違いない。人間を創造してはいけない。そうしなければ彼は助言を与え始めるだろう——これをしろ、それをするなと。そして女に関しては、彼は最後に待った。そして神は女を創造してから消えてしまった——そうしなければ、女は死ぬまで彼に小言を言ったことだろう。

一人の偉大な実業家が私に、彼の新しい工場のためにすべてが計画され、合意されてきたことを話していた。エンジニア、建築家、設計者、彼らはすべてを行ない、すべては合意されている。

だが、その時私は尋ねた。「なぜあなたはすべてが合意されたことを何度も繰り返すのだ？　何かがうまくいかなかったのか?」

彼は言った。「その後私は家に帰り、妻にそれについて話した——一巻の終わりだった。今、彼女はすべての考えを改める事をほのめかしている。そしてもし私が今それをしないと、それは私の全人生にとって絶えざる問題になるだろう。彼女は死ぬまで小言を言うだろう」

もしアリストテレスが世界を創造するように、あるいは世界を創造することを助けるようにと頼まれたなら、その時は世界には絶対に矛盾がないだろう——全く首尾一貫しているだろう。だがその時それは、惨めさと地獄の世界になるだろう。生が美しいのは、矛盾があるからだ。仕事が美しいのは遊びがあるからだ。仕事とは、あなたがそれから何かを得るために何かをしているという意味だ。遊びとは、それ自体のためにそれをしているという意味だ。

いや、アリストテレスはそれを許さない。プラトンは許さない。彼の主著の一つ「国家」の中で、プラトンは、どんな詩人にも可能性はない、我々は彼らを許さないだろう、と語っている。彼らは危険な人々だ。彼らは世界に矛盾をもたらす——詩人、彼らは夢想家だ。そして彼らは漠然とした、曖昧な表現で話す。あなたは彼らが言っていることから、彼らが意味することからは何も作ることができない。プラトンの世界では、彼の「国家」では、論理学者、哲学者が王になる。彼らが決定する。

それはまだ起こっていない。ほんのわずかに、そのようなことは起こってきた。たとえば、ソビエト・ロシアはよりプラトン的だ。中国はよりプラトン的だ。これらの二つの国は論理によって治められている。あなたは他のどこにも、それ以上に惨めな人々を見つけることはできない。食べ物と住居は充分にある——なぜなら論理は物事の偉大な取り決め屋だからだ。すべては取り決められている——ただ生だけが不足している。どういうわけか人は幸せではない。人はパンだけでは生きることができないからだ。あなたには反対のものも必要だ。一日中あなたは働く。夜にあなたは休む。あなたは闇も必要とする。

教義は理論の論理的な声明であり、論理はカメレオンのようなものだ——それは色を変え続ける。それは信頼できない。それが信頼できないのは、現実に基づいていないからだ。それが責任を負わないのは、現実に基づいていないからだ。それが偽りなのは、部分的な真実だからだ。

覚えておきなさい。部分的な真実は完全な偽りよりも偽りだ。なぜなら部分的な真実は、真実であるという感覚を与えるからだ。それは半分の真実に過ぎず、半分真実のものは何もない。それは真実であるか真実でないかのどちらかだ。半分の真実は全くの偽りだが、論理はそれが真実であるような感覚を与える、少なくとも真実への途上にあるという感覚を与える。それは真実への途上にさえない。

そして論理学者はとんぼ返りをし続ける。彼らは自分の立場を変え続ける。なぜなら実際に彼らは本当に本物《リアル》の何かには至っていないからだ。単なる彼らのマインド・ゲームだ。ある日にはあるゲーム、別の日には別のゲームだ。彼らは変化し続ける。彼らは一貫したままで、彼ら独自の一連の考えとは矛盾しないが、現実《リアリティ》とは矛盾する。

私は聞いたことがある。

「論理の経過が人の思考に何をするのかという説明は難しいが、例を挙げて説明してみよう」とムラ・ナスルディンは息子に言った。「二人の男が煙突から出てきたとする。一人はきれいで、一人は汚い。どちらの人が風呂に入るだろう?」

「汚い人だ、当然だよ」と少年は答えた。

「覚えていなさい」とナスルディンはたしなめた。

「きれいな男は汚れた人を見て、彼がどれだけ汚れているのかがわかる。そしてその逆もある」

「今わかったよ、お父さん」と少年は答えた。「きれいな人は自分の汚れた仲間を見て、自分も汚れていると結論づける。そこで彼は風呂に入るんだ。そうでしょう?」

「間違っているよ」とナスルディンはさりげなく言った。「論理は俺たちにこれを教えるのだ——二人の男は煙突から出てきたのに、どうして一人はきれいでいられて、一人は汚れているのだ?」

ひとたびあなたが論理のゲームをし始めると、そこには終わりがなく、あなたは決して勝てないだろう。論理学者は常に勝つ。論理学者が常に勝つのは、常に方法を見つけられるからだ。そして彼には何も比較するものがない、彼には現実《リアリティ》がない。だから非常に多くの哲学が存在する。そしてすべて互いに対立していて、一つの結論にもまだ達してしない。

何世紀にもわたって、ほぼ五千年間、人間は論じてきた。人間は大したことを何もせずに、単に論じてきただけだ。数多くの哲学が作られてきた。非常に筋が通った論理が——。もし一人の哲学者のものを読めば、あなたは納得するだろう。彼に反論する者のものを読めば納得するだろう。三番目のものを読めば納得するだろう——そしてあなたは混乱に陥る。やがてあなたは、すべてのものに納得させられて気が狂うだろう。今や何が真実かわからないからだ。それらはみんな間違っている。なぜなら論理的なアプローチそのものが間違っているからだ。

リアリティを知るには二つの方法がある。一つは、ちょっと目を閉じてそれについて考えることだ。私はそれを「〜について主義」と呼ぶ。それは常に、〜について、〜について、だ。それは決して直接的には行かない。遠回しに言い続ける。決してずばりと言わない。ただ周辺だけだ。決して問題の中心を貫かない。ただ単にぐるぐる回る。それはメリーゴーランドだ。あなたはそれを楽しむことができる——論理学者は非常に楽しむ。すべてを説明する新しい理論を持つようになることは、とても素晴らしい——だがそれはただマインドの中だけのことだ。あなたは目を閉じて、安楽な椅子に座って考える。これはあなたにリアリティを与えることはない。

リアリティは既にそこにある。それについて考える必要はない。あなたはそれを許さなければならない。あなたはすべての思考を落とさなければならない。真実とは何かを見ることができるように、在るものを見ることができるように。もし考え続けるなら、在るものを見ることができない。それは不可能だ。あなたの思考はあなたの周りに煙を作り出す。あなたの意識は煙で覆われる。あなたの目には明晰さがない。感じやすさがない。そして絶え間なく、独自の考えを探し求めたり、それを押し付けたり、それを現実に投影したりするだろう。あなたは現実にそれ自身を現わすチャンスを与えない。

教義は論理的な思考を通して達せられる。教義は「〜について主義」の過程を経て生じる。シッダーンタはあなたの目を閉じることによってではなく、考え過ぎることによってではなく、そのような思考をそっくり落とすことで達せられる。何の先入観も持たずに、先験的な概念を持たずにあなたの目を開くことによって、そして現実を直接見て、現実と直接対面することで達せられる。それは既にそこにある。ただ、あなたがそこにいることだけが必要だ。

そしてあなたが全くどんな思考もなしでいる時、あなたのマインドが静かで、あなたの記憶が静かで、あなたの思考が完全になくなる時、現実《リアリティ》は噴火し爆発する。その時、あなたは受け取る者になる。その時シッダーンタが生じる。

私のシッダーンタは、考えられない考えを考えることだ……。

まず第一にブッダが語ることは、考えられ得ない考えを考えることだ。それは矛盾であり、逆説だ。現在、論理学者はそうしたナンセンスを決して口にしない。それは最初から無意味だ。だから論理学者たちはブッダ、イエス、ボーディダルマ、老子、ツァラトゥストラ――これらの人々はみんなナンセンスだと言い続けるのだ。彼らの命題は無意味だ――なぜなら彼らはあることを言うが、次の瞬間には矛盾しているからだ。さて、この言葉を見てごらん。

私のシッダーンタは、考えられない考えを考えることだ……。

今、ほんの小さな文章の中に絶対的な矛盾がある――考えられないことを考えること。どうやったら、考えられないことを考えられるだろう？　それが本当に考えられないことなら、考えることはできない。あなたが考えることができるなら、どうやってそれが考えられないことであり得るのだろう？　単純で、非論理的だ――だが、ブッダが何を意味しているのかを理解しなければならない。急いではいけない。だから私は辛抱強く進みなさいと言うのだ。

ブッダが意図する時……彼が何かを言いたい時、彼はそれを本気で言う。彼は考えることなしで物事を知る方法があると言っている。マインドなしで物事を知る方法がある。思考の媒体なしで、直接、すぐに現実を見通す方法がある。あなたは思考のどんな媒介もなしに、現実と繋がることができる――それが彼が言うことだ。彼が言うことは、マインドは完全にその活動を停止でき、完全にその活動を落とせるということだ。それにも関わらず在ることが、更に、貯水池であることができ——そして現実を見通すことができる、ということだ。しかしあなたは、それを体験しなければならない。ただその時にだけ理解できるだろう。

時々、ただ見るようにしてごらん。バラの木の側に座って、ただバラの花を見てごらん。考えてはいけない、名前さえ言ってはいけない。分類さえしてはいけない。これはバラであるとさえ言ってはいけない——バラはバラでありバラだからだ。あなたがそれをバラと呼ぼうが、他の何かと呼ぼうが何の違いも生じない。だからラベルを貼ってはいけない、名前をつけてはいけない、言語を持ち込んではいけない。どんな記号も持ち込んではいけない。記号は現実を偽造する技法だからだ。

あなたがこれはバラだと言うなら、既に見逃している。その時あなたは、それではない他のバラについての何らかの過去の経験を持ち込んでいる。今あなたの目はバラで、並んだバラで一杯だ。人生で、あなたは多くの種類のバラに出くわしてきたに違いない——白や黒や赤色の。すべてのバラがあなたの目の中に浮かんで存在している。今、あなたは自分の過去の記憶で詰め込まれている。そして本物であるこのバラは、これらすべての記憶を超えている。今や非現実的な群がりはとても多く、あなたは本物に達して触れることができない。

ブッダが「思考を落としなさい」と言う時は、過去を持ち込んではいけないと語っているのだ。それを持ち込むことに何の意味があるだろう？　このバラはここにあり、あなたはここにいる。それを深い出会い、交感、関係にしなさい。このバラで少しやわらいでごらん、このバラをあなたの中に少し溶け込ませてごらん。バラはその香りを分かち合う準備ができている。あなたも自分の実存を、自分の意識を、それと分かち合いなさい。

現実と握手をしてみるがいい。このバラと少しダンスをしなさい……風の中で踊りなさい——。あなたもまた動き、在り、見て感じて、目を閉じて匂いをかぎ、触れ、飲みなさい。あなたに直面しているこの美しい現象……あちらこちらに行ってはいけない——ただそれと共に在りなさい。もはや右でも左でもなく、的に向かって動く矢のように、ただ真っ直ぐに在りなさい。あなたが言葉、言語を持ち込むなら、あなたは社会を持ち込む。あなたは過去を持ち込み、他の人々を持ち込む。

テニスン（十九世紀のイギリスの詩人）は、バラについて何かを語っている。
シェリー（十九世紀のイギリスのロマン派詩人）は、バラについて何かを語っている。
シェイクスピアは、バラについて何かを話している。あるいはカリダス（四世紀のインドの詩人）も——。

一度あなたが言語を持ち込むなら、シェイクスピア、カリダス、バウブティ（八世紀のインドの学者、詩人）、シェリーそしてキーツ（十九世紀のイギリスのロマン派詩人）——彼らがみんなそこに立っている。今、あなたはあなた自身の考えであまりに一杯だ。今、あなたは群衆の中にいて、失われている。あなたは単純な真実を見ることができない。

真実はとても単純だ。そう、それはちょうど、あなたの前にあるバラの花のようなものだ。それは完全にそこにある。なぜ、どこか別のところに行くのだ？　なぜこの現実の中に入らないのだ？　なぜ過去と未来を見つけに行くのだ？　このバラは美しいと言ってはいけない。このバラはあなたからの賛辞を必要としないからだ。それを感覚のままにしておきなさい。このバラは人間の言語を理解していない。では、なぜこのバラを悩ませるのだ？　なぜそれは美しいと言うのだ？　というのも、このバラは美や醜さについて何も知らないからだ。

このバラにとって、生は分割されていないし分裂していない。このバラは精神分裂症ではない。このバラは美しさとは何か、醜さとは何かについて何の考えも持たずに、単純にそこにある。それを美しいと言ってはいけない。それを美しいと言う時、あなたは概念を持ち込んでいる。マインドが機能し始めている。今、あなたはバラについて少しの経験があるかもしれないが、それは本当ではない――あなたのマインドは歪んでいる。あなたはこのバラを、他のすべてのバラの単なる代表的なものとして考えるだろう。

プラトンは、すべての現実の物はただ理想的な何かを代表しているだけだ、と語っている。プラトンは、そこには神と共にバラについての観念《イデア》――それが本物だ――が存在している、と言う。バラの観念が本物であり、このバラはその観念の単なる反映である、ということだ。これはナンセンスだ。これは本当に馬鹿げている。

このバラは、神と共に今ここに存在する。神のマインドには何の観念もない。神にはそのようなマインドがない。神にはマインドがない。神は人間ではない。そして神はどんな親にも訓練されていないし、どんな大学によっても教育されていない。神は条件付けられていない。神のマインドには何の観念もない——そしてこのバラは本物のバラだ。神はこのバラと共に存在していて、このバラは神と共に存在している。そして神にはこのバラに対する障壁、マインドの障壁はない。

だがプラトンにとっては、現実は非現実的なものであり、観念が本物だ。

ブッダにとってそれはちょうど反対だ。現実は本物で、観念は非現実的なものだ。プラトンに従うなら、あなたは哲学者になるだろう。ブッダに従うなら、宗教的な人になるだろう。宗教は哲学ではない。宗教は体験だ。

だからそれを試してごらん。時々はあなたの無心《ノーマインド》を機能させなさい。時々は、あなたのすべての思考を押しのけなさい。時々は現実をあなたに浸透させなさい。時々は現実からの恩恵を存在させなさい。そのメッセージがあなたに届くのを許しなさい。しかし私たちは言葉で生き続けて、言葉にあまりにも多くの注意を払う。

私の大学に一人の教師がいて、よく一緒に散歩に行ったものだった。数日後、私は言った。

「私は行かない。私は一人で行った方がいいだろう」

彼は「なぜだ?」と言った。というのも、彼はあまりにも名前に取りつかれていたからだ。彼が見たすべての木について、彼はそれがどの種に属しているのかを言わなければならなかった。あらゆる花について——それに何が含まれているか、その歴史は何かを。バラを見ることがあっても、彼はバラを見ない。彼はバラのすべての歴史を見ただろう。それはどうやってイランから来たのか、何世紀に来たのか、誰がそれをインドに持ってきたのか、ということを——それはインドの花ではない。

さて、彼は花を決して見ない。そして私は何度も彼を引き戻したものだ——「この花で充分だ。何の意味がある？　花は歴史を持っていない。人間だけが持つ。この花はそれがイランのものかインドのものかなど気にしない。この花は過去について何も知らない。それはただ、ここと今に生きている。それはヒンドゥー教徒でもイスラム教徒でもない、またインド人でもイラン人でもない。それはただ単にそこにある。それはバラでさえない！」

だが、それは彼にとっては困難だった。どんな鳥でも彼が見るとこう言った。

「待ってくれ、耳を傾けさせてくれ。これは何と言う種の鳥だろう？　それはどこから来たのだろう？　シベリアから来たのだろうか？　あるいは中央アジアからか？　それともヒマラヤの鳥なのか？」

数日後、私は言った。

「申し訳ない。一人で行ってくれ。私はこの鳥がどこからやって来たのかなど興味がないからだ。この鳥はここにいる。それで充分だ。私は科学的な、歴史的な説明には興味がない」

説明は少数の人々にとってはほとんど病気だ。説明を通して、彼らはあらゆるものを片付けようとする。彼らは説明に取りつかれている。物に名前を付けられるなら、物にラベルを貼ることができるなら、彼らはそれに関して知っていると思う。彼らは物にラベルを貼ることができない限り、名前で物を知らない限り、それを分類しない限り、整理しない限り非常に不安になる。それをしないと、彼らは非常に居心地が良くない。それはまるで、ある物事が彼らを全く不愉快にさせているように見える――なぜあなたはどんな分類もせずにそこにいるのだ?と。いったん彼らが分類したなら、それを整理棚に入れてラベルを貼るなら、その時彼らは安心する。彼らはそれを知った。彼らはその物を片付けた。

私は聞いたことがある。

第二次世界大戦の後、ドイツ人の兵士がフランス人の女性を強姦して、彼女に言った。

「九ヶ月後に、君は息子を持つだろう――君は彼をアドルフ・ヒトラーと呼ぶかもしれない」

それに対してフランス人の女性は返事をした。

「九日後にあなたは発疹が出るでしょう――あなたはそれを麻疹《はしか》と呼ぶかもしれないわね」

だが名前を呼ぶことでは、何も変わらない。あなたが何と呼ぶかは、全く重要ではない。あるものは何であろうと、ある! あなたがそれに名前を与えることで、それが変わることはない。だがあなたにとってそれは変わる。ただ名前を与えることで、現実はあなたにとって違うものになる。それは起こった。

ライオンとロバは、一緒に狩りに出かけるという約束をした。やがて彼らは多くの野生の山羊が住んでいる洞窟にやって来た。ライオンは洞窟の出入口で待ち構えて、ロバは中に入り、彼らを怖がらせて外へ出すために、蹴って鳴き声を上げて威勢良く騒ぎ立てた。ライオンが彼らの多くを捕まえた時、ロバが出てきてライオンに、自分は立派な戦いをして山羊をきちんと送り出したのか、と尋ねた。

「そうだとも」とライオンは言った。「そして俺は君に保証するよ。もし俺が君をロバだと知らなかったら、君は俺をも怖がらせただろう」

名前を呼ぶことで、それはあなたに違いをもたらすかもしれないが、現実に対してはどんな違いももたらさない。それがあなたに違いをもたらすのは、あなたが自分の言語、概念、言葉で表現する行為に囲まれて生きているからだ。あなたは、あらゆるものをすぐさま言語に翻訳し続ける。

あなた自身を非言語化すること――それこそがブッダの言うことだ。

あなた自身を非-マインド化すること、あなた自身をくつろがせること――それこそがブッダの言うことだ。そうでなければ、真実とは何かを知ることは決してないだろう。

私のシッダーンタは、考えられない考えを考えることだ。

現実《リアリティ》について考えることはできない。それを考える方法はない。すべての思考は借りものだ。どんな思考も決して独創的ではない。すべての思考は反復的だ。すべての思考は機械的だ。あなたは同じことを何度も何度も考え巡らし、そして再び考え巡らし続けるが、思考からは決して何も新しいものは生じない。思考は古く、腐っている。それは廃品だ。

現実について考えられないのは、現実はあらゆる瞬間が原型《オリジナル》だからだ。それはあらゆる瞬間がとても新しいので、以前は決してそのようには存在しなかった。現実はそれほど絶対的に新鮮なので、あなたはそれを知らなければならない。それを知ること以外に、現実を知る方法は他にない。

愛を知る唯一の方法は愛することだ。泳ぎを知る唯一の方法は泳ぐことだ。現実《リアリティ》を知る唯一の方法は本物《リアル》であることだ。マインドはあなたを非現実的にする。マインドはあなたをあまりにも思考好きにする――マインドの要素、言葉、概念、理論、哲学、教義、経典、主義好きにする。マインドはあなたに本物を与えない。それはあなたに反映だけを与える――そしてそれらの反映も歪んでいる。

ブッダは明晰性に達しなさいと言う。ただ見なさい、ただ在りなさい。するとその時あなたは、考えられないその考えを考えることができるだろう。あなたは現実との出会いを、神とのデートを持つことができるだろう。

考えられない考え——ただそれだけが考える価値がある。他のすべては、ただ生エネルギーを浪費しているに過ぎない。

……行なっていない行為を実践すること……

これが老子が無為と呼ぶものだ。非行為の中の行為——またもや別の逆説だ。だがシッダーンタは逆説的でなければならない。

……行なっていない行為を実践すること……

普通私たちは、行なえる行為だけを知っている。私たちは自分の行為に囲まれている。自分の行為を超えていて、それでも起こるものがあることを私たちは知らない。あなたは生まれる。あなたは自分自身に誕生を与えていない。それは単に起こった。それはより良い方法で起こることができなかった。あなたは呼吸している——だがあなたは、行為として呼吸しているのではない。それは起こっている。あなたはそれを止めようとはできるが、自分がそれを止められないのがわかるだろう。数秒間でさえ、あなたはそれを止められない。あなたはくつろがなければならない。それを許さなければならない。呼吸は生だ。それは起こっている。

すべての本質的なものは起こっている。そしてすべての非本質的なもの、非実存的なものは行なうべきものだ。もちろんあなたの店は、あなたが経営しなければ成り立たないだろう。もちろんあなたは、そのために奮闘しなければ首相や大統領にはならないだろう。これまでそのために奮闘せずに首相になった人はいなかった。暴力なしでは、あなたは首相になれない。あなたは競争しなければならない――壮絶な競争をだ。あなたは残酷でなければならない、攻撃的でなければならない。そうしなければならない。ただその時だけそれは起こる。あなたの行為に依存するものはすべて非本質的なものであり、あなたなしで進み続けるものはすべて本質的なものだ。

宗教のすべての関心事は本質的なもの、本質の世界だ。あなたはそこにいる。あなたが自分自身でそうしてきたということではなく、理由もなく単にそこにいる。あなたはそれを獲得していない。それはあなたがしていることではない。それは祝福、それは贈り物だ。あなたはそこにいる。存在はあなたがそこにいることを望んできた。それはあなた個人の意志ではない。

それを見守ってごらん、それを理解してごらん。生のような大変なことが、とても貴重なものがあなたの行為なしに起こり得る時に、なぜ思い悩むのだ？　その時は起こるという次元をますます許しなさい。することを、ますます落としなさい。必要に思えることだけをしなさい。することにあまり心を煩わせすぎてはいけない。

それがサニヤシンの意味だ。戸主（家を所有する者）——グルスタとは、ただ単に行為の次元に取りつかれている人だ。彼は、もし自分がしようとしていないなら何も起こらない、と考える。彼は行為者だ。サニヤシンとは、自分がそれをしようとしていてもいなくても、すべての本質的なものは起こり続けようとしているのを知っている人だ。非本質的なものは消えるかもしれないが、それは問題ではない——しかし本質的なものは続く。

愛は本質的だ。お金は非 - 本質的だ。生きることは本質的だ。大きな家に住むか住まないかは、非 - 本質的なことだ。充足すること、満足することは本質的なことだ。急いでいて野心的で、常にどこかへ到達しようとする、あなたは大物であることを演じようと、証明しようとする、これらは非 - 本質的なことだ。人々は二つの次元だけで生きる。行為者の次元と非行為者の次元だ。

ブッダは言う。

……行なっていない行為を実践すること……

彼はそれを実践せよと言う。彼は「実践」と言う、それを言う方法が他にないからだ。「実践」という言葉は行なうことのように思える。それは逆説だ。

彼は言う、「行なえないことを行ないなさい」と。起こることだけを行ないなさい。許しなさい。彼はそれを意味している——起こることを許しなさい。神が存在するのを許しなさい。生が存在するのを許しなさい。愛が存在するのを許しなさい。存在があなたを貫通し、浸透するのを許しなさい。行為者であり続けてはいけない。

彼は、全く何もしてはいけない、と言っているのではない。彼はそれを強調してはいけないと言う。おそらくそれは必要だ。あなたは自分の部屋を掃除しなければならない。あなたがそれをすることなしには、掃除は起こらない。だからそれをしなさい！――だがそれに取りつかれてはいけない。それは単なる副次的な部分だ。

生の主要な部分、生の中心的な部分は出来事《ハプニング》のようなものであるべきだ。稲妻が雲の中で起こるように、神もそのように起こる。川が海に押し寄せ、そして消失し続けるように、愛もそのように起こる。瞑想もそのように起こる――それはあなたの行為とは何の関係もない。あなたがすることは、それが起こるために不可欠のものではない。あなたが座っていて何もしていない時、それは起こり得る。実際、それはその時にだけ、あなたが何もしていなくて座っている時にだけ起こる。私はあなたに技法として多くのことをするようにと主張するが、強調することはこれだけだ――それは、あなたは疲れなければならないということだ。そうしなければあなたは座らない。

それはまるで、あなたが子供に「部屋の隅で黙って座っていなさい」と言うようなものだ。そして彼は座ることができない。彼はとても落ち着かない。とてもエネルギーに満ちている。彼はあれやこれやをして走り回りたい。最善の方法は彼に七周回ってくるように――家の周りを、建物の周りを七回走り回るように――それから戻って来るように、と言うことだ。それならあなたが言うまでもなく、彼は黙って座るだろう。

それが、ダイナミックをしなさい、クンダリーニをしなさい、ナタラジをしなさいと私が主張するすべての要点だ――疲れきりなさい、そうすれば、しばらくの間あなたは起こるのを許すことができる。あなたは行為によって瞑想に達することはない。あなたは非行為によってのみ、瞑想に達する。そして非行為の中で真の物事は起こる。

真の物事は作り出すことはできない。それは常に起こる。人はただ感じやすく、開いて、傷つきやすくなければならない。それは非常に繊細だ。あなたはそれをつかむことはできない。それは非常に壊れやすい……花のように壊れやすい。それをつかむことはできない。それをつかむなら、あなたはそれを壊すだろう。あなたは非常に柔らかでいなければならない。それは硬い品物《ハードウェア》ではない。それは柔らかい品物《ソフトウェア》だ。あなたは本当に柔らかでいなければならない。女性的でなければならない。

ブッダは言う。

……行なっていない行為を実践すること……

それがすべての偉大な人たちの、本当に偉大な人たちのメッセージだ。この地球上で最も偉大な認識は、私たちはあまりに多くの空騒ぎを不必要に引き起こしている、ということだった。起こるべきものは、私たちが待つなら起こるだろう。適切な季節に収穫がある。適切な時期に実現がある。

適切な時期にすべてのものは起こる。人がたったひとつのこと――祈りをこめて待つ方法を学ぶことができるなら、その他に何も必要なものはない。エクスタシーがプラサード、神の贈り物だ。

ちょっとやってみてごらん。ブッダが言うことを実践してごらん。少なくとも一時間、非‐行為者になりなさい。少なくとも一時間、夜が深まる頃に独りで座りなさい。何もしてはいけない――マントラを唱えることさえいけない、超越瞑想さえもだめだ。何もしてはいけない。ただ座り、横たわって、星を見てごらん。それも厳しくあるべきではない。非常に優しく見てごらん。焦点を合わせてはいけない。焦点が合っていない写真のように、焦点を合わせないままでいなさい――ぼんやりと、かすんで境界線がどこにあるのかを知らずに。暗闇の中でただ沈黙したままでいなさい。

思考がやって来るなら、それを来させなさい。それと戦ってもいけない。それはやって来て、そして去る――あなたはただ観照者でいればいい。それが来ようと去ろうと、あなたの知ったことではない。あなたは何様なのだろうか。それは招待なしにやって来る。押し出されることなく去る。それは来ては去る。絶え間ない交通だ。あなたはただ、道の傍らに座って見守ればいい。

私が見守りなさいと言う時、誤解してはいけない。見守ることをひとつの努力にしてはいけない。そうでなければ人々は非常に堅苦しくなり、非常に堅苦しくて緊張するやり方で見守り始める。またもや彼らはすることを始めている。私が言うこと、あるいはブッダが言うことは、非行為の態度でいなさい、怠惰でいなさい、ということだ。

ただ怠惰でいなさい。そして何が起こるかを見なさい。あなたはびっくりするだろう。ある日——ただ座っている、ただ座っている、何もしていない——ある日、ある未知の源泉から、稲妻が、祝福がある。ある日、ある瞬間に、突然あなたは変貌する。突然あなたは、自分に降りている静けさがわかる。それはほとんど肉体的なものだ。

もし真の瞑想者、くつろぐことのできる人が、黙って座って起こることを許すなら、瞑想者でない人でさえその現存を感じるだろう——何かが起こっていることを。あなたはそれが何かを理解できないかもしれない。あなたは奇妙に、あるいは少し恐ろしく感じるかもしれない。だがあなたが瞑想者の側に座るなら……。

今、正しい言葉を使うことは難しい。なぜなら「瞑想者」という言葉は、再びまるで彼が何かをしている——「瞑想をしている」ような印象を与えるからだ。

何度も思い出しなさい——言語は非 - 瞑想者たちに開発されたので、すべての言語は、微妙な意味において間違っている。それは表現できない。

誰かがそこに座る時、木のように、岩のように、何もしないでただそこに座る時、それは起こる。上方から何かが降下して、あなたの実存のまさに核に浸透する。彼を囲む微妙な光……輝き、恩恵が彼の周りに——瞑想とは何かを知らない人々によってさえも——感じられる。側を通り過ぎても、彼らもそれの影響力を感じるだろう。この祝福が神と呼ばれてきた。

神は人ではない。それはあなたが何もしていなくて、存在がただあなたの中を流れる時の深い体験……その広大さ、その至福、その優雅さだ。

あなたは何もしていない。あなたは何も期待さえしていない。あなたは何も待っていない。あなたに動機はない。あなたはただそこにいる、風の中に立つ木のように、あるいは川の側でただ黙って座っている岩のように。あるいは丘の頂上にある雲のように——ただ存在する、あなた自身のどんな動きもなく。

その瞬間、あなたは自己ではない。その瞬間、あなたは無自己だ。その瞬間、あなたはマインドではない、あなたはノーマインドだ。その瞬間、あなたには中心がない。その瞬間、あなたは計り知れない……どんな境界もない広大な状態にあり——突然、接触がある。突然それはそこにある！突然あなたは満たされる。突然あなたは、ある未知の存在に囲まれる。それは凄まじい。

それがブッダが言っていることだ。

……行なっていない行為を実践すること、言い表わせない話を話すこと……

そしてもしあなたが何かを言いたいなら、言い得ないことを言いなさい。言い表わせないことを表現しなさい。言うことができることを言うのに何の意味があるだろう？——誰でもそれを知っている。すべての人がそれを知っている。あなたが本当に何かを表現したいなら、表現できないことを表現しなさい。

表現できないことを表現する方法とは何だろう？　それは唯一、在ることを通してのみ表現され得る。言葉はあまりに狭い。それはただあなたの存在によってのみ、あなたの現存によってのみ表現され得る――あなたの歩くことの中に、座ることの中に、あなたの目の中に、身ぶりの中に、あなたが触れることの中に、あなたの慈悲の中に、愛の中に――。そのままのあなた――それを通してそれは表現され得る。

ブッダは話す、だがそれは全く本質的なことではない。より本質的なことは彼の実存であり、彼がそこにいることだ。彼が話すことを通して、彼はあなたを彼と一緒にいさせる。話すことは、ただあなたを促しているだけだ。なぜならブッダと共に沈黙の中にいることは、あなたにとって難しいからだ。彼が話さなければならないのは、彼が話すとあなたは何も問題ないと感じ、耳を傾けることができるからだ。彼が話さないなら、どうやってあなたは耳を傾けるのだろう？　あなたは誰も話していない時に耳を傾ける方法を知らない。あなたは表現され得ないものに耳を傾ける方法を知らない。

だがやがて、マスターの、ブッダの、イエスの周りで生きると、やがてあなたは彼の精神《スピリット》を吸収し始めるだろう。やがて、そんなあなたにも関わらず、あなたがくつろぐ瞬間がある。そして彼の話すことがあなたのハートに達するだけでなく、彼の存在も浸透するだろう。そして彼と共にあることで起こること《ハプニング》のすべての次元が開く。それがサットサング――マスターの臨在の中に在ること――の意味だ。

……そして規律を超えた規律の中で訓練されること

そしてブッダは、規律ではない規律があると言う。普通私たちは、まるで他の誰かがあなたを律しようとしているかのように、規律について考える。規律は非常に醜い意味を含んでいる――まるであなたが統制されているかのような、まるであなたはただ服従することになっているかのような。あなたを統制している中心はあなたの外側にある。

ブッダは、それは規律ではない、それは奴隷状態に明け渡すことだ、と言う。自由でありなさい。どんな外側の源からも統制される必要はない。油断しないようになりなさい、内的な規律があなたの中に生じるように。責任を持つようになりなさい。何であれ、あなたがすることの中に一定の秩序を、一定の調和をもつように、あなたの存在が混沌とならないように、あなたの存在が乱雑にならないように。

そこで二つのタイプの規律がある。ひとつは、外側から強制され得るものだ。それが、政治家がやり続けていること、聖職者がやり続けていること、両親がやり続けていることだ。そしてあなたの中で引き起こされ得る規律がある。それはマスターたちによってのみ為される。彼らはあなたにどんな規律も強制しない。あなた自身の規律を見つけられるように、彼らはあなたをただ、さらに気づかせる。

人々は私のところに来て尋ねる。

「なぜあなたは一定の規律を与えないのですか？　何を食べるべきか、何を食べるべきでないか、いつ起床すべきか、そしていつ寝るべきかを」

私はあなた方にそうした規律は与えない。外側から来るどんな規律も破壊的だからだ。

私はあなた方に、たった一つの規律を与える——ブッダが、超えたものの規律、超越の規律と呼ぶものを。

私はあなた方にたった一つの規律を与える。それは気づいていることだ。あなたが気づいているなら、正しい時間に起床するだろう。身体が休まった時にあなたは起床するだろう。あなたが気づいていれば、必要なものだけを食べる。あなたは自分にとって、そして他のものにとって最も害が少ないものだけを食べる。あなたは暴力に基づいていないものだけを食べる。だが気づきが決定的な要因だ。

そうでなければ、あなたは従順になるように強制され得る。だが心の底では、あなたは反抗的であり続ける。私は第二次世界大戦の話を聞いたことがある。

下士官と兵卒は大佐を蹴った容疑で連行された。弁明を求められた時、下士官は返答した。

「はい、私がジムから来ていた時、大佐は角を曲って来ました。私は運動靴を履いていただけでした。彼は乗馬靴を履いていて、私のつま先を踏みました。私はその痛みがあまりにも激しかったのだと思います。それで私はそれが誰なのかを認識する前に、殴りかかりました」

「なるほど」と当直将校は言った。「では兵卒であるあなたはどうなのだ？」

それに対して兵卒が返答した。「私は下士官が大佐を蹴るのを見ました。そこで私は思いました。『戦争は終わっているに違いない、だから私も蹴ることができる』」

誰かがあなたに規律を強いる時はいつでも、心の底ではあなたは腹を立てる、心の底ではあなたはそれに反対している。あなたは降伏するかもしれないが、常にしぶしぶ降伏する。それは当然そうでなければならない。なぜなら人間の最も深い衝動は、自由への、解脱《モクシャ》へのものだからだ。

探求は自由であるためのものだ。数世紀にわたって何千年もの間、多くの生において、私たちは自由であるための方法を探求してきた。だから誰かが来る時はいつでも――あなた自身のためであっても、あなた自身の利益のためであっても――そしてあなたに何かを強いる時はいつでも、あなたは抵抗する。それは人間の本性に反している。それは人間の宿命に反している。

ブッダは、他の誰かに従順である必要はない、と言う。

あなたはあなた自身の気づきを見つけるべきだ――それに従順でありなさい。気づいていなさい！　それが唯一の経典だ。気づいていなさい！　それが唯一のマスターだ。気づいていなさい！――すると何も決して間違うことはできない。気づきは、それ自身の規律を影のようにもたらす。それなら規律は美しい。それならそれは奴隷状態のようなものではない。それは調和のようなものだ。その時それは強制されたようなものではない。それはあなた自身の実存からの開花、花が咲くことだ。

……そして規律を超えた規律の中で訓練されること。

人々は普通、自分に何をすべきかを言ってくれる誰かを捜す――なぜなら彼らは自分の自由を恐れていて、自分自身の源泉が頼れることを知らず、自信がなく、常に誰か他人によって何をすべきかを言われてきたからだ。そこで彼らは、それに病みつきになっている。彼らは生涯にわたって父親像を捜している。彼らの神は父親でもあり、それ以外の何ものでもない。父親である神は偽りだ。そして父親像の探求は反‐生だ。

あなたはすべての父親像から自由になる方法を学ぶべきだ。自分自身である方法を学ぶべきだ。気づく方法と責任を持つ方法を学ぶべきだ。その時だけあなたは成長し始める。成熟とは常に自由への成熟だ。未熟は常に一種の依存であり、自由への恐れだ。

子供は依存する――それは問題ない。それは理解できる。彼は無力だ。だが、なぜあなたは一生子供のままでいるのだ？　それがブッダが世界にもたらした革命だ。彼は世界で最も反逆的な思想家の一人だ。彼はあなたをあなた自身に放り投げる。それは危険だが、彼はその危険を冒す。そして彼は、誰もがその危険を冒さなければならないと言う。そこにはあなたが道に迷うかもしれないあらゆる可能性がある——だが生は危険なものだ。

他の誰かに従って天国に到着するよりも、自発的に道に迷うほうがいい。永遠に迷ってあなた自身でいるほうがいい。カーボン・コピーとして、模倣者として楽園に到着するよりもだ。それならあなたの楽園は牢獄に過ぎない。そしてもしあなたが自発的に、あなた自身の自由から、あなたの地獄を選ぶなら、あなたの地獄は天国にもなる——なぜなら自由が天国だからだ。

今ここであなたは、キリスト教と仏教との違いを見るだろう。キリスト教は言う、アダムが追放されたのは彼が神に従わなかったからだ、と。ブッダは言う、ただあなた自身だけに従いなさい、従われるべき他の神など何もない、と。キリスト教は不服従を原罪と呼ぶ。ブッダは服従を原罪と呼ぶ。その違いは途方もない。ブッダは解放者だ。キリスト教はすべての人類に対して、監禁を作り出した。

ブッダの解放は純粋だ。彼はあなたに反逆を教えるが、彼の反逆は政治的な反逆ではない。彼はあなたに責任を持った、気づきのある反逆を教える。彼の反逆は反発ではない。あなたは従順でいてもいいし、不従順でいてもいい。ブッダは何を言っているのだろう？　ブッダが言うのは、従順でありなさいということでも、不従順でありなさいということでもない。不服従はまたもや他の誰かによって条件付けられているからだ。あなたが何かをし続けるのは、あなたの父親がそれをしてはいけないと言うからだ。だが再び彼は、否定的なやり方であなたを操っている。あなたが何かをし続けるのは、社会がそれをしてはいけないと言うからだ。だが再び社会は、あなたがすべきことを決定している。

ブッダが言う反逆は反発ではない。それは奴隷でも反発でもなく、服従でも不服従でもない。それは内側の規律だ。それが規律だ。それは途方もない指令だが、それはあなたの内側の核から生じる。あなたがそれを決める。

私たちは他人に責任を負わせ続ける。それはより簡単だ。あなたは常に言うことができる、父親がそれをしろと言った、だからそれをしたのだ、自分に責任はないと。あなたは常に言うことができる、指導者がそれをしろと言った、だからそれをしたのだ、自分に責任はないと。国中がそれをしてきた、戦争をして他の国の人々を殺してきた――あなたがそれをしたのは単に命令に従ったからだ。あなたは単に従っただけだ。

アドルフ・ヒトラーの仲間たちが第二次大戦後に捕えられた時、彼らはみんな法廷で、自分たちに責任はない、自分たちはただ単に命令に従っていただけだ、と告白した。命令されたことが何であろうと彼らは従っていた。「百万人のユダヤ人を殺せ!」という命令が下されたなら、彼らは殺した。彼らは単に命令に従っていた。彼らは全く従順だった。彼らは責任を負わなかった。

さて、よく見て見守ってごらん。あなたは「これをしろ」と言う誰かを、単に見つけ出そうとしているのかもしれない。彼に責任を負わせることができるようにだ。だが、これはとんでもないことだ――他の誰かに責任を負わせることは。生はあなたのものであり、責任はあなたのものだ。

あなたがブッダを理解するなら、世界は完全に異なるだろう。その時はもうどんなヒトラーたちもあり得ない。その時はもうどんな戦争もあり得ない――なぜなら、外側からのどんな服従もあり得ないからだ。そして責任を持つ誰もが自分自身で考えるだろう。

「ヒンドゥー教徒がイスラム教徒を殺している、だから私は殺さなければならない」ということもなく、「イスラム教徒が寺院を燃やしている、だから私は燃やさなければならない、私はイスラム教徒だからだ」ということもない。各個人が、自分自身の光にならなければならない。そして彼は決めなければならない――イスラム教徒としてではなく、キリスト教徒としてではなく、インド人としてではなく、パキスタン人としてではなく。彼は自分自身の意識に従って決めるべきだ。他の何かに従ってではなく。これがブッダが「規律を超えた規律」と呼ぶものだ。

これが宗教的な人の定義だ。彼は考えられない考えを考える。彼は行なっていない行為を実践する。彼は言い表わせないことを、言いようのないことを話す。そして彼は規律を超えた規律を実践する。


これを理解する人たちは近くにいる。

混乱する人たちは遠くにいる。

これらの四つのことが理解されるなら、あなたは真実の近くにいる。理解しないなら、あなたは真実から遠く離れている。

道は言葉や表現を超えている。
それは世俗的なものには縛られない。
厳密にそれを見失うか、一瞬でもそれを見逃すなら、私たちは未来永劫それから離れる。

それを理解する人たちは近くにいる……。今、これをあなたの基準にしなさい――あなたは判断できる。これをあなたの成長の試金石にしなさい。これらの四つのことがあなたの生に起こっていると感じるなら――どれだけでも、どれほどの量であろうと……おそらく非常に小さな量だろうが、それらが起こっているなら、その時あなたは正しい轍《わだち》にいる。あなたがこれらの四つのことから離れて行っているなら、あなたは道、ダンマ、タオから離れて行っている。

道は言葉や表現を超えていて、それは世俗的なものには縛られない。

究極の真実は、見ることができたり、触れることができるどんなものにも縛られない。それはあなたの感覚に依存していない。究極の真実は物質的なものではない。それは非物質的なものだ。それは地上のものではない。それはどんなものによっても生み出されない。だからそれは、決して科学の一部にはなり得ないのだ。

あなたは水素と酸素を混ぜることができて、水を作ることができる。エクスタシーをそのように作り出す方法はない。神をそのように生み出す方法はない。真実をそのように生み出す方法はない。あなたは水素と酸素を分離することで、水を壊すことができる。水素と酸素を混ぜることで水を作ることができる。だが真実を壊す方法や、生み出す方法はない。それには原因がない。

それは因果の連鎖ではない。あなたはそれを作ることはできない。それは既にそこにある。あなたはそれを壊すことはできない。なぜならあなたがそれだからだ。それは生そのものだ。あなたは一つのことだけをすることができる――あなたはそれに向けて自分の目を閉じることもできるし、忘れることもできる。あなたはそれに絶対に気づかないようになることができる。またはあなたは思い出すことが、見ることが、認識することができる。

あなたがあまりにも行為、野心、富、金銭、名声、権力の中に失われるなら、常にあなたの側にある真実を失うだろう。それはちょっとその曲り角に、ちょうど手の届く範囲にある。だがあなたはそれに背を向けたままでいる。

またはあなたはそれを許すことができる。あなたがもう少し瞑想的になって、より野心的でなくなるなら……あなたがもう少し宗教的になって、より政治的でなくなるなら……あなたが世俗的であるよりももう少し世俗的でなくなるなら、あなたが外側よりも内側に動き始めるなら、あなたが眠気を催すよりもより油断しなくなり始めるなら、あなたが酔った状態から出てくるなら、あなたが自分の実存の中に少しの光をもたらすなら、その時……その時あなたは近くに、我が家の近くにいる。あなたは決して離れていなかった。その時あなたの生全体は変容し、変貌するだろう。あなたは完全に異なる生き方をする。新しい質があなたの生の中に存在するだろう。それはあなたの行為とは何の関係もないもの、それは贈り物、祝福だ。

厳密にそれを見失うか、一瞬でもそれを見逃すなら、私たちは未来永劫それから離れる。

ちょっとの間それを覗き込んでごらん、一インチでもいいから、その近くに来てごらん。するとそれはあなたのものだ、それは常にあなたのものだった。

これがシッダーンタの逆説的なところだ。これは教義ではない。これはブッダの認識だ。彼は単に、あなたに彼の認識を分かち合おうとしている。彼は哲学を、または思考の体系を提議しているのではない。彼は単に月を、現実を指している。

彼の指す指を見てはいけない。さもなければあなたは取り逃がす。あなたは仏教徒になるだろう。指が指している月を見なさい。指を完全に忘れて月を見るなら、あなたはブッダになるだろう。

これは人類が解決しなければならない問題だ。キリストになるよりも、キリスト教徒になるほうが非常に簡単だ。ブッダになるよりも、仏教徒になるほうが非常に簡単だ。だが現実はキリストかブッダになることによってのみ知られる。キリスト教徒か仏教徒になることで、あなたはまたもやカーボン・コピーになっている。

あなた自身をそんな風に侮辱してはいけない。あなた自身に少し敬意を持ちなさい。決してキリスト教徒であってはいけない、決して仏教徒であってはいけない、決してヒンドゥー教徒であってはいけない。定義されず、解き放された、動機なしの意識でただ在りなさい。

あなたがそれだけをできるなら、他のすべては自然と後に続くだろう。

第十章

中空の竹

A Hollow Bamboo

質問一
人は光明または無心《ノーマインド》の状態で、世界で生きて活動することはできるのですか？
光明を得た人は、世界の中では自己充足しているのですか？

光明の状態は、個人性《インディヴィジュアリティ》の状態ではない。その中に人はいない。光明を得た人は、彼はいないという理由だけで光明を得ている。務めを果す人は誰もいない。活動は継続するが、それをする人は誰もいない。働きは継続するが、それを働かせる人は誰もいない。その時それは、それ自身で継続する――ちょうど星が動き続けて季節が移り、太陽が昇り、そして月が現われて、潮、海、川が流れるように。

光明を得た人は全体と一つだ。全体は彼を通して働く。彼の活動が完璧なのは、それを歪める彼がいないからだ。彼はちょうど中空の竹のようだ。全体が彼を通して歌えば、選択した歌がどんなものであろうと、それは歌われる。邪魔する者は誰もいない。妨害する者は誰もいない。

光明を得た人は光明を得た虚空だ――。輝く虚空だ。彼は消えてしまった。あなたが神の概念を信じるなら、あなたがその用語を使うなら、神が彼を通して働いていると言ってもいい。あなたがその用語を好まないなら、全体が彼を通して働いていると言ってもいい。だが、彼はそこで機能していない。

あなたが務めを果たす時、あなたは不安を引き起こす。あなたのすべての働きは、ある意味で一種の全体との対立だ。それは苦闘であり、そこには動機が、欲求が、野心がある。あなたがいる時、すべての病気がある。あなたがいる時、神経症がある——エゴは神経症的だ。それは全体に独自の目標を押し付けようとする——それは不可能だ。それはできないことをしようとする。そのためますます欲求不満になり、地獄と惨めさにますます深入りして行く。

光明を得た人は単に許す。起こるものは何であれ出来事《ハプニング》だ。それを想像することが非常に難しいのは、それがマインドのものではないからだ。それを理解することが非常に難しいのは、経験がないからだ。あなたは自分が解消した時にだけ、それになった時にだけ理解できる。


あなたがブッダにならない限り、ブッダを理解する術《すべ》はない。それはそれほど、全く異なる次元の存在だからだ。私たちはそれを決して味わったことがない。マインドにとって想像することが全く不可能なのは、マインドが動機を通して機能するからだ。そこには欲求がなければならない、目標がなければならない、行為者がいなければならない。マインドは言う、もしあなたがしないのなら、どのようにしてそれは起こるのだ？

だが数多くの物事は、誰もそれをすることなく起こっている。誰が星の運行を行なっているのだろう？　それらの働きは全く完璧ではないかね？　何が欠けているというのだ？　何が不足しているというのだ？　誰がこれらの川を海へ突進させているのだろう。誰が潮の満ち引きを制御し続けているのだろうか。誰がこの無限大を、この広大さを維持し続けているのだろう。誰もいない。誰もいないから、だからこそとても美しいのだ。誰もいないから、だからこそそれは全く完璧なのだ。もし誰かがいるなら、誤りの可能性がある。もし誰かがいるなら、間違いの可能性がある。

誰もいない——それは虚空からのものだ。

種は発芽し続ける。それぞれの瞬間が奇跡だ。それぞれの瞬間に存在は無から出てくるからだ。それぞれの瞬間に花は出し抜けに発生する。誰も強制していない。誰もそれを引き上げていない。蕾を開く人は誰もいない。それはひとりでに開く。これがブッダがダンマ、法、生の究極の法則と呼ぶものだ。

光明を得た人は、もはや究極の法則とどんな対立もしていない。彼は明け渡した。彼は浮かび、川と共に流れる。彼はほとんど川の波になっている。彼は別々に存在していない。

人は光明または無心《ノーマインド》の状態で、世界で生きて活動することはできるのですか？

そう、人は活動することができる。人は働きかけてきた。ブッダは光明を得た後、四十二年生きた。マハーヴィーラは光明を得た後四十年生きた。彼らは完全に申し分なく活動した。それでも、その美しさ、その偉大さは、それをしていた者が誰もいなかったことにある。

それは瞬間から瞬間への奇跡だ。それは全く信じ難いものだ。無から働きかけること、動機を持たずに働きかけること、無心《ノーマインド》から働きかけることは驚くべきことだ。中心を持たずに、自己を持たずにただ働きかけることは。

光明を得た人は自然で、自発的だ。彼にはなぜ働きかけているのかの説明がない。あなたが「なぜ？」と質問をするなら、彼は肩をすくめるだろう。彼はそれを説明できない。彼はせいぜい「そういうものなのだ。そのようにそれは起こっている」と言うことはできる。彼はこう言うだろう。「私は知らない。それを知る者が誰もいないからだ」

それは神秘的な働きだ。

もちろんその働きは、あなたの働きとは全く異なるものになる。あなたの活動からは、不安、緊張が生じる。あなたの活動からは、恐れが生じる。恐れ――自分は成功するのだろうかしないのだろうか？　緊張――なぜなら競争、対立があるからだ。他の人たちも、同じ目標に向かって急いでいる。あなたは金持ちになれるだろうか？　望むものになれるだろうか？　それは簡単ではないようだ。

ムラ・ナスルディンがある日私に言った。「俺は十四歳の時に、世界で最も金持ちの男になろう、と決めたのだ。その代償が何であろうと、ね」

それで私は彼に尋ねた。「その後どうなったのだ？　君は決して世界で最も金持ちの男にはならなかった。君は最も貧しいかもしれない。それなら何が起こったのだ?」
彼は言った。「俺が二十一歳だった頃に、俺は世界で最も金持ちの男になることよりも、考えを変える方が簡単だと思ったのだ。考えを変える方が簡単だ」

誰もが、世界で最も金持ちの人になることを望んでいる。誰もが世界で最も力強い人になることを望んでいる。誰もが世界で最も強く、美しく、知的で、有名になることを望んでいる。もちろん多くの心配が生まれる。その心配からあなたは、一種の持続的な病気、不安、落ち着きのなさ、熱狂の中にいる。その中であなたは絶えず震え続けている。そしてあらゆる瞬間に、欲求不満があなたを待っている。

そのため人々は「事を計るのは人間で、事を成すのは神だ」と言う。神はこれまで何も事を成したことはない。あなたのまさに事を計ることにおいて、あなたは神に成り行きを任せている。そのためあなたは面倒な事に巻き込まれる。なぜなら自然には独自の方法があり、タオには独自の方法があるからだ。それにはそれ自身の運命がある。それはまるで、部分が全体を背後に残して、独自の旅を続けようとしているかのようだ。それは可能ではない――部分は全体に伴わなければならない。尾は象に伴わなければならない。もし尾が象に逆らって、象から離れて独自の方法で進み始めるなら、その時は面倒な事になる――尾は気が狂うだろう。そして実際にそれは、象に引きずられなければならない。他に方法はない。

だから、世界にはたった二種類の人々だけがいる。一つは、私的な目標を持つ人だ――彼らは引きずられていると感じる。彼らは、事を計るのは人間で、事を成すのは神だ、と感じる。それから世界にはもう一つのタイプの人々がいる――ほんの少数であり稀で極めて僅か、非常に少数――自分のすべての事を計ることを落とした人々だ。彼らは引きずられない。彼らは踊る。彼らが踊るのは、神が計画するものは何であれ受け入れるからだ。そして彼らは私的な計画を持っていない。彼らには彼ら自身のどんな欲望もない。

それがイエスが十字架の上で言っていることだ。それが彼の世界への最後のメッセージだ。

「御国が来ますように、御心が行なわれますように」

ちょっと前、彼は少し躊躇していた。ちょっと前、彼は叫んでこう言った。

「なぜあなたは私をお見捨てになったのですか？　なぜですか？　なぜあなたは、私にこのすべてを見せているのですか？」

あなたはイエスに文句を言うことはできない――それも自然で人間的だ。彼はほんの三十三歳に過ぎなかった。まだ年老いていなかった。全く若かった。まだ人生を見ていなかった。彼は味わっていなかった。彼はまだ生きていなかった――そして突然、彼は十字架の上にいる自分に気づき、彼自身の人々によって嘲笑され、侮辱され、拒否された。彼が神にこう叫ぶのは当然だ。

「なぜあなたは私をお見捨てになったのですか？　なぜあなたは私にこのすべてを見せているのですか？」――人間的だ。非常に人間的だ。

だが、すぐに彼はそれに気づいた。神に反対するこの叫びは、無自覚の瞬間に、思わず口から出たに違いない。その痛みは酷すぎたものだったのかもしれない。その惨めさはあんまりだった。死はまさに近くにあった。彼はショックを受けた。しかし彼は平静を取り戻した。彼は何かを企てようとしていたのだった。彼は単にこう言った。

「御国が来ますように、御心が行なわれますように」

彼は明け渡した。彼はキリストとして死んだ。

一瞬で、彼はもはやイエスではなくキリストになった。一瞬で、彼はもはや人間ではなく超人的存在になった。その差は非常に小さい。だからブッダは言うのだ。

「一インチか、一瞬でさえそれを逃すなら、あなたは数百万マイルも遠くに放り投げられる」

ほんの一インチが、これらの二つの宣告の違いだった——そこにはあまり差はなかった。おそらく一呼吸だ。だが、神に対して叫んだ時の彼は全く平凡だった——人間的で、弱い。ちょっと後になって彼は和解した。それから問題はなかった。これが神の望む起こり方なら、これはそのように起こらなければならないのだ。彼は受け入れた。

笑いが彼の顔に、そして彼の顔だけでなく、ハートにも表れたに違いない。その瞬間に彼は広がったに違いない。今や縮むもの、閉じたままでいるものは何もなかった。死でさえも受け入れられた。あなたが死を受け入れる時、あなたは神を受け入れたのだ。誰もが生を望んでいる。あなたが生を受け入れる時はあまり受け入れていない。あなたが死を受け入れる時は、すべてを受け入れている。

光明を得た人は、死を受け入れただけでなく本当に死んでしまった人だ。彼はもはやそこにはいない。家は完全に空っぽだ。あるいは彼はその虚空だ。その虚空は輝いて、光に満ちている。今や彼は、神と手に手を取って動く。今、神が彼を連れてゆく所はどこへでも、どのような土地へでも、未踏の地でも、地図に示されていなくても、彼はそれに沿って、踊りながら走って行く。彼は引きずられていない。

あなたが生に引きずられているなら、それと戦っているに違いない。あなたが生に退屈しているなら、それと戦っているに違いない。あなたが生に不満を感じているなら、それと戦っているに違いない。これらはあなたが生と和解していない、あなたがまだ明け渡すほど充分成熟していないというしるしだ。あなたは子供っぽい。あなたは子供っぽい癇癪を起こしている。

本当に成熟している人は、自分の意志を持っていない。彼は「御心が行なわれますように」と言う。自分の意志を持ち続ける人は、ただ未熟なマインドの持ち主に過ぎない。そしてもちろん彼らは苦しむ。意志が苦しみをもたらす。意志が地獄への道だ。あなたが苦しみをもたらす。あなたが地獄への道だ。あなたが苦しみを引き起こす。

もちろん、光明を得た人は全く異なって働く。彼自身、どこへ行くのかを知らないし、それについて心配もしていない。彼はそれについて——自分がどこへ行くのかを考えない。彼は信頼する。彼がどこへ行こうと、それは良い。彼の信頼は完全で無限だ。

彼は生を信頼し、あなたはあなた自身を信頼する。彼は全体を信頼し、あなたは小さな部分を信頼する。彼は計り知れないものを、無限を信頼する。あなたは平凡な人間のマインドを信頼する。彼の信頼は彼を賢明にし、あなたの信頼はあなたを愚かにする。あなたは全体を疑い、あなた自身を信頼する。彼は彼自身を落として、全体を信頼する。彼は決して欲求不満に陥らない。彼には後悔はない。彼は決して振り返らない。なぜなら、そうあったものは何であれ、そうあったのだから――あったものは何であれ、それで良かったからだ。

それは単にマインドの事だけではない。彼はそれを感じる。彼の全存在は「イエス！」で輝いている。彼は生に対して「イエス」と言う。あなたは「ノー」と言い続ける。ノーと言うことはエゴを作る。イエスと言うことはエゴを落とし、エゴが落ちて消えるのを助ける。

光明を得た人とは絶対の、無条件の「イエス」だ。あなたがそれの何かを味わっていない限り、それを理解することは非常に難しい。それがそれについて知る唯一の方法だ。

光明を得た人は世界の中では自己充足しているのですか？

だから私は言うのだ、あなたがそれを知るのなら、それになるのなら、あなたはそれを理解できる、と。そうでなければ、あなたは的外れな質問をし続ける。たとえば、光明を得た人は世界の中では自己充足しているのですか？というふうに。

彼に自己はない。ではどうやって自己充足していられるだろう？　彼に自己はない。ではどうすれば、多少なりとも自己に充足していられるだろう？　私は彼が不満を抱いていると言うのではない。私は彼が満たされていないと言うのではない。そして私は彼が充足していないと言っているのではない。私はただ単に、彼が自己充足できないのは彼に自己がないからだ、と言っているのだ。

光明を得た人は、独立は不可能であり、依存も不可能であることを知るようになる。真実《リアリティ》は独立でも依存でもない。真実《リアリティ》は相互依存だ。私たちは共に存在する。そして私が「私たち」と言う時、それには木が含まれ、山が含まれ、空が含まれる。私が「私たち」と言う時、すべてが含まれる、含まれないものは何もない。私たちは共に存在する。私たちは共に在る。私たちの実存そのものが共にあることだ。誰も自己充足してはいない。

自己充足していること――それが普通、私たちがなろうとしていることだ。私たちがもはや誰にも依存せずにいること――それが私たちのすべての苦闘だ。だがちょっと考えてごらん。自己充足することは可能だろうか？　そしてもし自己充足することが人間にとって可能なら、彼は生きているだろうか？　彼は死んでいるだろう。墓の中にいる時だけ、あなたは自己充足できる。でなければあなたは呼吸しなければならない――そしてあなたはそれについて自己充足することはできない。あなたは息を、活力を、プラーナを取り込まなければならない。あなたを暖めるためには太陽が必要だ。あなたは果実の果汁《ジュース》があなたの血になるようにと、木の果実を食べなければならない。

あなたには莫大な数の物質が必要だ。どうしたらあなたは自己充足できるだろう？　その考えそのものが馬鹿げている。

だが、いわゆる聖人――あなたに「自己充足できるようになること」を教え続ける人々がいる。それは自己本位的な振る舞い《エゴ・トリップ》だ。自己充足することが物事の本質において不可能なのは、自己が虚偽だからだ。自己とは単なる考えだ。それに現実性はない。ではどうすれば、間違った考えの周りに充足を生み出せるだろう？　自己は本来、非実存的だ。ではどうすれば、存在しないものの周りに充足を生み出せるだろう？

光明を得た人とは、生を調べて「私はいない、ただ神だけがいる、真理だけがある。真理は自己充足している。全体は自己充足している。どうやって私は自己に充足していられるだろう？」ということを知るようになった人だ。私たちは他のあらゆるものと繋がっていて、その繋がりは本当に複雑だ。私はあなたと繋がっているだけではない。あなたは、これらの木々と繋がっているだけではない。あなたは今日の太陽と繋がっているだけではない。あなたは、これまで地上に生きていたすべての人々と繋がっている。両親がいなかったら、あなたはここにいなかっただろう。祖父母がいなかったら、あなたはここにいなかっただろう。ちょっと戻ってごらん、後退してごらん――アダムとイヴがいなかったら、あなたはここにいなかっただろう。

だから私たちは、同時代の存在と繋がっているだけではなく、すべての過去と――人間の過去とだけでなく、全宇宙の過去と——繋がっている。私たちが、すべての過去と繋がっていると理解するのは簡単だ——でなければ、どうやって存在できるだろう？　私たちは行列の一部、川の一部、前進する川の一部だ。あなたは未来とも繋がっている。それはより少し難しい。なぜなら——私たちは過去と繋がっている、おそらくそれは正しいだろう、だが、どうやって未来と繋がっているのだ？——と私たちが考えるからだ。

川には二つの岸がある。それは一つの岸だけでは流れることはできない。でなければ、決して海に到達しないだろう。向こう岸は深い霧の中に隠れているかもしれない。それを見ることができないかもしれない。それは非常に遠く離れているかもしれない。あなたはそれを見ることができない——それは地平線を超えている——だがそれでも、それはそこになければならない、と考えることができる。過去は川の一方の岸で、未来はもう一方の岸だ。未来なしでは過去は存在できない。そして過去と未来なしでは、現在は存在できない。現在は川だ。過去は一方の岸で、未来はもう一方の岸だ。

私たちは過去と繋がっているだけではなく、未来とも繋がっている。あなたは両親と繋がっているだけではなく、あなたの子供とも繋がっている——まだ生まれていない子供とも——。あなたはここにあった過去と一つであるだけではなく、ここにあろうとしている未来と一つだ。あなたは昨日や明日と繋がっている——そうでなければ今日は存在できない。それは昨日と明日の間に存在しなければならない——複数の昨日と複数の明日の間に。今日とは単なる真ん中の折り返しだ。

そのように見るなら、空間の中で私たちはあらゆるものと繋がっている。太陽が今日死ぬなら、私たちはみんな死ぬだろう。それはとても遠い。その光は私たちのところに届くのに十分かかる。十分はそれほど大きな時間には見えないが、光にとってそれくらい進むことは、本当に大きなことだ。光はとても速く進むからだ。毎秒十八万六千マイル（約三十万キロ）進む。

太陽は十分の距離にある。だがそれが死ぬなら、突然あなたはこれらの木々が枯れるのがわかるだろう。突然あなたは、自分自身がしり込みして死ぬのがわかるだろう。突然あなたは、すべての美が地球から消え去るのがわかるだろう。なぜならすべての暖かさが地球から消えるからだ。暖かさが生だ。心臓のまさに鼓動が太陽と関連している。しかし科学者たちは、太陽そのものは未だに発見されていない光の源泉に関連している、と言う。すべての存在のまさに中心であるどこかに、太陽が関連している源泉があるに違いない。

すべてのものが関連している。蜘蛛の巣を見たことがあるだろうか？　そのどこにでもちょっと触れてみるなら、蜘蛛の巣全体が震える。生もまさにそのようなものだ。そのどこにでも触れてごらん……草の葉に触れると、あなたはすべての星に触れたことになる。あらゆるものは非常に相互に関連しているからだ。境界はない。私たちは島ではない。私たちは大陸だ。あなたを限定するもののはない。すべての限定は人が作ったものだ。すべての限定は、ちょうどあなたの家の周りの柵のようなものだ。それは大地を分割しない。すべての境界は地図上の線のようなものだ。それは大地を分割しない。それは海を分割しない。それは空を分割しない。それはただ地図の上にだけある。

光明を得た人は、すべての区分を落とした人だ。キリスト教徒ではなく、ヒンドゥー教徒ではなくイスラム教徒ではない。仏教徒ではなく共産主義者ではなく、ファシストではない。男性ではなく女性ではなく、若者ではなく老人ではない人だ――すべての区分を落とした人、限定なしで生きる人だ。限定なしで生きることは無限に生きることだ。すべての限定は有限だからだ。限定することは、有限にすることを意味する。

光明を得た人は限定され得ない、無限だ。彼には境界線がない。

誰かが禅の導師、睦州に尋ねた。

「導師、あなたはすべては一つだと言います。それなら犬もブッダですか?」

それは禅のやり方で「犬も神ですか?」と尋ねている。睦州は言葉では答えなかった。彼は四つんばいになって飛び跳ねて吠え始めた。彼はブッダ、光明を得た存在だった。彼は単純にそれを示した、「そうだ、見ろ――ここには吠えている犬がいる。そしてここにはブッダもいる」

犬 *dog* は神 *god* の反対に他ならない。ちょっとそれを逆方向に読んでごらん。それが唯一の違いだ。

あらゆるものが神で、あらゆるものが一つだ。

光明を得た人は自己充足していない。彼は確かに充足している――だが自己充足しているのではない。充足しているのは、彼に問題がないからだ――全体はそこにあり、彼はそれを手に入れることができる。全体は求めなくても彼に供給し続ける。全体が面倒を見る。彼は全体の中に溶けてしまった。今や全体が責任を持つ。全体が彼の世話をする。彼は全体によって守られている。彼は全体によって保護されている。彼は全体という我が家にいる。起こることは何であれ歓迎する。なぜならそれは、全体を通して起こっているからだ。それがどうやって間違いであり得るだろう?

「御心が行なわれますように、御国が来ますように」。彼はただのゼロに過ぎない。


だから私は、彼は自己充足している、と言うことはできない。彼は途方もなく充足しているが、自己充足しているのではない。彼の充足は自己から生じるのではない。彼の充足が生じるのは、彼が自己を落としたからだ。彼は全体と共に在るから充足している――ではどうやって何かに不足するということがあり得るだろう? 何かが不足することは不可能だ。太陽は彼と共に在る、月は彼と共に在る、木々も、川も、海もそうだ――彼はもはや貧しくない。

光明を得た人は、可能な限り最も豊かな人だ。しかし彼の豊かさは明け渡しから来ているのであって、戦いからではない。彼は争わない……彼には全体とのどんな争いもない。彼は調和している。彼は調和《ハルモニア》の女神の中にいる。

質問二

今日あなたの話に耳を傾けて、私は子供になりました。私は大声で叫びたかったです、「でも私はたったの三歳なのよ」と。数年前のダンス・クラスで、一度私がしたように……。どうしたらいいでしょうか？

質問はパリジャットからだ。これもダンスだ。私の話に耳を傾けることで、あなたは微妙な踊りの中にいる。私と共に在ることで、あなたは私と踊っている。それは起こり得る。あなたが本当に踊りの中にいるなら、あなたの年齢は消えることができる。あなたは再び子供になることができる、子供の時にあなたのものだった明敏さを、取り戻すことができる。子供の時にあなたのものだった明晰さを取り戻すことができる。あなたは再び、神に近づくことができる。

子供は神の非常に近くにいる。それは彼が自然に非常に近いからだ。子供はまだ文明化されていない。彼はまだ原始的だ。子供はいわゆる人間よりも動物に近い。子供はまだ無垢を通して生きていて、知識を通して生きてはいない。

それが私のすべての努力だ、パリジャット。それが私がやろうとしていることだ。壊すこと――あなたの、そしてあなたの子供時代の妨害物になったものを、すべて壊すことだ。そうだ、それが私がしていることだ。私はあなたに、もう一つの子供時代を持ってもらいたい。私はあなたに、再び無垢の中に入ってもらいたい、原初の無垢を得てほしい、再び生まれてほしい。

ニコデモがイエスに尋ねた、「主よ、私は真理を知るために何をすべきでしょうか？」

イエスは彼を見て言った、「あなたは再び生まれなければならない。そのままのあなたでは、どんな接触もできない。あなたはあまりに多くの障害物を持ち運んでいる。あなたはあまりに多くの妨害物を持ち運んでいる。あなたは再び子供にならなければならない」

あるときイエスが市場に立っていると、群衆が集まって、誰かが尋ねた。

「主よ、あなたは絶えず神の王国について話していますが、誰が神の王国に入れるのかを、あなたは決して言いません。誰がそれに値する人なのですか？」

イエスは辺りを見回した。小さな子供もその群衆の中にいた。彼はその子供を抱き上げて肩に乗せ、そして言った。

「この子供のような者なら誰でも。子供のような者だけが、神の王国に入ることができる」

あなたが失った一つの子供時代があった——何も心配することはない。それは自然なことだ。それは失われなければならなかった。それは全く物事の自然な成り行きだ。その子供時代はあまりに無意識だった。それを永遠に持ち運ぶことはできない。それは崩れて消えなければならなかった。それは乳歯のようなものだった。それは脆過ぎた。それは一生役に立つことはできない。それは抜けて、より強い歯のために道を譲らなければならない。

最初の子供時代はちょうど乳歯のようなものだ。それは消えてしまった。もう存在しない。そしてあなたは歯なしで、子供時代なしで生きている。そのための惨めさだ。あなたは再び子供時代を取り戻さなければならない。あなたは再び、子供時代を成長させなければならない。そしてこの子供時代は非常に強く、途方もなく強くなるだろう。なぜなら今それは意識的なものだから、あなたが成長してきたものだからだ。

最初の子供時代は、単に天からの贈り物に過ぎなかった。二番目の子供時代は、より以上にあなたのものだ。それはより深く根付くだろう。最初の子供時代が失われたのは、それが無意識だったからだ。そしてあなたがより意識的になったので、それは消えた。二番目の子供時代は意識的でなければならない。その時そこには問題はない。それならそれは永遠に、あなたと共にあることができる。

何度もあなたは、鳥の声をよりはっきりと聞くことができる、という瞬間に時々やって来る――再び、あなたが子供時代によく聞いたようにだ。あなたが花をよりはっきりと見ることができる時、それらはサイケデリックに、より色鮮やかになる。あなたは木々とその緑を見ることができる。それはとても強いので痛む！　それはハートの中に浸透して行く。

あなたが子供である時、すべては非常に強烈になる。ある日それは強烈だった。浜辺で走っている自分を、貝殻を集めたり、庭で蝶々を追いかけている自分を思い出してごらん。どれほど物事が全く違っていたか、どれほど生がより色鮮やかだったか、あらゆるものが何と奇跡的で驚くべきものであったかを、再び思い出してごらん。どれほどあらゆるものが、ただただ素晴らしかったことだろう、どれほどあらゆるものが、全く信じられないほど美しかったことだろう。どれほどあらゆるものが、あなたの注意を引いたことだろう、どれほどあらゆるものが、あなたの中にロマンスを作り上げたことだろう。そしてどれほどあなたはエネルギーに満ちていて、輝いていて、興奮していて、楽しかったことだろう。どれほど生は、完全に異なる次元であったことだろう。どれほどあなたは小さなことに、つまらないことに喜んでいたことだろう。どれほどあなたは、遊びに満ちていたことだろう。どれほどあらゆるものは疑問符で、神秘的であったことだろう。

同じことが再び起こり得るし、再び起こるべきだ。あなたに二番目の子供時代を与えること、それが宗教についてのすべてだ。インドで私たちは二番目の子供時代に達した人をドゥイジ *dwij*、二度生まれた者、と呼ぶ。彼は二度生まれる——肉体的にではなく、心理的に。最初の誕生はあなたの両親からだ。二番目の誕生はあなたのマスターからだ。最初の誕生は、ただ身体のものに過ぎない。二番目の誕生は魂のものだ。

パリジャットは言う。「今日あなたの話に耳を傾けて、私は子供になりました……」

あなたは祝福されている——今、それを失ってはいけない。最初それは非常に壊れやすいだろう。

それはそよ風のようにやって来て、そして去るだろう。それは一瞬あなたの周りで踊り、そして次の瞬間にはそれはない。それは開いたり閉じたりする窓のようにそこにある。それはそこにあって非常に脆く、非常に傷つきやすい。それをもっともっと許しなさい。もっともっと楽しみなさい。もっともっとそれに協力しなさい。もっともっとそれを待ちなさい。もっともっとそれのために祈りなさい――するとそれは、ますます多くやって来るだろう。すぐにそれは強い風のようになる。すぐにそれは単なる一瞥ではなくなる。それはより本物に、より堅固なものになる。

実のところ、あなたの二番目の子供時代が本物になる時、それはどんな物質も、それほどの堅固さを持てないほどの堅固さを持つ。それは存在するものの中で最も堅固なものだ。それが堅固になる時、それが常にある時――眠っている時それはそこにある。目覚めている、食べている、話している、静かに座っている時、それはそこにある。市場を歩いている時それはそこにある――あなたがそれに囲まれている時……。あなたが過度に活動的な時でさえ、それは常に背後にある。

あなたが不活発な時はいつでも、それは前面にやって来る。あなたが過度に活動的な時はいつでも、それは背後に入る――しかしそれはささやき続ける。時にはそれは遠い滝のせせらぎだ。時にはそれは非常に野性的な騒音だ。しかしそれは常に保たれる。

最初の一瞥は起こった。最初の光線は入った。今それに従いなさい、今この光線をつかみなさい。それはあなたの無垢との、最初の繋がりになるだろう。それを怖がってはいけない。なぜなら怖がることは非常に簡単だからだ。再び自分を子供と考えることで、人は怖がるようになる。どうなっているのだろう?と。それは私たちのいわゆる世界では、いわゆる社会や文化では、世界中において、子供は尊敬されないからだ。

子供は本物であるとは考えられていない。子供はただ成長している状態に過ぎないと考えられている。子供は単なる現実の生への通路として考えられている。現実の生は子供時代が消えた時にある――それが私たちが教えられてきたことだ。子供時代は準備に他ならない。学校に、単科大学に、総合大学に行きなさい、準備をしなさい、用意を整えなさい――それから現実の生が始まる、となる。だから子供時代はちょうど序文のようなもので、それは本物の本ではない。それが私たちが教えられてきたことだ。

だから、再び子供時代がその頭をもたげていると感じる時、人は怯えるようになることがある。何が起こっているのだろう? 私は記憶を失っているのだろうか? 学んだことを失っているのだろうか? 私は成人期を失っているのだろうか? 私は大変な経費を費やして、大変な困難と共に、大変な努力を伴って学んできたことをすべて失っているのだろうか?――私は逆戻りしているのだろうか? 後退しているのだろうか?

フロイト派の分析家に尋ねるなら、彼はこう言うだろう。

「パリジャット、あなたは後退している。用心しなさい、これを許してはいけない。でなければあなたが大変な努力をして得てきたものすべてが、失われるだろう」

だが私はあなたに言う、あなたは後退していない。これはあなたが失った同じ子供時代ではない。これは全く新しいものだ。それは子供時代に似ているが、全く新しい何かだ。それは新しい子供時代、二番目の子供時代であり、それは再誕生だ。だから怖がってはいけない。何かが間違っていると感じ始めてはいけない。

それは別の女性に起こった……それは男性よりも、女性により簡単に起こり得る。なぜなら女性は男性よりも、まだ少し文明の影響を受けていないからだ。彼女たちはまだ自然により近い。なぜならこの社会全体が男性指向であり、女性たちは取り残されてきたからだ。ある意味これは非常に幸運なことだ。女性たちはまだ、より野性的だ。だから彼女たちは悲鳴を上げたり、怒ったり泣いたりする事ができ、涙が彼女たちの目から流れることができるのだ。男性は非常に凍り付いている。女性はまだより流動的で、流れやすい。だから二番目の子供時代に入ることは、男性よりも女性の方が容易なのだ。男性はもう少し根気強い努力をしなければならないだろう。

別の女性にそれは起こった。彼女は非常に年老いていて、七十歳近かった。彼女はとても恐れるようになった。彼女は私のところに来て、そして言った。

「どうなっているのでしょうか？　私は子供のように感じます。それだけではなく——私は子供のように振る舞い、子供のように笑い、子供のように話しているように感じます。それだけではなく——私は人々をからかいたいと思っています」

七十歳の女性が、小さな子供のように人々をからかいたがっている。彼女は恐れた。そうなるのは自然だ。

私は言った。「心配いらない。子供と一緒に遊び始めなさい」

彼女は言った。「何ですって？　子供と一緒に遊び始めるのですか？　本気でそう言っているのですか？」。私は言った。「そうだ」

そして彼女は本当に良い女性で、稀な女性だった。彼女は子供たちと遊び始めた――シッダールタやプルヴァ、そして小さなサニヤシンたちが彼女の友人になった。すると他の人たちも困惑したり驚いたりした。そして他の人たちも、途方もなく美しい何かが起こっていることを感じ始めた。彼女は小さな子供たちと、ブッダ・ホールで働いていた作業員たちの小さな子供たちと一緒に、アシュラムで遊んだものだった。作業員たちとも彼女は友人になった。それは稀な現象だった。彼女はそれを受け入れ、何かが彼女の中で成長し始めた。

彼女がここを去る時に、またやって来て言った。

「今、私はとまどっています。ＯＳＨＯ、あなたは私を困惑させました。私はそれをとても楽しみました。私の人生で、初めて意義深い何かがありました。でもどうやって、それを西洋で守ればいいのでしょう？　人々は単に私を精神病院に入れるでしょう。ここでは大丈夫です。ここにはあなたがいます。そしてここではサニヤシンたちが受け入れていて、彼らは、ＯＳＨＯが言ったなら、すべてはオーケーだ、と考えます。でもそこでは誰が私を守ってくれるのでしょうか？　そして私は開いたこの次元を失いたくありません。私はこの扉を閉じたくありません。私の全人生は浪費でした。私が再び子供になったここ数日、私は在ることを愛し、在ることにとても感謝するようになりました――祝福が起こりました」

同じことがパリジャットにもあり得る。彼女は非常に柔らかいハートを持っている。この最初の光線を、ますます強くしなさい。それと共に動き、それと共に踊りなさい。再び歌い始めなさい、再び遊び始めなさい。たとえ人々がそれは狂っていると思っても、これらの人々に悩まされてはいけない。なぜなら彼らは、常にそのように考えてきたからだ。彼らは聖フランシスは気が狂ったのだと思った。それは彼が子供のようになったからだ。彼らはイエスは気が狂ったと思った。彼らはブッダは気が狂ったと思った。彼らは常にそういう風に考えてきた。

実際に、彼らは自然とのすべての接触を失っている。彼らは死んだ人々だ。彼らがどこかで何らかの輝きや、何らかの生が現われているのを見る時はいつでも、彼らは恥ずかしいと感じ始める。彼らはそれが信じられない、それが可能であることが信じられない。それは彼らには起こらなかったからだ。どうしたら、それは他の誰かに起こり得るのだろう?

「どのようにあえてそうするのだ? それは私には起こらなかった。どうしたらそれはあなたに起こり得るのだ? 不可能だ! あなたは想像しているに違いない。または何らかの心理的な問題を抱えているに違いない」

これらの人々に悩まされてはいけない。この社会が狂っている。この社会においては、すべての正常な人は狂っていると思われている。彼は狂っているように見える。それは盲人たちの社会だ。突然あなたの目が開いて、あなたは光について話し始める。

するとすべての盲人たちが集まって言う。「何と馬鹿げたことを。この人間は気が狂ってしまったのだ。光は存在しない。光は存在しないと我々の経典に書かれている。我々の預言者たちがそれを証明している、我々の哲学者たちがそれについて主張している。光は存在しないと。神はいない、二番目の子供時代の可能性はない」。彼らは否定する。

実のところ、彼らが否定する一方で、彼らは単に自分自身を守っているのだ。彼らは恐れている。もしこれが真実なら、それは彼らの中に落ち着きのなさを、不満を、神の不満を引き起こすだろう。そして彼らはその不満を恐れている。なぜならそれは彼らの全人生を、すべてのスタイルを変えるだろうからだ。それは彼らの過去を壊すだろう。それに対して彼らは充分な勇気を持っていない。それに対して彼らは充分に勇敢ではない。それのために彼らは多くの便利なものを、多くの快適さを、落ち着いた生活を、安全を失わなければならないだろう。いや、彼らはそこまでしたくはない。

「神は死んだ」と言うほうがいい。「神は決して存在しなかった」と言うほうがいい。神について語る人々はただの詩人、夢想家、空想者にすぎない、と言うほうがいい。サマーディ、エクスタシー、瞑想について語る人々は、単なる臍をじっと見つめる人、現実逃避者だ、と言うほうがいい。これらの人々を非難するほうがいい。それは非常に保護的だ。その時あなたは、未知なるものの冒険を避けることができる。
人々は臆病者だ。彼らについて心配することはない。あなたの道を行きなさい。あなたの道を踊って行きなさい。ひとつのことだけを覚えておきなさい。良いと感じるものは何であれ良い、美しいと感じるものは何であれ美しい、そしてあなたを嬉しくさせるもの、楽しませるもの、喜ばせるものは何であれ真実だ。それをあなたの唯一の基準にしなさい。他人の意見に悩まされてはいけない。これをあなたの唯一の試金石にしなさい――あなたを幸せにさせるものは、何であれ真実であるはずだ。アナンダ――至福――が真実の唯一の基準だ。
だから、パリジャット、もしあなたが心地良くて幸せであるなら、心配しなくていい。

今日あなたの話に耳を傾けて、私は子供になりました。私は大声で叫びたかったです、「でも私はたったの三歳なのよ」と。

それを木に向かって叫びなさい、それを世界に向かって叫びなさい、それを星に向かって叫びなさい、「私はたったの三歳なのよ」と――そして三歳になりなさい。三歳は、まさに子供が死ぬ年齢だ。およそ三歳だ。子供は自然とのすべての接触を失って社会の一部になる。それが境界線を横切り、自分自身の実存とのすべての接触を失い、社会の一員になる時だ。その時まで、彼はちょうど動物や木々や岩のようだった。それから彼は市民になり、作法、言語、礼儀を学び始める。それから、やがて子供時代から成長していき、神からますます遠く離れて行く。

だからもしそれが起こっていて、あなたが「私は三歳だ」と思い出すなら、そう在りなさい。その年齢で在りなさい。すると直ぐにあなたは、さらにより深く進み始めるだろう。あなたは二歳になる、あなたは一歳になる。ある日あなたは、突然自分が生まれつつあるのを、産道を通過しているのを見るだろう。そしてある日あなたは、子宮の中にいるのを、母親の暖かさに囲まれているのを見るだろう。

するとその瞬間に最初の悟りが、最初のサマーディの一瞥が起こる。なぜならあなたが子宮の中にいる時、そこには何の心配も、何の責任もないからだ。あなたは呼吸さえしない。母親があなたのためにそれをする。子宮の中にいる時、あなたは途方もない明け渡しの中にいる。子宮の中では何の疑いもなく、すべてが信頼だ。子宮の中で子供はマインドを知らない。彼はどんな自己もなく単に存在する。

光明の最初の一瞥は、人が再び子宮の中に入る時に、人が再び子宮の中にいることを認識するようになる時に生じる。この宇宙全体は子宮になる。それは子宮だ。宇宙全体はあなたの母親になる。宇宙全体は突然暖かくなる。それは冷たくない。それは愛している。あなたは見知らぬ世界にいるのではない。あなたは我が家にいる。あなたは部外者ではない、あなたは部内者だ。最初の悟りはあなたが母親の子宮の中に再び戻る時に起こる。

だから、パリジャット、後戻りしなさい。そしてこの後戻りは、実際には後戻りではない。それは前進している。あなたは他にどんな言語も持ち合わせていないので、「子供時代」「誕生」「子宮」という言葉を使用しなければならない。

フロイトは、彼さえ確信を抱いていなかった多少の物事について認知する非常に不思議な、直感的なセンスを持っていた。時々彼はそれらに逆らった。というのも、彼は宗教的な人物ではなかったからだ。だが彼は、物事を認知する非常に直感的なセンスを持っていた。どれほど漠然としていても、彼は多くの物事を認知した。

彼の偉大な洞察の一つがこれだった。それは、宗教とは子宮の探求であること、そして宗教的な人とは、再び母親の子宮の中の子供でいたい人だ、というものだ。全くその通りだ。彼は否定的にそれについて話していた。彼はそれを非難していた。しかしそれは全くその通りだ。その時、円は完結する。あなたは再び子宮に到達した。今や子宮は全宇宙だ。今、あなたの全人生は円環に、完全に——虚空と完全に、無とすべてになった。

質問三

あなたはセックス、愛そして慈悲について話してきました。私は愛のないセックスとは何かを知っています。そして満たされない欲望に基づいたロマンチックな愛を知っていました。でも、セックスなしの本当の愛とは何なのですか？　慈悲とは何なのですか？

人間には三つの層がある。身体、マインド、そして魂だ。だからあなたがすることは何であれ、三つの方法ですることができる。それは単に身体からのものであり得るか、それともマインドからのものであり得るか、魂からのものであり得るか、のいずれかだ。あなたがすることは何であれ、どんな行為でも、三つの性質を持ち得る。セックスは身体を通した愛だ。ロマンチックな愛はマインドを通したセックスだ。慈悲は魂を通したものだ。しかしエネルギーは同じだ。より深い方向に動くと、その性質は変わるが、エネルギーは同じだ。

あなたが、ただ身体だけを通して愛の人生を生きるなら、あなたは非常に貧しい愛の人生を生きる。なぜなら非常に表面的に生きるからだ。単なる身体のセックスはセックスでさえない――それは性的関心になる。それはポルノ的になる、それは少し卑猥になる、それは少し粗暴に、醜くなる。それは何の深みもないからだ。その時それは、単なるエネルギーの肉体的な解放に過ぎない。たぶん緊張がよりほぐれるための役に立つだろうが、ただもう少しリラックスするだけのために、あなたは途方もないエネルギーを、途方もなく貴重なエネルギーを失っている。

それが愛になり得るなら、あなたはそれを失わないだろう。同じ行為においてあなたは得てもいる。肉体的なレベルではただ損失だけがある――セックスは単にエネルギーの損失だ。セックスは身体の中の安全弁だ。エネルギーが多すぎて、あなたがどうしていいかわからない時、あなたはそれを投げ出す。あなたがくつろぎを感じるのは、エネルギーが空っぽになったからだ。一種の安らぎが生じるのは、落ち着きのないエネルギーが投げ出されたからだ——だがあなたは、以前よりも貧しくなる。あなたは以前よりも虚しくなる。

そして何度もこれは起こる。その時あなたの人生は、食べ物によって、呼吸によって、身体の運動によってエネルギーを集めて、それからそれを捨てるという単なる繰り返しになるだろう。これは不合理に見える。まず食べて、呼吸して、身体の運動をして、エネルギーを作り、それからあなたはそれをどうすべきか心配する——それからそれを投げ捨てる。これは無意味で、不合理だ。

だから、セックスは直ぐに無意味になる。そして身体のセックスだけを知っていて、より深い愛の次元を知らなかった人は機械的になる。彼のセックスは、何度も何度も行なう同じことの単なる繰り返しに過ぎない。

プレム・チンマヤが素晴らしいジョークを送ってきた。

あるところに農民がいて、彼は自分の雌鶏に多くの問題を抱えていた。彼は新聞でスーパー雄鶏に関する広告を読んだ。「五百ドルで、我々はあなたの鶏の繁殖力を二倍にすることを保証します」五百ドルはそれなりのお金であり、そのため農民はそれにはその価値があると計算するのに、二週間かかった。最終的に、彼が小切手を送った一週間後、トラックが到着して後ろの扉が開き、運転手は一面に赤色や白色や青色で「スーパー雄鶏」と書かれた大きなケースを引き出した。

農民がそのケースを開けるやいなや、スーパー雄鶏は外へ飛び跳ねた。

「雌鶏小屋はどこだ？」とスーパー雄鶏は叫んだ。びっくりして、農民はある階段を指した。スーパー雄鶏は、直ぐにその階段の上を駆け登って雌鶏小屋の中に消えた。十五分後にスーパー雄鶏は勝ち誇って出てきた。

農民は言った。「素晴らしい。私は今まで、人生でそのようなものを見たことがなかった。ちょっとここに座って、この穀物を腹一杯食べるがいい」

「いや、けっこうだ。あんたはカモを持っているのか？　俺はカモも好きだ」とスーパー雄鶏は言った。農民はスーパー雄鶏を休ませようとした。これらの新しい種族の雄鶏が、どれほど簡単に消耗するようになるのかを彼が知ったからだ。そして何といっても、その雄鶏に五百ドルを費やしていたからだ。十分後、スーパー雄鶏は、農民が彼にカモがいると不本意に言った川から戻って来た。

今や農民はスーパー雄鶏に対して本当に怒っていて、本当に休まなければならないか、でなければ自分を殺すことになるだろう、と彼に言った。

「あんたは何羽かの七面鳥を持っているはずだろう？　その七面鳥のところへ行く道はどれだ？」とスーパー雄鶏は叫んだ。農民はとても腹を立てたので、両手を上げて立ち去った。彼は横目で、スーパー雄鶏が七面鳥の家の方向から離れて歩き去るのを見た。

一時間後、彼はたまたま空を見上げて、近くの畑の上で旋回している鷹を見た。声をひそめて呪い、罵りながら歩いていくとそこには、案の定、彼の五百ドルのスーパー雄鶏が畑で、空中に足を上げて仰向けになって死んでいるのが見えた。ちょうど彼がスーパー雄鶏の足をつまんで持ち上げようとした時、スーパー雄鶏は目を開いて、ささやき声で言った。
「あっちへ行け、あっちへ行け。彼らが近づいて来ているのだ」

肉体的なセックスの人生を送る人は、スーパー雄鶏に他ならない。彼はただ一つの事をして生きて死ぬ。そして他のすべてはその一つの事に集中される。それは無駄であり、滋養を与えていない。セックスは滋養を与えていない。それは破壊的だ。それが愛にならない限り、それは創造的なエネルギーを持たない。

あなたはセックス、愛そして慈悲について話してきました。私は愛のないセックスとは何かを知っています……

あなたが、愛のないセックスとは何かを知っていると認めるのは良いことだ。それを認めない、これを受け入れさえしない多くの人々、無数の人々がいる。彼らは自分たちが愛していると考え続け、信じ続ける。これは良い――この気づきは良い。その時可能性が開く。なぜなら、ひとたびあなたが自分の実存の一つの層だけに触れていたことを認めるなら、二番目の層が開かれて、そこに入れるからだ。

もしあなたが、いや、何であれそれは愛であることを自分は知っている、と言うなら、その時はあなたを助けることが非常に難しくなる。だから、良いことだ。質問者は気づいている……私は愛のないセックスとは何かを知っています。それは惨めだ。それは単にあなたに機械的な解放を与えるだけだ。あなたはそれに夢中になることができる。それから、あなたはそれを楽しまない。だがそれがないのを寂しく思う。あなたがそれをしないなら、落ち着かなく感じるだろう。あなたがそれをするなら、その中には何もない。

それが西洋で起こっていることだ。人々はセックスを超えようとしている——愛の方へではなく、慈悲の方へではなく——その超えることは範囲内のものであり、人々は否定的な方法でセックスを超えようとしているからだ——セックスは不合理になっている。彼らはそれを終えている。彼らは何か他のものを探している。だから、ドラッグがとても重要になってきたのだ。セックスは終わっている——それは最も古いドラッグ、自然なLSDだった。今やそれは終わって、人々は今、どうしたらいいのかわからない。自然なドラッグはもはや魅力的ではない。彼らにはもう充分だ。だから化学薬品、LSD、マリファナ、サイロシビン、そして他のものがもっと重要になっている。

西洋では、ドラッグから人々を守ることは今や不可能だ。セックスがより深くなり始めて愛へと変容されない限り、方法はない。人々はどうしようもなく、ドラッグの方へ向かわなければならない。たとえ気が進まなくても、向かわなければならないだろう。というのも、古いドラッグであるセックスは終わっているからだ。それがとるに足らなかったから終わっているのではない。それが終わったのは、人々が表面的なレベルだけで生きたからだ。彼らは決して、その神秘の中に深く入り込まなかった。

せいぜい人々は、彼らがロマンチックな愛と呼ぶものについて何かを知っているくらいだ——それも愛ではない。それは抑圧されたセックスだ。あなたに性的な触れ合いをする可能性がない時、その抑圧されたエネルギーはロマンスになる。その抑圧されたエネルギーは、脳に関するものになり始める。それは頭に移動し始める。セックスが性器から頭に移動する時、それはロマンスになる。ロマンチックな愛は本当の愛ではない。それはまがいもの、偽造硬貨だ。それはまたもや同じセックスだが、その機会がなかったものだ。

過去の時代で、人々が非常にロマンチックな愛を抱いて生きたのは、セックスがそれほど簡単ではなかったからだ。それは非常に難しかった。社会はとても多くの障害物を作り出した。セックスはとても困難だったので、人々は抑圧しなければならなかった。その抑圧されたエネルギーは彼らの頭へと移動し始め、詩や絵画、恋愛小説になった。そして彼らは夢を、美しい夢を見ていた。

現在それは消えてしまった、特に西洋では。東洋ではそれはまだある。西洋でそれが消えたのはセックスが手に入るようになったからだ。フロイトのおかげで西洋に大きな革命があった。その革命は、セックス・エネルギーへのこれらすべての障壁や禁止や抑圧を落とした。今やセックスは簡単に手に入る。それについて問題はない。

それは充分に手に入る。必要とする以上に——それが問題を引き起こした。ロマンチックな愛は消えた。現在西洋では、ロマンチックな詩は書かれていない。誰がロマンチックな詩を書くだろう？　セックスは市場でとても簡単に手に入る。誰がそれについて考えるだろう？　考える必要はない。ロマンチックな愛は、肉体的なセックスの反対側、抑圧された側だ。それは愛ではない。両方とも病気だ。あなたがセックス、性欲、そしてロマンチックな愛と呼ぶものは――両方とも病的な状況だ。身体とマインドが出会う時、そこには愛がある。愛は健全だ。性欲の中にはただ身体だけがある。ロマンチックな愛の中にはただ頭だけがある。両方とも部分的だ。

愛の中では、身体とマインドが出会う。あなたは単一体に、単一体以上のものになる。あなたがその人を愛すると、セックスはただそれの影としてやって来る。その逆はない。あなたはその人をとても愛して、あなたのエネルギーはとても深くその人と出会う。あなたは相手の存在によって、とても気分良く感じる。相手の存在にとても満たされる。それはあなたを完全なものにする。愛はそれの影としてやって来る。

セックスは中心ではない。愛が中心だ。セックスは周辺部になる。確かに、時にはあなたは肉体的な面でも出会いたいと思うが、それへの憧れはない。それは強迫観念ではない。それは単なるエネルギーの分かち合いだ。基本的なものは深い。周辺部は問題ない。中心を伴えば、周辺部は良い。中心なしでは、それは性欲になる。周辺部なしでそれが中心だけにあるなら、それはロマンチックな愛になる。周辺部と中心が両方一緒にある時、そこには身体とマインドの一体感がある。あなたは相手の身体を求めるだけでなく、実存も求める——その時、愛がある。愛は健全だ。

性欲とロマンチックな愛は病気で、不健全だ。それらは一種の神経症だ。それらはあなたの中に分裂を作るからだ。愛は調和だ。愛されるのは相手の身体だけではなく、彼のまさに実存、彼のまさに現存だ。あなたは他の人を解放の手段として使わない。あなたは人を愛する。彼または彼女は手段ではなく、彼自身または彼女自身が目的だ。愛は健全だ。

そこには別の深みがまだ残されている。私が慈悲と呼ぶものだ。身体とマインド、そして魂が出会う時、あなたは偉大な単一体になる。あなたはキリスト教の三位一体になる。あなたはヒンドゥー教の三神一体になる。その時、あなたの中にあるものすべてが、最も表面的なものから最も深いものまで、ひとつの出会いの中にある。あなたの魂もあなたの愛の一部だ。もちろん、慈悲は深い瞑想を通してのみ可能だ。

性欲は何の理解なしででも、どんな瞑想なしででも可能だ。愛は理解によってのみ可能だ。慈悲は理解と瞑想によってのみ、理解と覚醒によってのみ可能だ。あなたは他の人を理解して尊敬するだけではなく、あなたの実存の最も深い核に至る。あなた自身の最も深い核を見ることで、あなたは相手の中の最も深い核も見えるようになる。今や相手は身体、またはマインドとして存在してはいない。相手は魂として存在する。そして魂は別々ではない。あなたの魂と私の魂は一つだ。

二つの身体が出会う時、彼らは別々だ。二つの身体-マインドが出会う時、彼らの境界は重なっている。二つの魂が出会う時、彼らは一つだ。慈悲は愛の最高の形だ。慈悲を持つことは、ただブッダ、またはキリスト、クリシュナにとってのみ可能だ。

しかし、愛は多くの人にとって可能だ。生をもう少し理解することや、生についてもう少し注意深いことは、多くの人が愛する人になるのを助けるだろう。だがあなたが完全に無意識であれば、あなたは腐ったセックスの人生を生きなければならない。慈悲の中では、エネルギーは最も純粋だ。愛は完全に深みのあるものになる。実際に慈悲の中では、愛はもはや関係性ではない。それは状態になる。

あなたが性欲の中にいる時、あなたは誰と愛を交わしているのかあまり気にしない――どんな身体でもかまわない。あなたはただ女性、または男性が必要なだけで、どんな身体でもかまわない。あなたはただ他人の身体が必要なだけだ。愛においては、どんな身体でも良いというわけではない。誰の身体でも良いというわけではない。あなたにはあなたを深く愛している人、あなたとの特定の親近感と調和を持っている人が必要だ。その人の存在の中であなたのハートが歌い始めるような、深いベルの音が鳴り始めるような人が……、その人の存在の中で、あなたは天の恵みを感じる。その時だけ、あなたは他の人と愛を交わすことができる。愛を交わすことは出会い――内的な出会い――が起こりさえすれば可能になる。さもなければ、あなたが愛していない人と愛を交わしていると考えることは、想像することさえ全く不可能だ。

慈悲の状態では、セックスは完全に消える。愛の状態では、セックスは残るが二次的なものになる。性欲の状態では、セックスは唯一のものであり主要なものだ。二番目の状態、愛については、セックスは二次的なもので、影のように後について来る。炎は存在し、セックスは煙のように後について来る。最初のセックスの段階では、ただ煙だけがあって炎はない。燃料は炎になるためにはあまりにも湿っている。そこにはただ煙、煙、煙だけがある。二番目の状態では炎はあるが、まだ煙があり、炎を取り囲んでいる。炎は煙によって曇っている。三番目の慈悲の状態では、ただ炎だけがあって煙はない——それは煙なき炎だ。純粋さは絶対に達した。

あなたが望むだけ多くの人々とセックスができるのは、そこに区別がないからだ。それは動物的だ。愛の状態ではあなたは区別する。愛は非常に個人主義的で、それは非常に選り好みする。慈悲の状態ではすべての個人性は消える。そこには普遍性がある。あなたは全くの慈悲だ。あなたは全くの愛だ。愛は降り注ぎ、溢れ続ける。あなたの近くに来る者は誰でも満たされる。あえてあなたの近くに来る者は誰でも火を灯され、新しい輝きを持ち運ぶ。

慈悲においては、あなたと相手との間に問題はない。あなたはいないし相手もいない。一つのエネルギーだけ、存在への途方もないエネルギーだけ、踊りだけがある。それはナタラジ、踊るシヴァだ。エネルギーはそれ自体を愛している。それは途方もない喜びと幸せだ。それは全く何の理由もなく意気揚々とさせる。それは贅沢だ。それは注ぎ続けるほど多くのものを持っている。それは遊びだ。

セックスは仕事のようなものだ。あなたはそれについてあまりにも心配する。あなたはそれをしたい。それをどうにかして終わらせたい。それはあなたにかかる重荷のようなものだ。愛は重荷のようなものではない。それは楽しみだ。あなたはそれを大事にする、あなたはそれを味わう――通がワインを味わうように。急ぐ必要はない。それを終わらせようと急ぐ事はない。あなたはその中に留まりたいと思う。あなたはゆったりしていて、急がず、忍耐強い。

セックスは一時的だ。愛はそれのためにより長い期間を持つ――それはゆっくり留まる。慈悲は永遠だ。それは時間を超えている。その時、誰かがそこにいるかどうかは問題ではない。慈悲の人は思いやりの気持ちを持つ。菩提樹の下に座っているブッダは、サニヤシンたちに囲まれている時と同じくらい愛に溢れている。彼が群衆の中で動いている時は、彼が独りでいる時と同じくらい愛に溢れている。今や愛は状態になっている。

あなたがセックスから愛に変わりたいなら、あなたの性欲を理解しようとしなさい。それを見守りなさい、それの機械性を見守りなさい。その無益さを、それのすべての馬鹿らしさを見てごらん。それはあなたをどこにも導いていない。もう少し自分を洗練させなさい。もう少し繊細になりなさい。身体ではなく、誰かの存在を探しなさい。見守り、探索しなさい。遅かれ早かれ、あなたは自分と合う誰かを見つけるだろう。

それは会ったとたんにでも起こり得る。なぜならエネルギーが合う時、彼らは合うからだ。彼らが合わないのなら、彼らは合わないのだ。あなたは一生、苦闘することはできる――彼らは合わないだろう。彼らが合うのなら、彼らはすぐに合う。結婚は愛を全く消滅させてしまった。結婚は愛を地上から消してしまった。なぜなら考慮すべき他の事柄のために、結婚は準備されるからだ――お金、財力、家族、体面、占星術――すべて馬鹿げている。それらは、結婚しようとしている二人の人物のハートとは何の関係もない。

だから結婚はほとんど常に失敗する。失敗しないのは稀な偶然の出来事においてだけだ――だがそれは偶然、例外だ。それらはものの数に入れられない。結婚は常に破綻する。なぜならそれは、間違った理由のためになされるからだ。ただ愛だけが本当の結婚の基礎になり得る。他に方法はない。なぜならあなたの波長が相手のものと正確に同じであることを、あなたが相手と同じように振動していることを見つける方法は他にないからだ。それを見つけ出す方法は他にない。

占星術は役に立たないし、誰かの体面、家族もそうだ。いや、どれも重要ではない。重要なのはただ一つ――それは二人が、彼らの波動がひとつのパターンに、調和のパターンになるように一緒に振動することだ。ただ雰囲気だけが決定できる。

より良い世界では、人々は可能な限り多くの人々のところに出掛け、交際し、出会うことが許されるだろう。その人が彼らに興味を持つようになり、また彼らがその人――彼または彼女――に興味を持つようになるような誰かを本当に見つけられるように。あなたと合い、あなたを完全にさせて、そしてあなたを満たす同じ質を持つ誰かを、本当に見つけられるように。

愛は可能だ。社会がもう少し健全で歪みがより少なければ、愛は可能だ。良い社会、健全な社会では、愛は自然であるべきだ。歪んだ社会――私たちが生きていて、全世界が生きている社会――では、愛は不可能になっている。ただセックスだけが可能なままだ。だが慈悲は、あなたが瞑想的になるためのすべての努力をすれば可能になるだろう。そうでなければ無理だ。

慈悲の最後の段階を、私は神聖なものと呼ぶ。最初の段階を私は不健全と、病気と呼ぶ。二番目の段階を私は健全と、正常と呼ぶ――社会は二番目の段階に達することができる。ただ社会が個人の生の邪魔をして個人を操り、それを支配しようとする時にだけ、最初の段階は起こる。

三番目の段階を私が神聖なものと呼ぶのは、それが全体から成り立っているからだ。それはあなたが個人的な努力をするなら可能だ。瞑想はあなたを慈悲に導く。

ブッダは言う、あなたが瞑想するなら、慈悲は自動的に生じるだろうと。

質問四

ＯＳＨＯ、私はあなたが話すことに耳を傾けますが、私の中のあらゆるものがノー、ノー、ノーと言っています。私は立ち去りたいです。私は家に帰りたいです。ヨガナンダ記す。

ヨガナンダ、あなたは馬鹿者だ。あなたは家に帰っている。他のどこにあなたは行きたいというのだ？

それは起こった。

ある時、飲んだくれが真夜中に家に帰って来た。

彼はとても酔っていたので自分の家がわからなかった。彼は扉を叩いた。彼の老いた母親は扉を開けて「入りなさい」と言った。

だが彼は言った。「お婆さん、私は尋ねるために叩いただけです――私の家はどこですか？　ちょっと教えてください。私はかすかに覚えています――私の家はこの辺のどこかに在ります。道は見慣れたもののように見えます」

その女性は言った。

「お前は何を話しているのだ？　この馬鹿者が！　入りなさい！　ここがお前の家だよ！」

ヨガナンダ、同じことがあなたへの私の答えだ。あなたは家に帰っている。誰に対してあなたはノー、ノー、ノーと言っているのだね？　イエスと言いなさい――そして入りなさい。

第十一章

光明

Spiritual Enlightenment

ブッダは言った。
天を見上げて地を見下ろしなさい。
それはあなたに無常さを思い出させるだろう。
世界を見まわしなさい。
それはあなたに無常さを思い出させるだろう。
だが、あなたがスピリチュアルな光明を得る時、次に知恵を見い出すだろう。
このようにして得られる知識は、ほどなくあなたを道に導く。

ブッダは言った。
あなたは、身体を構成している四つの要素について考えるべきだ。
それらにはそれぞれ名前があり、
自我《エゴ》として知られているようなものはない。
本当に自我《エゴ》はないため、それは蜃気楼に似ている。

私は、一九五三年三月二十一日の運命の日を思い出す。多くの生で私は働きかけてきた――自分自身に働きかけ、奮闘し、できることは何でもやった――だが何も起こらなかった。

今私は、なぜ何も起こらなかったのかが理解できる。そのまさに努力が障壁だった、そのまさに手段が妨げていた、求めるというまさにその衝動が障害だった。人は求めずに達成できるということではない。求めることは必要だ。しかしその後、求めることを落とさなければならないところに来る。舟は川を渡るために必要だが、その後あなたは舟から降りてそれをすべて忘れ、それを後にしなければならない瞬間が来る。努力は必要だ。努力なしでは何も可能ではない。そしてまた努力だけでも、何も可能ではない。

一九五三年三月二十一日の直前、その七日前に、私は自分に働きかけることを止めた。努力のすべての無益さが見える瞬間が訪れる。できることをすべてしてきたが、何も起こっていない。人間に可能なことはすべてしてきた。それなら他に何ができるだろう？　全くの無力さの中で人はすべての探求を落とす。

そして探求が落ちたその日、私が何かを追い求めていなかったその日、何かが起こるのを期待していなかったその日、それは起こり始めた。新しいエネルギーが生じた――どこからともなく。それはどんな源泉からも来ていなかった。それはどこからでもなく、そしてあらゆるところから来ていた。それは木々の中にあり、そして岩や空、太陽、空気の中にあった――それはあらゆるところにあった。そして私はとても激しく求めていて、それは非常に遠く離れていると考えていた。だがそれはとても近くに、ほんのすぐそばにあった。

まさに求めていたために、私は近くを見ることができなくなっていたのだ。探求は常に遠くのものに対して、探求は常に離れたものに対してなされる——そしてそれは離れていなかった。私は遠視になっていた。私は近視を失っていた。その目ははるか遠くに、地平線に焦点が合わせられていて、私たちを取り囲んでいる近くにあるものを見る質を失っていた。

努力が止んだ日、私も止んだ。なぜなら努力なしには、欲望なしには、奮闘することなしには、私というものは存在できないからだ。

自我《エゴ》の、自己の現象は事柄ではない、それは過程だ。それはあなたの内側に座っている実体ではない。あなたはそれを、一瞬ごとに作らなければならない。それは自転車のペダルを踏むようなものだ。あなたがペダルを踏むならそれは続いて行く、ペダルを踏まないならそれは止まる。過去からの勢いのせいで少しは進むかもしれないが、あなたがペダルを踏むのを止める瞬間、実際に自転車は止まり始める。もはやどこかへ行くためのエネルギーや力はない。それは落ちて倒れることになる。

自我《エゴ》が存在するのは、私たちが欲望のペダルを踏み続けるから、私たちが何かを得ようと奮闘し続け、自分自身の前方へ跳び続けるからだ。自分自身の前方へのジャンプ、未来へのジャンプ、明日へのジャンプ——それがまさに自我の現象だ。実存しないものへのジャンプが自我を作る。それが実存しないものから生じるので、それは蜃気楼のようなものだ。それは欲望だけから成り立っていて他には何もない。それは渇望だけから成り立っていて、他には何もない。

自我《エゴ》は現在にはない。それは未来にある。あなたが未来にいるなら、自我はまさに実体があるように見える。あなたが現在にいるなら自我は蜃気楼だ。それは消え始める。

私が探求するのを止めた日……そして私が探求するのを止めたと言うのは正しくない。『探求することが止んだ日』と言うほうがいい。繰り返して言おう。『探求することが止んだ日』というのがより良い言い方だ。なぜならもし私がそれを止めるなら、私が再びそこにいるからだ。今や止めることが私の努力になる。今や止めることが私の欲望になる。そして欲望は、非常に微妙な方法で存在し続ける。

あなたは欲望を止めることはできない。それを理解することができるだけだ。まさにその理解においてそれの停止がある。覚えておきなさい、誰も欲求することを止めることはできない。そして真実《リアリティ》は、ただ欲望が止まる時にだけ起こる。

だから、これはジレンマだ。どうする？　欲望は存在し、覚者《ブッダ》たちは欲望は止められなければならないと言い続け、彼らは次の瞬間に、あなたは欲望を止めることはできないと言い続ける。ではどうする？　それは人々を窮地に立たせる。彼らは欲望の中にいる、それは確かだ。それは止めなければならないと言う――いいだろう。それからそれは止めることができないと言う。それならどうすべきなのだ？

欲望は理解されなければならない。あなたはそれを理解できる。あなたはその無益さを見ることができる。直接的な知覚力が必要だ。即時の洞察が必要だ。欲望を調べてごらん。それは何なのかちょっと見てごらん。するとあなたはその虚偽がわかり、それは非実存的であるのがわかるだろう。すると欲望が落ちて、何かが同時にあなたの内側で落ちる。

欲望と自我《エゴ》は連携して存在する。それらは連動する。自我は欲望なしでは存在できない。欲望は自我なしでは存在できない。欲望とは投影された自我で、自我とは取り入れられた欲望だ。それらは一緒にあり、一つの現象の二つの様相だ。

欲求することが止まった日、私は非常な絶望と無力さを感じた。希望がないのは未来がないからだ。希望するものが何もないのは、希望することはすべて無駄であり、それはどこにも導かないことがわかったからだ。

あなたは円形の中を進む。欲望はあなたの前にぶら下がり続ける。それは新しい蜃気楼を作り続ける。それはあなたを呼び続ける、「さあ、早く走りなさい、あなたは到着するだろう」

だがどれほど早く走っても、あなたは決して到着しない。

だからブッダは、それを蜃気楼と呼ぶのだ。それは地球のあちこちで見る地平線のようなものだ。それは現われるが存在しない。あなたが行くと、それはあなたから走り去り続ける。あなたが速く走れば走るほど、それは速く立ち去る。あなたがゆっくり行けば行くほど、それはゆっくり立ち去る。だが確かなことが一つある——あなたと地平線との距離は絶対に同じままだ。あなたは一インチさえも、あなたと地平線の距離を縮めることはできない。

あなたは、あなたとあなたの希望の間の距離を縮めることはできない。希望は地平線だ。あなたは地平線に、希望に、投影された欲望に、あなた自身を架橋しようとする。

欲望は橋、夢の橋だ——なぜなら地平線は存在しないからだ。だからその方向へ橋を架けることはできない。あなたは橋の夢を見ることができるだけだ。あなたは実存しないものと繋がることはできない。

欲望が止んだ日、私がそれを調べてはっきり理解した日、それはただ単に無駄なものだった。私は無力で絶望的だった。だがまさにその瞬間に、何かが起こり始めた。私が多くの生をかけて働きかけていて、それでも起こらなかった同じものが起こり始めた。

唯一の希望はあなたの絶望の中にある。あなたの唯一の成就は、あなたの無欲の中にある。そしてあなたの途方もない無力感の中で、突然存在全体があなたを助け始める。

それは待っている。あなたが自分自身に働きかけているのをそれが見る時、それは干渉しない。それは待つ。それにとっては急ぐ必要がないため、無限に待つことができる。それは永遠だ。あなたが自分自身で存在しない瞬間、あなたが落ちる瞬間、あなたが消える瞬間、存在全体があなたに向かって殺到し、あなたの中に入る。そして初めて、物事は起こり始める。

七日間、私は全く絶望的で無力な状態の中で生きたが、同時に何かが起こっていた。私が絶望と言う時は、あなたが使う絶望という言葉の意味ではない。私は単に、私の中に希望がなかったと言っている。希望は存在しなかった。私は、絶望的で悲しかった、と言っているのではない。私は実際幸せだった。私はとても穏やかで、静かで、落ち着いていて中心が定まっていた。絶望していたが、完全に新しい意味で、だ。そこに希望がなかったなら、どうやって絶望があり得るだろう。両方とも消えていた。

絶望状態は絶対的で完全《トータル》だった。希望は消え、それと共にそれに対応する絶望もまた消えた。それは全面的に新しい体験、希望なしで在るという体験だった。それは否定的な状態ではなかった。私は言葉を使わなければならない――が、それは否定的な状態ではなかった。それは全く肯定的だった。それは単なる不在ではなかった。存在は感じられた。何かが私の中で溢れていた。私を氾濫させていた。

そして私が無力だったと言う時、私は辞書が定義する意味で言うのではない。私は単に無私だった、と言っているのだ。それが私が無力と言う時に意味していることだ。

私は〝自分はいない〟という事実を認識したので、自分自身に頼ることができないし、自分自身の地に立つことができない――地面が下になかった。私は奈落に……底無しの奈落にいた。だが何も守るべきものはなかったので、恐れはなかった。誰も恐れる者がいなかったので恐れはなかった。

この七日間は途方もない変容の、完全な変容の日々だった。そして最後の日、完全に新しいエネルギーの現存、新しい光と新しい歓喜、それはほとんど耐え難いほど強烈になった――まるで私は爆発しているかのようだった。まるで至福で発狂したかのようだった。西洋の新しい世代《ニュージェネレーション》には、それを表わすぴったりした言葉がある――私は至福を味わい、ぶっ翔ん《ストーン》でいた。

何が起こっていたのか、全くわけがわからなかった。それは非常にナンセンスな世界だった――それを把握するのは難しく、何かに分類するのは難しく、言葉、言語を使うこと、説明することは難しかった。すべての経典は死んでいるように見え、この体験のために使われてきたすべての言葉は非常に弱々しく、生気なく見えた。これはそれほど生き生きしていた。それは至福の津波のようだった。

一日中ずっと奇妙で、衝撃的だった。それは強烈な体験だった。過去は消えていた。まるでそれは決して私に属していなかったかのように、まるで私がどこかでそれを読んだかのように、まるで私がそれを夢見ていたかのように、まるで私が聞いたり、誰かが話してくれた他の誰かの物語であるかのように。私は自分の過去から解き放たれていた。私は自分の歴史から根こそぎにされていた。私は自分の伝記を失っていた。私は非-存在に、ブッダが無我《アナッタ》と呼ぶものになっていた。境界が消え、区別が消えていた。

マインドが消えていた。それは何百万マイルも離れていた。それを捕まえることは難しかった。

それはますます遠くへ急いで離れていき、それを近くに置いておこうとする衝動はなかった。私はそのすべてについて単に無頓着だった。それでかまわなかった。過去と続いたままでいようという衝動はなかった。

夕方までには、それに耐えることはとても難しくなった――それは痛んだ、それは苦痛だった。それはちょうど子供が生まれる時に女性が産気づいて、そして途方もない痛みに苦しむような――陣痛のようなものだった。

その頃私は、だいたい夜の十二時か一時に眠りについたものだったが、その日は起きたままでいるのが不可能だった。私の目は閉じていた。それを開けたままにしておくのは難しかった。何かが非常に切迫していた。何かが起ころうとしていた。それが何であるかを言うのは難しかった――おそらくそれは私の死になろうとしていた――しかし恐れはなかった。私はその準備ができていた。この七日間はとても素晴らしかったので、私は死ぬ準備ができていた。それ以上の何も必要なかった。その七日間は実に途方もなく喜びに満ちていた。私はとても満足していたので、もし死がやって来るなら、それは大歓迎だった。

だが何かが起ころうとしていた――死のような何か、非常に激しい何か、死か、でなければ新しい誕生である何か、磔か、でなければ復活である何かが――だが途方もなく重要な何かが、ほんの間近にあった。そして目を開けたままにしておくのは不可能だった。私は朦朧としていた。

私は八時頃に眠りについた。それは眠りのようなものではなかった。今、私はパタンジャリが眠りとサマーディは同じようなものであると言うその意味を理解できる。ただ一つの違いは――サマーディの中ではあなたは充分目覚めていて、また眠ってもいる。眠りと目覚めが共にある。身体全体はくつろぎ、身体のすべての細胞は完全にくつろぎ、すべての機能はくつろぐ。それでも覚醒の光はあなたの内側で燃える……明るく、煙を出さずに。あなたは油断のないままでいるが、それでもくつろいでいる。ゆったりとしているが充分目覚めている。身体は可能な限り最も深い睡眠状態にあるが、あなたの意識はその頂点にある。その意識の頂点と身体の谷間が出会う。

私は眠りについた。それは非常に奇妙な眠りだった。身体は眠っていて、私は目覚めていた。それはとても奇妙だった――まるで人が二つの方向に、二つの次元に引き裂かれたかのようだった。まるで両極性が完全に集められたかのように、まるで私が両方の極性が一緒になったものであるかのように……正《ポジティヴ》と、負《ネガティヴ》が出会っていた。睡眠と覚醒が出会っていた。死と生が出会っていた。それが「創造主と創造物が出会う」と言える瞬間だ。

それは異様だった。初めてそれはまさにあなたの根底にショックを与える。それはあなたの基盤を揺るがす。その体験の後では、あなたは決して同じではあり得ない。それはあなたの生に新たなビジョンを、新たな質をもたらす。

十二時頃に突然目が開いた――私が開けたのではなかった。眠りは何か他のものによって破られた。部屋の中で、私の周りに大いなる現存を感じた。それは非常に小さな部屋だった。私の周り一帯に躍動する生命を、大いなる波動を感じた――ほとんど台風のような、光の、喜びの、エクスタシーの大きな嵐のような波動を。私はその中で溺れていた。

それは途方もない存在感があったので、あらゆるものは非現実的になった。部屋の壁は非現実的になり、家は非現実的になり、私自身の身体は非現実的になった。あらゆるものが非現実的になったのは、今初めて現実《リアリティ》があったからだ。

それが、ブッダやシャンカラが世界は幻《マーヤ》、蜃気楼だと言う時、私たちにとっては理解するのが難しい理由だ。なぜなら私たちはこの世界しか知らず、比較しないからだ。これは私たちが知る唯一の現実だ。これらの人々は何について話しているのだろう？　これがマーヤだと？　幻想だと？　これが唯一の現実《リアリティ》だ。あなたが本当の現実《リアリティ》を知るようにならない限り、彼らの言葉を理解することはできず、彼らの言葉は空論的なままだ。彼らの言葉は仮説のように見える。おそらくこの男は一つの哲学を提起しているのだろう――「世界は非現実的だ」という哲学を。

西洋でバークレーが世界は非現実的だと言った時、彼は友人の一人、非常に論理的な男と一緒に歩いていた。その友人はほとんど懐疑論者だった。彼は道から石を拾って、バークレーの足を強烈に打った。バークレーは叫び、血がどっと出た。そこで懐疑論者は言った。

「さて、世界は実在しないのかね？　君は世界は非現実的だと言うのかね？　それならなぜ君は叫んだのだ？　この石は実在しないのか？　それならなぜ君は叫んだのだ？　それならなぜ君は自分の足を抑え、そしてなぜ顔にそれほどの苦痛と苦悶を見せているのだ。これを止めてくれるか？　それがみんな実在しないのなら」

さて、このタイプの人間には、ブッダが世界は蜃気楼だと言う時に彼が何を意味しているのか理解できない。彼は、あなたは壁を通り抜けられる、と話しているのではない。彼はこんなことを語っているのではない――あなたは石を食べることができ、あなたがパンを食べようが石を食べようが同じことだ――とは。彼はそれを言っているのではない。

彼は現実《リアリティ》はある、と言っている。ひとたびあなたがそれを知るようになるなら、このいわゆる現実は簡単に色褪せ、簡単に非現実的になる。ビジョンの中により高い現実があれば、比較が生じる。そうでなければ比較はない。

夢の中では、夢は現実《リアル》だ。あなたは毎晩夢を見る。夢はあなたがやり続ける最大の活動の一つだ。もしあなたが六十年生きるなら、二十年あなたは眠り、そして十年近くあなたは夢を見る。人生の中の十年――あなたがそれほどすることは他に何もない。絶え間なく夢見る十年――ちょっとそれについて考えてごらん。そして毎晩……そして毎朝、あなたはそれは非現実的だったと言い、そして再び夜にあなたが夢を見る時、夢は現実《リアル》になる。

夢の中では、これは夢であると思い出すのはとても難しい。だが朝にはそれはとても簡単だ。どうなっているのだろう？　あなたは同じ人だ。夢の中にはただ一つの現実《リアリティ》しかない。どうやって比較する？　どうやってそれは非現実的だと言う？　何と比較する？　それは唯一の現実だ。あらゆるものが、他のあらゆるものと同じくらい非現実的なのでそこに比較はない。朝、あなたが目を開ける時、もう一つの現実がある。今、あなたはそれはすべて非現実的だったと言うことができる。この現実《リアリティ》と比較して、夢は非現実的になる。

そこには目覚めがある――その目覚めの現実《リアリティ》と比較することで、このすべての現実《リアリティ》は非現実的になる。

その夜初めて私は、マーヤという言葉の意味を理解した。私が以前にその言葉を知らなかったということではなく、その言葉の意味がわからなかったのではない。あなたがわかっているように、私もその意味をわかっていた――が、以前にはそれを決して理解していなかった。体験なしでどうやって理解できるだろう？

その夜、もう一つの現実《リアリティ》がその扉を開け、もう一つの次元が手に入れられるようになった。突然それはそこにあった。他の現実、別の現実、本当の現実が、あるいは何であれ、あなたがそう呼びたいものがそこにあった――それを神と呼んでもいい、真理と呼んでもいい、ダンマと呼んでもいい、タオと呼んでもいい、あるいは何であれ、あなたが望むように呼べばいい。それは無名だった。だがそれはそこにあった――とてもあいまいで、とても透明で、それにも関わらず、人がそれに触れられるほど堅固だった。それはその部屋の中で、私をほとんど窒息させていた。それは多過ぎて、私はまだそれを吸収することができなかった。

部屋から急いで出よう、空の下に行こうという深い衝動が私の中に生じた。それは私を窒息させていた。それは手に負えなかった！　それは私を殺すだろう！　もし私があと数秒でも留まっていたなら、それは私を窒息させただろう——それはそのように見えた。

私は部屋から急いで出て、通りに出た。ただ星と共に、木々と共に、大地と共に空の下に在りたい、自然と共に在りたい、という大きな衝動があった。そして私が外に出ると直ぐに、窒息死する感覚は消えた。それほど大きな現象にとって、そこはあまりに小さな場所だった。空でさえ、その大きな現象にとっては小さな場所だ。それは空よりも大きい。空でさえそれを制限するものではない。それでも私はより安らかに感じた。

私は最も近い庭園に向かって歩いた。それはまるで重力が消えてしまったような、全く新しい歩みだった。私は歩いていた。あるいは走っていた。あるいは単に飛んでいた。それを判断するのは難しかった。そこに重力はなかった。私は重さが無いように感じていた——まるで何らかのエネルギーが私を運んでいたようだった。私は何か別のエネルギーの手中にあった。

初めて私は独りではなかった、初めて私はもはや個ではなかった、初めて水滴は海に来て落ちた。今や海全体が私のものだった。私が海だった。そこには制限がなかった。まるで私には何でも、どんなことでもできるような、途方もない力が生じた。私はいなかった。ただその力だけがそこにあった。

私は毎日行っていた庭園に到着した。その庭園は閉まっていた。夜のため閉まっていたのだ。時間が遅すぎた。その時はだいたい夜中の一時だった。庭師たちは熟睡していた。私は泥棒のように庭園に入らなければならなかった。私は門をよじ登らなければならなかった。だが何かが、私を庭園の方へ引っ張っていた。私自身を妨げることは私の能力を超えていた。私はただ漂っていた。

それが私が何度も「川と共に漂いなさい、川を押してはいけない」と言う時に意味していることだ。私はくつろいでいた。私は手放しの中にいた。私はいなかった。〝それ〟があった。それを神と呼ぶなら――神がそこにいた。

私はそれを〝それ〟と呼びたい。なぜなら神はあまりに人間的な言葉であり、使われすぎてあまりにも汚くなってしまい、大勢の人々にあまりにも汚染されてしまったからだ。キリスト教徒、ヒンドゥー教徒、イスラム教徒、聖職者たちや政治家たち――彼らはみんなその言葉の美しさを汚してきた。だからそれを〝それ〟と呼ばせてほしい。〝それ〟はそこにあって、私は単に運ばれていた……津波によって運ばれていた。

私が庭園に入った瞬間、あらゆるものが輝いた。それはあたり一面にあった――祝福が、至福が。私は初めて樹々を見ることができた――その緑を、その生命を、その流れる樹液そのものを。庭園全体は眠っていた、樹々は眠っていた。だが私は、庭園全体が生きているのがわかった。小さな草の葉でさえとても美しかった。

私はあたりを見まわした。一本の樹が途方もなく輝いていた――モウルシュリの樹だった。それは私を惹きつけた。それは私をそれ自身の方へ引き寄せた。私が選んだのではなかった。神自身がそれを選んだ。私はその樹のところに行った。私はその樹の下に座った。私が座ると、物事は落ち着き始めた。宇宙全体が祝福になった。

私がどれだけ長くその状態にいたのかを言うのは難しい。家に帰った時は朝の四時だった。だから、時間にして少なくとも三時間はそこにいたに違いない――だがそれは無限だった。それは実測時間とは何の関係もなかった。それは時間を越えていた。

この三時間はすべてが永遠に、終わりなき永遠になった。そこには時間はなかった。時間の経過はなかった。それは清純な現実《リアリティ》――汚染されていない、触れることのできない、測り得ない現実《リアリティ》だった。

そしてその日何かが起こり、それは続いている――連続性としてではなく――だが、それは今でも底流として続いている。永続的なものとしてではなく――一瞬ごとにそれは何度も起こっている。それは一瞬一瞬が奇跡だった。

その夜……そしてその夜以来、私は身体の中にいたことがない。私はその周りを漂っている。私は途方もなく力強くなり、同時に非常に脆くなった。私は非常に強くなったが、その強さはモハメッド・アリの強さではない。その強さは岩の強さではない。その強さはバラの花の強さだ――その強さの中でとても脆い……とても脆く、とても敏感で、とても繊細だ。

岩は在る。花は今にも消え得る。だがそれでも花が岩よりも強いのは、それがより生き生きしているからだ。あるいは、まさに光り輝く葉の露のしずくの強さ。朝日の中で――とても美しく、とても高貴で、それにも関わらず今にもすべり落ちてしまう。その優美さにおいて全く比類がない。だが小さなそよ風が吹くことはあり得る。そして水滴はすべり落ちて、永遠に失われてしまう。

覚者《ブッダ》たちには、この世界のものではない強さがある。彼らの強さはまさに愛の強さ……バラの花や露の滴のようなものだ。彼らの強さは非常に脆く、傷つきやすい。彼らの強さは生の強さであって死のそれではない。彼らの力は殺す力ではない。彼らの力は創造する力だ。彼らの力は暴力の、攻撃のそれではない。彼らの力は慈悲のそれだ。

しかし、私は二度とその身体にいたことがない。私はただ身体の周りを漂っている。だからこそ私はそれが途方もない奇跡だと言うのだ。一瞬ごとに、私は自分がまだここにいることに驚いている。私はいるはずではない。私はいつ去ってもおかしくなかった。それでも私はここにいる。

毎朝、私は目を開けて言う。「では、またしても私はまだここにいるのか?」

なぜなら、それはほとんど不可能に見えるからだ。奇跡は続いている。

つい先日、ある人が質問をした——「ＯＳＨＯ、あなたはとても脆くて繊細で、ヘア・オイルとシャンプーの匂いにとても感じやすくなっているので、私たちみんなが禿げてしまわない限り、あなたに会うことはできないように思えます」

ところで、禿げていることに全く悪いところはない——禿げは美しい。ちょうど「黒髪は美しい」ように……だから「禿げは美しい」。しかしそれは本当で、あなたはそれについて気をつけなければならない。

私は脆くて繊細で感じやすい。それが私の強さだ。あなたが岩を花に投げつけるなら、岩には何も起こらず、花はなくなるだろう。だがそれでもあなたは、岩は花よりも力強いと言うことはできない。花がなくなるのは花が生きていたからだ。そして岩は——それは死んでいるので何も起こらない。花がなくなるのは、花には破壊する強さがないからだ。花は簡単に消えて岩に道を譲る。岩に壊す力があるのは、岩が死んでいるからだ。

覚えておきなさい。その日から私は、本当に身体の中にいたことはなかった。繊細な糸だけが私と身体を結び付けている。そして私は絶えず驚いている、全体が何とかして私をここにいさせようとしているに違いない、ということに。なぜなら私は、もう自分自身の力でここにいるのではないから、私は自力ではもうここにいないからだ。私をここに保っているのは、私がこの岸にもう少し居残るのを許しているのは、全体の意志であるに違いない。おそらく全体は、私を通してあなた方と何かを分かち合いたいのだ。

その日から世界は非現実的だ。もう一つの世界が現われている。私が世界は非現実的だと言う時、私はこれらの木々が非現実的だと言うのではない。これらの木々は全くの本物だ——しかしあなたがこれらの木々を見る方法は、非現実的だ。これらの木々は、それ自体においては非現実的ではない——それらは神の中に存在する。絶対的な現実《リアリティ》の中に存在する——だがあなたが見る方法では、決してそれらを見ることはない。あなたは何か別のものを、蜃気楼を見ている。

あなたは、あなたの周りにあなた自身の夢を作り、目覚めない限り夢を見続けるだろう。世界が非現実的なのは、あなたが知っている世界はあなたの夢の世界だからだ。夢が落ちて、そこにある世界にあなたが単に遭遇する時、真《リアル》の世界がある。

二つのものが、神と世界があるのではない。神が世界だ——あなたに目が、どんな夢もなく、どんな夢の埃もなく、どんな眠りのぼやけもなくはっきり見える目があるなら。あなたにはっきり見える目が、明晰さが、鋭い知覚力があるなら、神だけが存在する。

その時、ある所では神は緑の木だ。ある所では神は輝く星だ。他のある所では神はカッコウだ。他のある所では神は花であり、他のある所では子供であり、他のある所では川だ——その時は神だけがいる。あなたが見始める瞬間、神だけがいる。

だが、たった今あなたが見るものは何であろうと真実ではない。それは投影された嘘だ。それが蜃気楼の意味だ。そしていったんあなたが見るなら、それが一つの分裂した瞬間でさえ、あなたに見ることができるなら、あなたが自分自身に見ることを許せるなら、あなたはいたるところに、あらゆるところに——雲の中に、太陽に、大地に——存在する計り知れない祝福を見つけるだろう。

これは美しい世界だ。だが私は、あなた方の世界について話しているのではない。私は私の世界について話している。あなた方の世界は非常に醜い。あなた方の世界は、自己で創られたあなた方の世界だ。あなた方の世界は投影された世界だ。あなたは現実《リアル》の世界をスクリーンのように使っていて、あなた自身の考えを投影している。私が世界はリアルだ、世界は途方もなく美しい、世界は無限に輝いている、世界は光と喜びだ、それは祝祭だと言う時、私は私の世界のことを言っている——またはあなたが自分の夢を落とすなら、それはあなたの世界のことだ。

あなたが自分の夢を落とす時、あらゆる覚者《ブッダ》がこれまでに見たのと同じ世界をあなたは見る。あなたが夢を見る時、あなたは個人的に夢を見る。あなたはそれを見守ったことがあるだろうか？夢は個人的だ、ということを——。あなたはそれを、愛する人とさえも分かち合うことはできない。あなたは妻を、または夫を、または友人をあなたの夢へ招くことはできない。あなたはこう言うことはできない。「さあ、どうぞ今夜、私の夢の中にいらしてください。私は一緒に夢を見たいです」それは不可能だ。夢は個人的なものだ。そのためそれは非現実的なもので、それには客観的な現実性はない。

神は普遍的なものだ。いったんあなたが個人的な夢から出てくるなら、それはそこにある。それは常にそこにあった。あなたの目が澄み切っているなら、突然の啓発が——突如としてあなたは美、雄大さ、そして優雅さで満ち溢れる。それがゴールだ。それは宿命だ。

繰り返そう。努力なしではあなたは決してそれに達しない。努力によって達した人は誰もいない。あなたには大変な努力が必要だ。そしてただその時にだけ、努力が無駄になる瞬間がやって来る。だがそれが無駄になるのは、あなたがそれのまさに頂点に来た時だけだ。それ以前には決してない。あなたが自分の努力のまさに絶頂に来る時、あなたが為し得ることのすべてを為した時、突然、もはや何もする必要はない。あなたは努力を落とす。

だが、誰もそれを途中で落とすことはできない。それは一番最後においてのみ、落とすことができる。だからあなたがそれを落としたいなら、一番最後まで行くことだ。そのため私は強調し続ける。できるだけ努力をしなさい、あなたのすべてのエネルギーと全一《トータル》なハートをそれに注ぎなさい、ある日あなたが理解できるように——今や、努力は私をどこへも導こうとしていないことを。そしてその日努力を落とすのは、あなたではない。それは自然に落ちる。それが自然に落ちる時、瞑想が起こる。

瞑想はあなたの努力の結果ではない。瞑想は起こること《ハプニング》だ。あなたの努力が落ちる時、突然瞑想が在る……それの祝福、それの幸福、それの栄光が。それはひとつの現存のようにそこに在る……

あなたを取り囲んで、そしてあらゆるものを取り囲んで輝いている。それは地上全体と空全体を満たす。

その瞑想は、人間の努力によって作り出すことはできない。人間の努力はあまりに限られている。その幸福はそれほど無限だ。それを操ることはできない。それは、あなたが途方もない明け渡しの中にいる時にだけ起こる。あなたがいない時、その時だけそれは起こる。あなたに自己がなく、欲望がなく、どこにも行っていない時、あなたがまさに今とここにいる時、特に何もしていなくて、ただ在る時、それは起こる。それは波の中に生じてその波は高潮になる。それは暴風のようにやって来て、あなたを完全に新しい現実の中に運び去る。

だがまずあなたは、自分にできることをすべてしなければならない。それから無為を学ばなければならない。無為の行為は最も偉大な行為であり、無努力の努力は最も偉大な努力だ。

あなたがマントラを唱えることで、または黙って静かに座ってあなた自身を強制することで作り出すあなたの瞑想は、非常に凡庸な瞑想だ。それはあなたによって作られる。それはあなたより大きくはあり得ない。それは手製であり、作る者は常に作られたものよりも大きい。あなたは座ることでそれを作った。ヨーガの姿勢を強いることで、「ラーマ、ラーマ、ラーマ」や「ブラー、ブラー、ブラー」のような何かを唱えることで。あなたはマインドが静かになるよう強いてきた。

それは強いられた静けさだ。それはあなたがいない時にやって来る静寂ではない。それはあなたがほとんど存在しない時にやって来る沈黙ではない。それは鳩のようにあなたに舞い降りてくる至福ではない。

イエスがヨルダン川で洗礼者ヨハネに洗礼を受けた時、神が彼に降臨した、あるいは聖霊が鳩のように彼に降臨したと伝えられている。そうだ、それはまさにそうだ。あなたがいない時、平和があなたに降臨し……鳩のように舞いながら……あなたのハートに達してそこに留まり、永遠にそこに留まる。

あなたは破滅の元だ。あなたが障壁だ。瞑想は瞑想者がいない時にある。マインドがその活動のすべてを停止する時——それらが無駄であるのを見る時——知られざるものがあなたに浸透し、あなたを圧倒する。

マインドは、神が在るために終わらなければならない。知識は、知ることが在るために終わらなければならない。あなたは消えなければならない。道を譲らなければならない。あなたは空っぽにならなければならない。その時だけ、あなたは満ち足りることができる。

その夜、私は空っぽになり、そして満ち足りた。私は非在になり、そして存在になった。その夜、私は死に、そして再生した。だが再生した者は死んだ者とは何の関係もない。それは非連続的だ。表面的には連続的に見えるが、それは非連続的だ。死んだ者は完全に死んだ。彼の何も残っていない。私を信じてごらん。彼の何も残っていない、影さえもだ。それは全面的に、完全に死んだ。私は修正されたＲＵＰ（*Rational Unified Process*- 合理的に統合された過程）ではなく、変容され、変更された形、古いものが変容された形ではない。違う、そこに連続性はなかった。

三月二十一日のその日、非常に多くの、何千もの生を生きてきた人物は、ただ単に死んだ。別の実存が、絶対的に新しく、古いものと全く結びついていないものが存在し始めた。

宗教は、まさにあなたに完全な死を与える。おそらく、だからそれが起こる前日の一日中、私は死のような、まるで私が死のうとしているような、何らかの切迫を感じていたのだ。そして私は本当に死んだ。私は他に多くの死を知っていたが、それに比べたら何でもなかった。それらは部分的な死だった。

時には身体が死んだ。時にはマインドの一部が死んだ。時には自我《エゴ》の一部が死んだ。だがその人物に関する限り、それは残った。何度も作り直され、何度も飾り立てられ、ここやそこを少しだけ変えたが、それは残った、連続性は残った。

その夜、死は完全だった。それは死と神との同時の出会いだった。

さてこの経文だ。

ブッダは言った。

天を見上げて地を見下ろしなさい。

それはあなたに無常さを思い出させるだろう。

世界を見まわしなさい。
それはあなたに無常さを思い出させるだろう。
だが、あなたがスピリチュアルな光明を得る時、次に知恵を見い出すだろう。
このようにして得られる知識は、ほどなくあなたを道に導く。

天を見上げて地を見下ろしなさい。
それはあなたに無常さを思い出させるだろう。

見なさい。あなたは見ない。あなたは決して見ない。見る前にあなたには考えがある。あなたは決して純粋に見ない。あなたは決して先入観を持たずには見ない。あなたは常に、何らかの先入観を抱えている。あなたは常に何らかの見解を、イデオロギーを、経典を抱えている。あなた自身の体験や他人の体験を――だがあなたは常に、マインドの中に何かを抱えている。あなたは現実《リアリティ》に対しては決して裸ではない。

そしてブッダが、天を見上げて地を見下ろしなさい、と言う時、彼は裸眼で見なさい、それが借り物であろうとそうでなかろうと、見解の、考えの、体験の衣なしに見なさい、ということを意味している。

あなたは裸眼を見たことがあるだろうか？　人間に関する限り、裸眼に出くわすことは非常に稀だ。すべての目はとても飾り立てられている。ある人はキリスト教徒の目を持つ、ある人はヒンドゥー教徒の目を持つ、ある人はイスラム教徒の目を持つ。彼らは異なるように見る。

イスラム教徒がギーターを読む時、彼はヒンドゥー教徒が読むのと同じものを決して読まない。ジャイナ教徒がギーターを読む時、この場合もまた彼は何か別のものを読む。ヒンドゥー教徒は聖書を読むことができるが、彼はキリスト教徒が読むものを決して読まない。聖書は同じだ。どこからこの違いは来るのだろう？　その違いは目から来ているに違いない。その違いはマインドから来ているに違いない。

あなたは本のたった一ページでも、自分のマインドを持ち込むことなく、自分のマインドや過去でそれを歪めることなく読んだことがあるだろうか？　これまであなたは人生で、解釈することなく何かを見たことがあるだろうか？　それがないなら、あなたは全く見てこなかったのだ。それならあなたは本物の目を持っていない。あなたにあるのは、目ではなく単なる穴だ。

目は受容的でなければならず、攻撃的であってはならない。あなたが目の中に、マインドの中に特定の考えを持つ時、それは攻撃的だ。それは直ぐにその考えを物事に押し付ける。あなたに空っぽの目がある時、裸で、飾られていなくて、キリスト教徒ではなく、ヒンドゥー教徒ではなく、共産主義者でない時、あなたはただ純粋に見る、無垢で……原初の無垢で――動物の目のような、または子供の、新しく生まれた子供のような無垢さで見る。生まれたばかりの子供は周りを見まわす

――彼は何が何だかわからない。何が美しくて何が醜いのか、彼にはわからない。その原初の無垢が存在しなければならない。その時だけ、あなたはブッダの言うことがわかるだろう。

あなたは生を覗き込んできたが、すべてが無常であることを見るには至らなかった。あらゆるものが死にかかっている、あらゆるものが衰退している、あらゆるものが死に向かう行列の上にある。人々は死の順番を待つ中に立っている。周りを見まわしてごらん――あらゆるものが死に向かって急いでいる。あらゆるものが過ぎ去っていて、束の間で、流転している。何も永遠に価値があるようには見えない。何も留まるようには見えない。何も保たれるようには見えない。何も残るようには見えない。あらゆるものはただ進み続け、そして変わり続ける。他の何が夢なのだろう？

ブッダは言う、あなたが生きて、あなたを取り囲み、あなたが自分自身の周りに作り出してきたこの生は、この世界は夢に過ぎない、無常で、一時的なものに過ぎない、と。あなたの住居をそこに定めてはいけない。そうでなければあなたは苦しむだろう。なぜなら、誰も一時的なものに満足できないからだ。あなたがそれが自分の手の中にあると思う頃には、それは無くなっている。あなたがそれを所有したと思う頃には、それはもうそこにはない。あなたはそれのために奮闘する――あなたがそれを成し遂げる頃までに、それは消えてしまっている。

美は儚い、愛は儚い、この生におけるあらゆるものは儚い。あなたは影を捕まえるために走っている。影は本物に見える。あなたが到着する頃までには、影は蜃気楼であるのがわかる。

天を見上げて地を見下ろしなさい。
それはあなたに無常さを思い出させるだろう。

世界を見まわしなさい。するとそれは、あなたにその無常さを思い出させるだろう。

それがゴータマ・ブッダの最も基本的な原理の一つだ。それは、人は私たちを取り囲んでいる無常の世界に気づくようになるべきだ、ということだ。すると直ぐに、あなたはなぜブッダがそれを夢、マーヤ、幻想と呼ぶのかを理解できるだろう。

東洋での私たちの真実の定義は永遠に留まるもので、不真実の定義は、この瞬間にはあって次の瞬間にはないものだ。

不真実は一時的で、束の間で、無常なものだ。そして真実は、ある、常にある、あった、あるだろう、ということだ。これらの儚い影の後ろに永遠を見つけなさい、永遠へ浸透しなさい。なぜなら永遠なものと一緒でのみ至福があり、束の間のものと一緒でのみ、惨めさがあり得るからだ。

だが、あなたがスピリチュアルな光明を得る時……

だから私は私自身の体験を思い出して、それについてあなたに話したのだ。

だが、あなたがスピリチュアルな光明を得る時、次に知恵を見い出すだろう。

知恵は経典を通して見つけることはできない。それは体験だ。それは知識ではない。それは情報ではない。それを他人から集めることはできない。それを借りることはできない。それは知識ではない。あなたは経典からそれを学ぶことはできない。賢明になるたったひとつの方法があり、それは生の生きた体験の中に入ることだ。

何かがブッダによって語られる――あなたはそれを聞く。何かを私が話す――あなたはそれを聞く――だがあなたはそれを聞くことで賢くなることはない。それは知識になる。あなたはそれを繰り返すことができる。あなたはそれを、より良い方法で繰り返すことさえできる。あなたはそれを繰り返すことで非常に上手く、有能になることができる。あなたはそれをより良い言語で話すことができるが、あなたにはその体験がない。

あなたはそのワインを自分で味わったことがない。あなたはただ単に動いて、道の上をふらついて、溝に落ちた酔っ払いを見てきただけだ。あなたは単に酔っ払いを観てきただけだ。彼がどう動くか、彼がどう躓くか、を。だがあなたはその体験とは何なのかを知らない。あなたは酔っ払いにならなければならない――他に方法はない。

あなたは千と一人の酔っ払いを観ることができるし、彼らについての情報をすべて集めることができるが、それは外部からのものであり、体験は内面のものだ。それは外側からのものであり、あなたは傍観者としてそれを集める。そして体験は見ることによっては得られない。それは在ることによって得られる。

今、現代世界は、見ることに憑りつかれている。現代世界は傍観者の世界だ。人々は映画館の中に何時間も座り、ただ観て、何もしない。西洋では、人々は何時間も自分たちの椅子にくっついて離れない。六時間も、八時間でさえ、テレビの前にただ座っている。あなたは歌っている誰かに耳を傾け、踊っている誰かを見て、愛を交わす誰かを見る……だから人々は、ポルノに非常に興味を持つのだ――だがあなたは傍観者だ。

現代人は、これまで地球に存在した中で最も偽の人間であり、彼の虚偽は、彼がただ見ることで、ただ傍観者であることで知ることができる、と考えていることにある。人々はホッケーの試合、バレー・ボールの試合、クリケットの試合を見て何時間も座っている――何時間もだ。いつあなたは自分で試合をするつもりなのだろう？　いつあなたは誰かを愛するつもりなのだろう？　いつあなたは踊り、歌い、そして在るつもりなのだろう？

これはまさに借りものの生だ。誰かがあなたのために踊る。たぶんあなたはそれを楽しむことができるだろうが、あなたが踊らない限り、どうやって踊りの美しさを知るのだろう？　それは内側の何かだ。人が踊っている時に何が起こるのだろう？　彼の最も内側の核に何が起こるのだろう？

最も偉大なダンサーの一人であるニジンスキーは、自分が消えてただ踊りだけが残る瞬間が来る、とよく言っていた。それは絶頂の瞬間だ――ダンサーがいなくてただ踊りだけがある時。それがブッダが語ることだ――自己が存在しない時。

さて、ニジンスキーはエクスタシーの中に入っていて、あなたはただそこに座ってその動きを観ている。もちろんその動きは美しい。ニジンスキーの動きには優美さが、途方もない美しさがあるが、それは彼が内側で感じているものには敵わない。彼の踊りは、あなたが単なる傍観者でいる時でさえ美しい。だが、彼の内側で起こっているものには敵わない。

彼は、重力が消える瞬間があるとよく言っていた。私は理解できる。それは重力が消えた時の感覚に、私自身が出くわしたことがあるからだ。そして私にとって重力が消えたのは、ただその瞬間だけだった。今や私は何年も重力なしで生きている。私は、彼が何を意味しているのかがわかる。

科学者たちでさえも非常に困惑した。なぜなら、ニジンスキーの踊りの中で彼が飛び跳ねる瞬間があり、それらの跳躍が途方もなく、ほとんど不可能な跳躍だったからだ。人はそのように跳躍することはできない。重力がそうさせない。そして最も美しくて驚くべき部分は、ニジンスキーが跳躍から戻って来る時に、それが不可能なくらいゆっくりと降りてきたことだった。彼はまるで葉が木から落ちているように、とてもゆっくりと降りてきた……非常にゆっくり、非常にゆっくり、非常にゆっくりと。

それは不可能だ。それは物理の法則に反している。それは物理学に反している。重力には例外がない、ニジンスキーに対してさえも。そして彼は何度も尋ねられた。

「どうなっているのだ？　どうやってあなたはそんなにゆっくりと落ちるのだ？　それをコントロールすることはあなたの力の内にはないからだ――重力はあなたを引っ張るものだ」

彼は言った、「それは常に起こるのではない。極めて稀だ――ダンサーが消える時というのは。そして時々私も困惑し、驚くのだ。あなただけではない。私は自分がとてもゆっくりと、とても優雅に降りてくるのがわかる。そして私は、その瞬間には重力が存在しないのを知っている」

彼は物理の法則が存在しない別の次元で、心霊主義者たちが空中浮揚の法則と呼ぶ別の法則が作用し始める次元で、動いているに違いない。

そして両方の法則を持つことは、全く合理的で論理的に見える。なぜならそれぞれの法則は、もう一つの法則によって反対方向にバランスを取らなければならないからだ。光があるのなら闇がある。生があるのなら死がある。重力があるのなら、あなたを引き上げる空中浮揚がなければならない。人が引き上げられる方法がなければならない。

いくつかの物語がある……とりわけモハメッドについての物語が――彼が自分の肉体を伴って天

国に行った物語だ。彼の肉体と共にだけでなく、彼の馬と共にだ。馬に乗って、彼は単に天国へ、上方へ行った。それは不条理に見える。イスラム教徒たちはそれを証明できていないが、その意味は明らかだ。その物語は必ずしも起こらなかったかもしれないが、その意味は明らかだ。

その意味は理解されるべきで、それは非常に象徴的だ。それは空中浮揚の法則があり、そしてもしモハメッドが空中浮揚によって引き上げられないのなら、誰が引き上げられるというのだろう？ということを単に言っている。彼はふさわしい人であり、存在しない人だ。自我《エゴ》は重力下にあり、無我は重力下には存在しない――無重力が生じる。


ニジンスキーが狂ったのは彼が単なるダンサーであって、瞑想、エクスタシー、光明について何も知らなかったからだ。それが彼にとって苦しみの元凶になった。

あなたが理解していなくて、気づきをもって動かずに、突然普通の法則では説明できない何かに遭遇するなら、あなたは気が狂うだろう。それはあなたがかき乱されるからだ。それはとても異様でとても気味が悪い。あなたはそれを説明できず、それによってかき乱され始める。彼自身、その現象によってかき乱され始めた。最終的にそれはとても動揺させ、彼のマインド全体をかき乱した。

神は非常に破壊的だ。正しく進まないなら、あなたは壊されるだろう、なぜなら神は火だからだ。多くの人々は、正しく動かないなら気が狂ってしまう。正しい指導に従って動かないなら、彼らは気が狂う可能性がある。それは子供の遊びではない。人は理解しなければならない。

そして神が、もし彼が偶然の出来事のように起こるなら、あなたはそれを吸収できないだろう。あなたの古い世界は粉々にされるが、あなたは新しい秩序を、新しい理解を作り出すことはできない。なぜなら新しい理解のためには、あなたは新しい概念、新しい枠組み、新しい形態を必要とするからだ。それがマスターを見つけることのすべての意味だ。

人々がマスターに愛着を覚えるようになるのは、単なる騙されやすさからではない。それには科学的な根拠がある。未知なるものの中に入ることには、途方もない危険性がある。人は既にその中に入った誰かと一緒に、動かなければならない。人はその領域を知っている誰かと、手を繋いで動かなければならない。そうでなければ物事はとても強烈に起こり得るので、あなたは途方に暮れるだろう。

多くの人々は、誰かの助けが必要になることを知らないなら狂ってしまう。助産婦のような誰かが必要だ。あなたは生まれるが、それを見守る誰かが必要となる。彼のまさに現存が役に立つ。あなたはくつろぐことができる。助産婦がいる、医師がいる――あなたはくつろぐことができる。

彼らは多くのことを行なわない――あなたはアジット・サラスワティ医師に尋ねることができる――彼らは多くのことを行なわない。彼らに何ができるだろう?――だが彼らのまさに現存が、出産しようとしている女性をくつろがせる。彼女は医師がそこにいることを、看護婦がそこにいることを、助産婦がそこにいることを知っている。すべては大丈夫だ、彼女はやりぬく、彼女はくつろぐ、彼女はもはや戦っていない。彼女は知っている、もし何かがおかしくなっても、それを正してくれる人々が周りにいることを。彼女はくつろぐことができる。彼女は信頼することができる。同じ事が弟子に起こる。それは再誕生のプロセスだ。マスターが必要だ。だが、マスターから知識を集め続けてはいけない。マスターからヒントを受け取って、体験の中へ入りなさい。

私は瞑想について話す。あなたは二つのことができる。私が瞑想について話すことは何でも集めることができる。あなたはそれを編集できる。あなたは瞑想に関して、偉大な識者になることができる――なぜなら、毎日私が瞑想について、異なる次元から異なる方法で話し続けるからだ。あなたはそれをすべて集めることができる。あなたはどんな大学からでも、博士号を得ることができる。だがあなたが瞑想しない限り、それがあなたを賢明にすることはない。

だから私が話すことは何であれ、それを生の中で試しなさい。私がここにいる間は、知識を集めることに時間を浪費してはいけない。それは私なしでできることだ。それは図書館の中でできることだ。私がここにいる間は知恵の中へジャンプを、量子的跳躍をしなさい。私があなたに話しているこれらのことを体験しなさい。

だが、あなたがスピリチュアルな光明を得る時、次に知恵を見い出すだろう。

知恵は、唯一その人自身の体験を通してのみ起こる。それは決して他の誰かからのものではない。

知恵は、常に花が開くように起こる……まさにそのように起こる。あなたのハートが開く時、あなたは香りを放つ——その香りが知恵だ。あなたは市場からプラスチックの花を持って来ることができる。あなたは隣人たちを欺くことができる。

私はかつてムラ・ナスルディンの近くに住んでいた。私は窓に掛けられていた美しい花の鉢に、毎日水を注いでいる彼をよく見たものだった。私は何度も彼を見た。彼が水を注ぐ時はいつでも、そこに水はなく、ポットは空だった。私は水がないのとポットが空なのを見ることができたが、彼は毎日二回、定期的に注いでいた。

私はナスルディンに尋ねた。

「何をしているのだ？　君は水を少しも持っていないのに、そこにないものを注ぎ続けている！　それに私は何日も君を見ていたのだ」

彼は言った。「邪魔しないでくれ。これらの花はプラスチックの花だ。こいつらに水は必要ないよ」

プラスチックの花に水は必要ない、それは生きていない。それに土は必要ない、それは生きていない。それらに肥料は必要ない、それは生きていない。どんな肥やしも必要ない、それは生きていない。

本物の花は知恵のようなものだ。知恵は本物の花のようなものだ。知識はプラスチックだ。だからそれは安っぽいのだ。それは非常に安っぽい。あなたはただで、それを得ることができる。なぜならそれは借り物だからだ。体験はあなたの生の革新的な変化だ。あなたは同じではいられない。

賢明になりたいなら、あなたは変容を、百万と一つの変容を経験しなければならない。あなたは火を通過しなければならない。その時にのみ、醜くて役に立たないものは何でも燃やされ、あなたは純金として現われるだろう。

このようにして得られる知識は、ほどなくあなたを道に導く。

……そしてただ知恵だけ。このようにその人自身の体験を通して、その人自身の光明を得る体験を通して、その人自身の悟りを、サマーディを通して得られる知識は、あなたが道と同調できるようにする。

覚者《ブッダ》はそれをダンマ、タオと呼ぶ。その時あなたは調和の中にいる――ピタゴラスがハルモニアと呼ぶものの中に。その時あなたは突然そこにいない。法則だけがそこにある、ダンマだけがそこにある、道だけがそこにある――あるいはそれを神と呼ぶなら……それがそこにある。その時あなたは、ただ単に全体と共にある。それがどこに行こうと、あなたはそれと共に行く。その時あなたは、あなた自身のどんなゴールも持たない。その時、全体の運命はあなたの運命だ。その時は何の不安も緊張もない。その時、人は非常にくつろぐ。

実のところ、人はとてもくつろぐので人はいなくなる！　自我《エゴ》とは、何生も通して蓄積された緊張に他ならない。あなたが全面的にくつろいで内側を見る時、そこには誰もいない。それは全くの純粋さ、虚空、広大さだ。

ブッダは言った。
あなたは、身体を構成している四つの要素について考えるべきだ。
それらにはそれぞれ名前があり、
自我《エゴ》として知られているようなものはない。
本当に自我《エゴ》はないため、それは蜃気楼に似ている。

ブッダは言う、自我《エゴ》とはただの概念、観念に過ぎない、と。それは現実には存在しない。子供が生まれる時、彼はどんな「我 *I*」もなく生まれる。やがて彼はそれを学び、やがて彼は他の人々がいること、そして自分が彼らとは別であることを学ぶ。あなたは、小さな子供たちが話し始める時を見たことがあるだろうか？　彼らは「僕 *I* は喉が渇いた」とは言わない。彼らは「ボビーは喉が渇いた」と言う。彼らは「僕は喉が渇いた」とは言わない。彼らにはどんな「我」もない。やがて彼らは「我 *I*」を学ぶ、なぜなら彼らは「汝 *thou*」を感じ始めるからだ。汝が最初に生じて、それから汝に対する反応として我が生じる。彼らはボビーとは別の他の人々がいるのを、そして彼らは「汝」、あなた、と呼ばれているのを感じ始める。それからやがて彼は「我」を学び始める。だがそれは、ただの実用的なものに過ぎない。役に立つ、完璧に役に立つ、それを使いなさい。私は「私*I*」を使うのを止めろとは言っていない。でなければそれは面倒な事を引き起こす。だがあなたの内側に「私」はないことを、よく知っていなさい。それはただの、言葉の上で便利なものに過ぎない。ちょうど名前が便利なもののように「私」もそういうものだ。

子供が生まれる時、彼には名前がない。それから私たちは彼をラムやクリシュナと呼び、そして彼はラムになる。後になって、もしあなたが「ラム」という名前を侮辱するなら、彼は喧嘩し始めるだろうが、彼は名前なしで世界にやって来たのだ。そして彼には名前がない、それは単なるラベルだ。実用的で必要なものだが、何も本当ではない。彼は同様にクリシュナ、またはモハメッドやマンスール、あるいは何と呼ばれてもいい。どんな名前でも付けられるのは彼が名前無しだからだ。だから、私はあなたをサニヤスに招く時に、あなたの名前を変えるのだ——名前は変えられる、それはあなたに属していない、という感覚をただあなたに与えるために。それは簡単に変えられる。それは世界の中では実用的だが、それには真実性《リアリティ》はない。

子供は自分の名前がラムであることを学ぶ。名前は他の人が彼を呼ぶためのものだ。彼が自分自身をラムと呼べないのは、それもまた混乱を招くからだ。他の人は彼をラムと呼ぶ。彼は自分自身を何か他のものと呼ばなければならない。でなければそれは混乱を招く。

スワミ・ラム・ティルスは自分自身をラムと、三人称で呼んだものだった。それは非常に紛らわしかった。彼は美しい男で、「私」を使うことがなかった――なぜなら「私」はとても多くの面倒な事を引き起こしたからだ――単なる一つの表示行為として、彼は自分自身をラムと呼んだものだった。彼がアメリカに行った時、彼は突然「ラムは喉が渇いた」と言った。人々は理解できなかった。彼は何を言っているのだろう?――「ラムは喉が渇いた」とは。彼らは辺りを見まわした――ラムとは誰だ? そして彼は言った。「このラムは喉が渇いた」。だがこれは紛らわしい。あなたが「私は喉が渇いた」と言うと事は収まる。なぜならあなたが名前を使う時は、他の誰かが喉が渇いているようだからだ。

だから、他の人があなたを呼べるように名前が必要になり、あなたが自分自身を呼べるようになるための何かが、象徴が必要になる。それは社会に必要なものだ。それは存在や真実《リアリティ》とは何の関係もない。

あなたは身体を構成している四つの要素について考えるべきだ……

ブッダは、身体は火、土、水、空気で構成されている、と言う――これらの四つの物がそこにある。それらは現実の物であり、他には何もない。これらの四つの物の後ろに、全く純粋な空間があなたの内側にある。その純粋な空間は、本当のあなたであるもの、ゼロの空間だ。

ブッダはそれを自己と呼ぶことさえ望まない。

なぜなら、自己はまたもや自我《エゴ》の何らかの微かな反映を持っているからだ。だから彼はそれを無我、アナッタ *anatta* と呼ぶ。彼はそれをアートマ *atma*、自己とは呼ばない。彼はそれをアナトマ *anatma*、無我と呼ぶ。そして彼は正しい、彼は全く正しい。人はそれをどんな名前でも呼ぶべきではない。


私はそれに出くわした。それには名前がなく、形がない。それには実体がなく、中心がない。それはただ広大で純粋で、空っぽで満ちている。それは純粋な至福、サッチダーナンダだ。それは真理、それは意識、それは至福だが、その中に「私」という感覚はない。それはどんなものにも制限されない。それには境界線がない。それは純粋な空間だ。その純粋性に到達することが、ブッダの言うニルヴァーナだ。

ニルヴァーナという言葉は美しい。それは「炎を吹き消す」という意味だ。ランプがあり、あなたは行ってランプの炎を吹き消す。

その時ブッダは言う。「あなたは、炎は今どこに行ったのだ、と尋ねるだろうか？　炎は今どこに行ったのかについて、答えられる人がいるだろうか？」

ブッダは、それは単に無限の中に消えてしまった、と言う。それはどこにも行っていない。それはあらゆるところに行った。それはどんな特定の行き先にも行かない。それは普遍的になる。

炎を吹き消すことが、ニルヴァーナという言葉の意味だ。

そしてブッダは言う、あなたが自分の自我《エゴ》を、自我《エゴ》の炎を吹き消す時、ただ純粋な空間だけが残される。その時あなたは何者でもない。あなたはすべての人だ。その時あなたは普遍的だ。その時あなたはこの広大な祝福、この天上の喜び、この至上の幸福だ。その時、あなたはそれだ。

ブッダの悟り　超越の道シリーズ❷

二〇十九年十二月十一日　初版第一刷発行

講　話■ＯＳＨＯ
翻　訳■スワミ・ボーディ・デヴァヤナ（宮川義弘）
照　校■マ・ギャン・プーナム
装　幀■スワミ・アドヴァイト・タブダール
発行者■マ・ギャン・パトラ
発行所■市民出版社
〒一六七—〇〇四二
東京都杉並区西荻北一—十二—一　エスティーアイビル
電　話〇三—六九一三—五五七九
ＦＡＸ〇三—六九一三—五五八九
郵便振替口座：〇〇一七〇—四—七六三一〇五
e-mail：info@shimin.com
http://www.shimin.com
印刷所■シナノ印刷株式会社
Printed in Japan
ISBN978-4-88178-281-1 C0010 ¥2500E

●著者（OSHO）について

OSHOの説くことは、個人レベルの探求から、今日の社会が直面している社会的あるいは政治的な最も緊急な問題の全般に及び、分類の域を越えています。彼の本は著述されたものではなく、さまざまな国から訪れた聴き手に向けて、即興でなされた講話のオーディオやビデオの記録から書き起こされたものです。

OSHOは、「私はあなたがただけに向けて話しているのではない、将来の世代に向けても話しているのだ」と語ります。

OSHOはロンドンの「サンデー・タイムス」によって『二十世紀をつくった千人』の一人として、また米国の作家トム・ロビンスによって『イエス・キリスト以来、最も危険な人物』として評されています。

また、インドのサンデーミッドデイ誌はガンジー、ネルー、ブッダと共に、インドの運命を変えた十人の人物に選んでいます。

OSHOは自らのワークについて、自分の役割は新しい人類が誕生するための状況をつくることだと語っています。彼はしばしば、この新しい人類を「ゾルバ・ザ・ブッダ」――ギリシャ人ゾルバの世俗的な享楽と、ゴータマ・ブッダの沈黙の静穏さの両方を享受できる存在として描き出します。

OSHOのワークのあらゆる側面を糸のように貫いて流れるものは、東洋の時を越えた英知と、西洋の科学技術の最高の可能性を包含する展望です。

OSHOはまた、内なる変容の科学への革命的な寄与――加速する現代生活を踏まえた瞑想へのアプローチによっても知られています。その独特な「活動的瞑想法《アクティブメディテーション》」は、まず心身に溜まった緊張を解放することによって、思考から自由でリラックスした瞑想の境地を、より容易に体験できるよう構成されています。

●より詳しい情報については　http:// **www.osho.com**　をご覧下さい。

多国語による総合的なウェブ・サイトで、ＯＳＨＯの書籍、雑誌、オーディオやビデオによるＯＳＨＯの講話、英語とヒンディー語のＯＳＨＯライブラリーのテキストアーカイブやＯＳＨＯ瞑想の広範囲な情報を含んでいます。

ＯＳＨＯマルチバーシティのプログラムスケジュールと、ＯＳＨＯインターナショナル・メディテーションリゾートについての情報が見つかります。

●ウェブサイト

http://.osho.com/Resort

http://.osho.com/AllAboutOSHO

http://www.youtube.com/OSHOinternational

http://www.Twitter.com/OSHOtimes

http://www.facebook.com/pages/OSHO.International

◆問い合わせ　Osho International Foundation ; www.osho.com/oshointernational,
oshointernational@oshointernational.com

●OSHOインターナショナル・メディテーション・リゾート

場所：インドのムンバイから百マイル（約百六十キロ）東南に位置する、発展する近代都市プネーにあるOSHOインターナショナル・メディテーション・リゾートは、通常とはちょっと異なる保養地です。すばらしい並木のある住宅区域の中にあり、二十八エーカーを超える壮大な庭園が広がっています。

OSHO瞑想：あらゆるタイプの人々を対象としたスケジュールが一日中組まれています。それには、活動的であったり、そうでなかったり、伝統的であったり、画期的であったりする技法、そして特にOSHOの活動的《アクティブ》な瞑想が含まれています。瞑想は、世界最大の瞑想ホールであるOSHOオーディトリアムで行なわれます。

マルチバーシティー：個人セッション、各種のコース、ワークショップがあり、それらは創造的芸術からホリスティック健康管理、個人的な変容、人間関係や人生の移り変わり、瞑想としての仕事、秘教的科学、そしてスポーツやレクリエーションに対する禅的アプローチなど、あらゆるものが網羅されています。マルチバーシティーの成功の秘訣は、すべてのプログラムが瞑想と結びついている事にあり、私達が、部分部分の集まりよりもはるかに大きな存在であるという理解を促します。

バショウ（芭蕉）・スパ：快適なバショウ・スパは、木々と熱帯植物に囲まれた、ゆったりできる屋外水泳プールを提供しています。独特のスタイルを持った、ゆったりしたジャグジー、サウナ、ジム、テニスコート……そのとても魅力的で美しい環境が、すべてをより快適なものにしています。

料理：多様で異なった食事の場所では、おいしい西洋やアジアの、そしてインドの菜食料理を提供しています。それらのほとんどは、特別に瞑想リゾートのために有機栽培されたものです。パンとケーキは、リゾート内のベーカリーで焼かれています。

ナイトライフ：夜のイベントはたくさんあり、その一番人気はダンスです。その他には、夜の星々の下での満月の日の瞑想、バラエティーショー、音楽演奏、そして毎日の瞑想が含まれています。

あるいは、プラザ・カフェでただ人々と会って楽しむこともできるし、このおとぎ話のような環境にある庭園の、夜の静けさの中で散歩もできます。

設備：基本的な必需品のすべてと洗面用具類は、「ガレリア」で買うことができます。「マルチメディア・ギャラリー」では、ＯＳＨＯのあらゆるメディア関係の品物が売られています。また銀行、旅行代理店、そしてインターネットカフェもあります。ショッピング好きな方には、プネーはあらゆる選択肢を与えてくれます。伝統的で民族的なインド製品から、すべての世界的ブランドのお店まであります。

宿泊：ＯＳＨＯゲストハウスの上品な部屋に宿泊する選択もできますし、より長期の滞在には、住み込みで働くプログラム・パッケージの一つを選べます。さらに、多種多様な近隣のホテルや便利なアパートもあります。

www.osho.com/meditationresort
www.osho.com/guesthouse
www.osho.com/livingin

日本各地の主な OSHO 瞑想センター

OSHO に関する情報をさらに知りたい方、実際に瞑想を体験してみたい方は、お近くの OSHO 瞑想センターにお問い合わせ下さい。

参考までに、各地の主な OSHO 瞑想センターを記載しました。尚、活動内容は各センターによって異なりますので、詳しいことは直接お確かめ下さい。

◆東京◆

・**OSHO サクシン瞑想センター**　Tel & Fax 03-5382-4734
マ・ギャン・パトラ　〒 167-0042　東京都杉並区西荻北 1-7-19
e-mail osho@sakshin.com　http://www.sakshin.com

・**OSHO ジャパン瞑想センター**
マ・デヴァ・アヌパ　Tel 03-3701-3139
〒 158-0081　東京都世田谷区深沢 5-15-17

◆大阪、兵庫◆

・**OSHO ナンディゴーシャインフォメーションセンター**
スワミ・アナンド・ビルー　Tel & Fax 0669-74-6663
〒 537-0013　大阪府大阪市東成区大今里南 1-2-15 J&K マンション 302

・**OSHO インスティテュート・フォー・トランスフォーメーション**
マ・ジーヴァン・シャンティ、スワミ・サティヤム・アートマラーマ
〒 655-0014　兵庫県神戸市垂水区大町 2-6-B-143
e-mail j-shanti@titan.ocn.ne.jp　Tel & Fax 078-705-2807

・**OSHO マイトリー瞑想センター**　Tel & Fax 078-412-4883
スワミ・デヴァ・ヴィジェイ
〒 658-0000　兵庫県神戸市東灘区北町 4- 4-12 A-17

・**OSHO ターラ瞑想センター**　Tel 090-1226-2461
マ・アトモ・アティモダ
〒 662-0018　兵庫県西宮市甲陽園山王町 2- 46　パインウッド

・**OSHO インスティテュート・フォー・セイクリッド・ムーヴメンツ・ジャパン**
スワミ・アナンド・プラヴァン
〒 662-0018　兵庫県西宮市甲陽園山王町 2- 46　パインウッド
Tel & Fax 0798-73-1143　http://homepage3.nifty.com/MRG/

・**OSHO オーシャニック・インスティテュート**　Tel 0797-71-7630
スワミ・アナンド・ラーマ　〒 665-0051　兵庫県宝塚市高司 1-8-37-301
e-mail oceanic@pop01.odn.ne.jp

◆愛知◆

・**OSHO 庵瞑想センター** Tel & Fax 0565-63-2758
スワミ・サット・プレム　〒 444-2326 愛知県豊田市国谷町柳ヶ入２番
e-mail satprem@docomo.ne.jp

・**OSHO EVENTS センター** Tel & Fax 052-702-4128
マ・サンボーディ・ハリマ
〒 465-0058　愛知県名古屋市名東区貴船 2-501 メルローズ 1 号館 301
e-mail: dancingbuddha@magic.odn.ne.jp

◆その他◆

・**OSHO チャンパインフォメーションセンター** Tel & Fax 011-614-7398
マ・プレム・ウシャ　〒 064-0951　北海道札幌市中央区宮の森一条 7-1-10-703
e-mail ushausha@lapis.plala.or.jp
http:www11.plala.or.jp/premusha/champa/index.html

・**OSHO インフォメーションセンター** Tel & Fax 0263-46-1403
マ・プレム・ソナ　〒 390-0317　長野県松本市洞 665-1
e-mail sona@mub.biglobe.ne.jp

・**OSHO インフォメーションセンター** Tel & Fax 0761-43-1523
スワミ・デヴァ・スッコ　〒 923-0000　石川県小松市佐美町申 227

・**OSHO インフォメーションセンター広島** Tel 082-842-5829
スワミ・ナロパ、マ・ブーティ 〒 739-1742　広島県広島市安佐北区亀崎 2 丁目 20-92-501
e-mail prembhuti@blue.ocn.ne.jp http://now.ohah.net/goldenflower

・**OSHO フレグランス瞑想センター** Tel 090-8473-5554
スワミ・ディークシャント
〒 857-2306　長崎県西海市大瀬戸町瀬戸東濱郷 1982-5
e-mail: studio.emptysky@gmail.com　http://osho-fragrance.com

・**OSHO ウツサヴァ・インフォメーションセンター** Tel 0974-62-3814
マ・ニルグーノ　〒 878-0005　大分県竹田市大字挟田 2025
e-mail: light@jp.bigplanet.com　http://homepage1.nifty.com/UTSAVA

◆インド・プネー◆

OSHO インターナショナル・メディテーション・リゾート
Osho International Meditation Resort
17 Koregaon Park Pune 411001 (MS) INDIA
Tel 91-20-4019999 Fax 91-20-4019990

http://www.osho.com
e-mail：oshointernational@oshointernational.com

＜ OSHO 講話 DVD 日本語字幕スーパー付＞

■価格は全て税別です。※送料／ DVD 1 本 ¥260　2 ～ 3 本 ¥320　4 ～ 5 本 ¥360　6 ～ 10 本 ¥460

■ **道元 7** —1 日をブッダとして生きなさい—

偉大なる禅師・道元の『正法眼蔵』を題材に、すべての人の内にある仏性に向けて語られる目醒めの一打。

『一瞬といえども二度と再びあなたの手には戻ってこない、過ぎ去ったものは永久に過ぎ去ってしまったのだ』。一茶の俳句など、様々な逸話を取り上げながら説かれる、好評道元シリーズ第 7 弾！（瞑想リード付）

●本編 117 分　●￥3,800（税別）● 1988 年プネーでの講話

■ **道元 6** —あなたはすでにブッダだ—（瞑想リード付）

●本編 2 枚組 131 分　●￥4,380（税別）● 1988 年プネーでの講話

■ **道元 5** —水に月のやどるがごとし—（瞑想リード付）

●本編 98 分　●￥3,800（税別）● 1988 年プネーでの講話

■ **道元 4** —導師との出会い・覚醒の炎—（瞑想リード付）

●本編 2 枚組 139 分　●￥4,380（税別）● 1988 年プネーでの講話

■ **道元 3**—山なき海・存在の巡礼—（瞑想リード付）

●本編 2 枚組 123 分　●￥3,980（税別）● 1988 年プネーでの講話

■ **道元 2** —輪廻転生・薪と灰—（瞑想リード付）

●本編 113 分　●￥3,800（税別）● 1988 年プネーでの講話

■ **道元 1**—自己をならふといふは自己をわするるなり—（瞑想リード付）

●本編 105 分　●￥3,800（税別）● 1988 年プネーでの講話

■ **禅宣言 3**　—待つ、何もなくただ待つ—（瞑想リード付）

禅を全く新しい視点で捉えた OSHO 最後の講話シリーズ。「それこそが禅の真髄だ—待つ、何もなくただ待つ。この途方もない調和、この和合こそが禅宣言の本質だ（本編より）」

●本編 2 枚組 133 分●￥4,380（税別）● 1989 年プネーでの講話（瞑想リード付）

■ **禅宣言 2**　—沈みゆく幻想の船—（瞑想リード付）

深い知性と大いなる成熟へ向けての禅の真髄を語る、OSHO 最後の講話シリーズ。あらゆる宗教の見せかけの豊かさと虚構をあばき、全ての隷属を捨て去った真の自立を説く。

●本編 2 枚組 194 分●￥4,380（税別）● 1989 年プネーでの講話

■ **禅宣言 1**—自分自身からの自由—（瞑想リード付）

禅の真髄をあますところなく説き明かす、OSHO 最後の講話シリーズ。古い宗教が崩れ去る中、禅を全く新しい視点で捉え、人類の未来への新しい地平を拓く。

●本編 2 枚組 220 分　●￥4,380（税別）● 1989 年プネーでの講話

■ **内なる存在への旅** — ボーディダルマ 2 —

ボーディダルマはその恐れを知らぬ無法さゆえに、妥協を許さぬ姿勢ゆえに、ゴータマ・ブッダ以降のもっとも重要な＜光明＞の人になった。

●本編 88 分　●￥3,800（税別）● 1987 年プネーでの講話

■ **孤高の禅師** ボーディダルマ—求めないことが至福—

菩提達磨語録を実存的に捉え直す。中国武帝との邂逅、禅問答のような弟子達とのやりとり、奇妙で興味深い逸話を生きた禅話として展開。「“求めないこと”がボーディダルマの教えの本質のひとつだ」　●本編 2 枚組 134 分　●￥4,380（税別）● 1987 年プネーでの講話

＜OSHO 既刊書籍＞ ■価格は全て税別です。

伝記

OSHO・反逆の軌跡—異端の神秘家・魂の伝記

■著／ヴァサント・ジョシ

OSHOの生涯と活動を、余すところなく弟子が綴る魂の伝記。悩み惑う日常からの脱却と、自己本来の道への探求を促す自由と覚醒の足跡。誕生から始まる劇的な生涯そのものが、まさにOSHOの教えであることを示す貴重な書。

＜内容＞ ●青少年期：冒険の年 ●光明 ●ワールドツアー ●あなたに私の夢を託す 他

■A5変判並製 400頁 ¥2,600（税別） 送料¥390

新装版 朝の目覚めに贈る言葉
新装版 夜眠る前に贈る言葉
—魂に語りかける365日のメッセージ集

眠る前の最後の思考は、朝目覚める時の最初の思考になる……。生まれ変わったように、新たな一日一日を生きる……。特別に朝と夜のために編まれたインドの神秘家・OSHOの言葉。生きることの根源的な意味と、自分を見つめ活力が与えられる覚者からの365日のメッセージ。コンパクトサイズでギフトにも最適です。

＜朝＞B6変判並製 584頁 2,300円（税別） 送料390円 ＜夜＞B6変判並製 568頁 2,200円（税別） 送料390円

探求

奇跡の探求Ⅰ,Ⅱ
—内的探求とチャクラの神秘

内的探求と変容のプロセスを秘教的領域にまで奥深く踏み込み、説き明かしていく。Ⅱは七つのチャクラと七身体の神秘を語る驚くべき書。男女のエネルギーの性質、クンダリーニ、タントラ等について、洞察に次ぐ洞察が全編を貫く。

■Ⅰ：四六判上製 488頁 2,800円＋税／送料390円
■Ⅱ：四六判並製 488頁 2,450円＋税／送料390円

真理の泉
—魂の根底をゆさぶる真理への渇望

人間存在のあらゆる側面に光を当てながら、真理という究極の大海へと立ち向かう、覚者OSHOの初期講話集。若きOSHOの燃えるような真理への渇望、全身全霊での片時も離れない渇仰が、力強くあなたの魂の根底をゆさぶり、今ここに蘇る。

■四六判並製 448頁 2,350円＋税／送料390円

瞑想の道—自己探求の段階的ガイド
＜ディヤン・スートラ新装版＞

■四六判並製 328頁 2,200円＋税／送料390円

死ぬこと 生きること
—死の怖れを超える真実

■四六判並製 448頁 2,350円＋税／送料390円

新瞑想法入門—OSHOの瞑想法集大成

禅、密教、ヨーガ、タントラ、スーフィなどの古来の瞑想法から、現代人のために編み出されたOSHO独自の方法まで、わかりやすく解説。技法の説明の他にも、瞑想の本質や原理、探求者からの質問にも的確な道を指し示す。真理を求める人々必携の書。

■A5判並製 520頁 3,280円＋税／送料390円

魂のヨーガ
—パタンジャリのヨーガスートラ

■四六判並製 408頁 2,400円＋税／送料390円

インナージャーニー
—内なる旅・自己探求のガイド

■四六判並製 304頁 2,200円＋税／送料320円

グレート・チャレンジ
—超越への対話

■四六判上製 382頁 2,600円＋税／送料390円

隠された神秘
—秘宝の在処

■四六判上製 304頁 2,600円＋税／送料390円

＜OSHO 既刊書籍＞ ■価格は全て税別です。

ブッダ—最大の奇跡 ●超越の道シリーズ 1

仏教経典は何千も存在するが、真の理解は困難を極める。
OSHO が初めてブッダを紹介したこの講話では、最初の手引きとして短い『42章経』が選ばれた。仏教の本質をすべて含むこの『42 章経』の講話は、OSHOからの慈悲のメッセージでもある。
＜内容＞ ●最も優れた道 ●魔術を超えた真実 ●探求における誠実さ 他
■四六判並製 480 頁 ¥2,450（税別） 送料 ¥390

心理学を超えて 1 — 自己発見への珠玉の質疑応答録

ウルグアイの講話 1

内容の濃さで定評のあるウルグアイでの講話。
探求者の質問に親密に答え、光明や涅槃、古今東西の神秘家、テロリズムや社会問題をも取り上げる。人類の未来への可能性と道を示す広大で多岐に渡る内容を、博覧強記の現代の覚者 OSHO が縦横無尽に語り尽くす。

＜内容＞ ●真理ほど人を不快にさせるものはない ●世間こそワークの場だ 他
■四六判並製 472 頁 ¥2,450（税別） 送料 ¥390

炎の伝承 I，II ウルグアイの講話 3
— ウルグアイでの質疑応答録シリーズ

内容の濃さで定評のあるウルグアイでの講話。緊迫した状況での質問に答え、秘教的真理などの広大で多岐に渡る内容を、縦横無尽に語り尽くす。
■ I ：四六判並製 496 頁 2,450 円＋税／送料 390 円
■ II ：四六判並製 496 頁 2,450 円＋税／送料 390 円

神秘家の道 ウルグアイの講話 2
— ウルグアイでの質疑応答録シリーズ

内容の濃さで定評のあるウルグアイでの講話。少人数の探求者のもとで親密に語られた珠玉の質疑応答録。次々に明かされる秘教的真理、光明の具体的な体験、催眠の意義と過去生への洞察等広大で多岐に渡る内容。
■四六判並製 896 頁 3,580 円＋税／送料 390 円

究極の錬金術 I，II
— 自己礼拝 ウパニシャッドを語る

苦悩し続ける人間存在の核に迫り、意識の覚醒を常に促し導く、炎のような若き OSHO。探求者との質疑応答の中でも、単なる解説ではない時を超えた真実の深みと秘儀が、まさに現前に立ち顕われる壮大な講話録。
■ I ：四六判並製 592 頁 2,880 円＋税／送料 390 円
■ II ：四六判並製 544 頁 2,800 円＋税／送料 390 円

こころでからだの声を聴く
— ボディマインドバランシング ガイド瞑想CD付

OSHO が語る実際的身体論。最も身近で未知なる宇宙「身体」について、多彩な角度からその神秘と英知を語り尽くす。ストレス・不眠・加齢・断食など多様な質問にも具体的対処法を提示。
■ A5 判変型並製 256 頁 2,400 円＋税／送料 390 円

探求の詩（うた）
— インドの四大マスターの一人、ゴラクの瞑想の礎
■四六判並製 608 頁 2,500 円＋税／送料 390 円

愛の道 — 機織り詩人カビールの講話
■ A5 判並製 360 頁 2,380 円＋税／送料 390 円

アティーシャの知恵の書
（上）（下） —みじめさから至福へ

みじめさを吸収した途端、至福に変容される……「これは慈悲の技法だ。苦しみを吸収し、祝福を注ぎなさい。それを知るなら人生は天の恵み、祝福だ」
■上：四六判並製 608 頁 2,480 円＋税／送料 390 円
■下：四六判並製 450 頁 2,380 円＋税／送料 390 円

発売／（株）市民出版社
www.shimin.com
TEL.03-6913-5579
FAX.03-6913-5589

・代金引換郵便（要手数料￥300）の場合、商品到着時に支払。
・郵便振替、現金書留の場合、代金を前もって送金して下さい。

OSHO TIMES 日本語版 バックナンバー

※尚、Osho Times バックナンバーの詳細は、www.shimin.com でご覧になれます。
（バックナンバーは東京・書泉グランデ、埼玉・ブックデポ書楽に揃っています。）●1冊／¥1,280（税別）／送料 ¥260

	内容紹介		
vol.2	独り在ること	vol.3	恐れとは何か
vol.4	幸せでないのは何故？	vol.5	成功の秘訣
vol.6	真の自由	vol.7	エゴを見つめる
vol.8	創造的な生	vol.9	健康と幸福
vol.10	混乱から新たなドアが開く	vol.11	時間から永遠へ
vol.12	日々を禅に暮らす	vol.13	真の豊かさ
vol.14	バランスを取る	vol.15	優雅に生きる
vol.16	ハートを信頼する	vol.17	自分自身を祝う
vol.18	癒しとは何か	vol.19	くつろぎのアート
vol.20	創造性とは何か	vol.21	自由に生きていますか
vol.22	葛藤を超える	vol.23	真のヨーガ
vol.24	誕生、死、再生	vol.25	瞑想―存在への歓喜
vol.26	受容―あるがままの世界	vol.27	覚者のサイコロジー
vol.28	恐れの根源	vol.29	信頼の美
vol.30	変化が訪れる時	vol.31	あなた自身の主人で在りなさい
vol.32	祝祭―エネルギーの変容	vol.33	眠れない夜には
vol.34	感受性を高める	vol.35	すべては瞑想
vol.36	最大の勇気	vol.37	感謝
vol.38	観照こそが瞑想だ	vol.39	内なる静けさ
vol.40	自分自身を超える	vol.41	危機に目覚める
vol.42	ストップ！気づきを高める技法	vol.43	罪悪感の根を断つ
vol.44	自分自身を愛すること	vol.45	愛する生の創造
vol.46	ボディラブ―からだを愛すること	vol.47	新しい始まりのとき
vol.48	死―最大の虚構	vol.49	内なる平和―暴力のルーツとは
vol.50	生は音楽だ	vol.51	情熱への扉
vol.52	本物であること	vol.53	過去から自由になる
vol.54	与えること 受け取ること	vol.55	宗教の本質

●OSHO Times 1冊／¥1,280（税別）／送料 ¥260

■郵便振替口座：00170-4-763105 ■口座名／（株）市民出版社

■TEL／03-6913-5579

・代金引換郵便（要手数料¥300）の場合、商品到着時に支払。
・郵便振替、現金書留の場合、代金を前もって送金して下さい。

＜OSHO 瞑想 CD＞

ダイナミック瞑想
全５ステージ
60 分

◆デューター

¥2,913（税別）

生命エネルギーの浄化をもたらす OSHO の瞑想法の中で最も代表的な技法。混沌とした呼吸とカタルシス、フゥッ！というスーフィーの真言《マントラ》を、自分の中にとどこおっているエネルギーが全く残ることのないところまで、行なう。

クンダリーニ瞑想
全４ステージ
60 分

◆デューター

¥2,913（税別）

未知なるエネルギーの上昇と内なる静寂、目醒めのメソッド。OSHO によって考案された瞑想の中でも、ダイナミックと並んで多くの人が取り組んでいる活動的瞑想法。通常は夕方、日没時に行なわれる。

ナタラジ瞑想
全３ステージ
65 分

◆デューター

¥2,913（税別）

自我としての「あなた」が踊りのなかに溶け去るトータルなダンスの瞑想。第１ステージは目を閉じ、40 分間とりつかれたように踊る。第２ステージは目を閉じたまま横たわり動かずにいる。最後の５分間、踊り楽しむ。

ナーダブラーマ瞑想
全３ステージ
60 分

◆デューター

¥2,913（税別）

宇宙と調和して脈打つ、ヒーリング効果の高いハミングメディテーション。脳を活性化し、あらゆる神経繊維をきれいにし、癒しの効果をもたらすチベットの古い瞑想法の一つ。

チャクラ サウンド瞑想
全２ステージ
60 分

◆カルネッシュ

¥2,913（税別）

７つのチャクラに目覚め、内なる静寂をもたらすサウンドのメソッド。各々のチャクラで音を感じ、チャクラのまさに中心でその音が振動するように声を出すことにより、チャクラにより敏感になっていく。

チャクラ ブリージング瞑想
全２ステージ
60 分

◆カマール

¥2,913（税別）

７つのチャクラを活性化させる強力なブリージングメソッド。７つのチャクラに意識的になるためのテクニック。身体全体を使い、１つ１つのチャクラに深く速い呼吸をしていく。

ノーディメンション瞑想
全３ステージ
60 分

◆シルス&シャストロ

¥2,913（税別）

グルジェフとスーフィのムーヴメントを発展させたセンタリングのメソッド。この瞑想は旋回《ワーリング》瞑想の準備となるだけでなく、センタリング《中心を定める》のための踊りでもある。３つのステージからなり、一連の動作と旋回、沈黙へと続く。

グリシャンカール瞑想
全４ステージ
60 分

◆デューター

¥2,913（税別）

呼吸を使って第三の目に働きかける、各 15 分４ステージの瞑想法。第一ステージで正しい呼吸が行われることで、血液の中に増加形成される二酸化炭素がまるでエベレスト山の山頂にいるかのごとく感じられる。

ワーリング瞑想
全２ステージ
60 分

◆デューター

¥2,913（税別）

内なる存在が中心で全身が動く車輪になったかのように旋回し、徐々に速度を上げていく。体が自ずと倒れたらうつ伏せになり、大地に溶け込むのを感じる。旋回を通して内なる中心を見出し変容をもたらす瞑想法。

ナーダ　ヒマラヤ
全３曲
50 分 28 秒

◆デューター

¥2,622（税別）

ヒマラヤに流れる白い雲のように優しく深い響きが聴く人を内側からヒーリングする。チベッタンベル、ボウル、チャイム、山の小川の自然音。音が自分の中に響くのを感じながら、音と一緒にソフトにハミングする瞑想。